経営参謀

戦略プロフェッショナルの教科書

稲田将人

日経ビジネス人文庫

目次◉経営参謀

第3章　市場を攻めるということ

プロローグ

▼最終面接

「つまりあなたは、同質化した競争状況にある郊外型紳士服チェーンの『しきがわ』で、改革に取り組んだわけだ。経営企画の立場で経費管理や人事制度の改革を行い、そして新規業態の立ち上げも成功させた……、というわけだな」

田村は右手であご鬚《ひげ》を触りながら、改めて高山の職務経歴書を眺めた。

東京・汐留にある住元第二ビルの23階。株式会社グローバルモードの応接室で、高山昇は二代目社長の田村富三と向かい合って座っていた。

レディースアパレルを展開するグローバルモードは、売上高980億円、従業員1300人を擁する東証一部上場企業。高山は、同社の中途採用に応募し、今日がその最終面接の日だった。

「ではなぜ、そのまま『しきがわ』に残って改革の仕事を続けようとしなかったのかね？」

田村の問いに高山は、自分の考えをまとめようと目線をそらした。その様子を見ていた田村はさらに質問を続けた。

「君のように結果を出している社員なら、自分の待遇には、まず不満はないはずだ。表向きはどうあれ、会社への不満があったのではないのかな。少なくとも面接する立場の私からすれば、そう考えるのが妥当だと思うが……。どうだ？」

田村に促され、高山は答えた。

「そのほうが、自分のために良いと思ったからです。会社というものは常に、いろいろな課題を抱えていて、それに取り組んでいかねばならないものだと思います。そのためには自分が場数を踏むことがいちばん重要なのだと……」

我ながら青臭い答えだとも思ったが、高山にとっての本音でもあった。

「自分のためか……。ふむ、確かにその通りだろう」

高山の話を聞き、田村はさらに「それは、同じ業務を毎日繰り返すような仕事はもう卒業したい、という想いでもある」と独り言のようにつぶやいた。

田村は、しばし高山の職務経歴書を見つめていた。

そして突然、強い口調で言った。

「高山君。今のうちに必要なのは、君のようにイニシアティブを発揮する人材なのです！」

予期していなかった勢いに高山は一瞬、たじろいだが、グローバルモードの内部事情を知るわけもなく、「はあ……、そうですか」となんとも間抜けな答えをしてしまった。

「高山君、あなたにやってほしいことがある」

高山は社長からじきじきの、この言葉には内心、少しだけ嬉しくなった。

田村は、高山の心情を知ってか知らでか、熱く語り続けた。

「今、うちのメインブランドのひとつが、まさに不振状態にある。君なら、どのくらいで立て直せると思うかね？」

「前の会社では、着手して半年で結果は見えましたが」

「半年か……、よろしい。では、うちで同じことをやってください」

「えっ？」

「高山君、よろしく頼みます」田村社長の口調は強かった。

「ちょっと待ってください。こちらでも同じスピードで成果が出せるかどうかはわかりません。レディースアパレルについても、ぼくはまだ明るくないですし……」

「そりゃそうだな」高山の返答は、あっさりと流された。

「しかしだ、レディースは良くも悪くも、結果が出るのが早いものだ。やはり半年もあれば、成果が見えてくる。そうだろう？」

一方的に決めつけられている、そう思った高山だったが、ここで早く結果が出ないかもしれないという説明に終始するのも、何か違うと感じた。

「で、うちでやってくれるのか？」

改革なんて会社が違えば環境も違うし、前提が変わればやり方も変わるだろうに、と思うその一方で、自分があのグローバルモードの社長に評価されていることが嬉しいのも事実だった。

「はい、わかりました……」

半ば、えいやっ、の勢いで高山は入社承諾の返事をしてしまった。

数日後、グローバルモードの人事部から封書が届き、希望勤務開始日などの質問に回答し、入社承諾書にサイン、押印の上、返送するように指示されていた。

高山が就職活動を始めてから、すでに2か月がたっていた。

まだ30歳という年齢だが、経営改革に携わった経験を自分の言葉で語ることができるちょっとした迫力のせいか、高山に興味を示す企業はいくつもあった。

新興のＩＴ企業やウェディング事業の会社など、いくつかの面接を受け、そのほとんどが役員面接に進んだが、その会社の社長や幹部との面接でなんとなくピンとくるものがなく、高山は返事を保留していた。

そんなところに、株式会社グローバルモードの話が来た。メンズ業界にいた高山にとってレディースファッション業界大手企業での仕事は、同じアパレル業界でのメンズとレディースの違いは何なのかという好奇心を大いに刺激した。

▼初出社

ＪＲ新橋駅の改札を出て汐留方面に伸びる幅広い地下歩道を通り、高山は巨大なアトリウムのある建物に入っていった。最初の面接の際は、入る建物を間違えて大きく遠回りをしてしまったが、グローバルモードの初出勤となるこの日は、建物の内部を見回せる心の余裕もあった。

レディースのように粗利率が高いビジネスだと、こういう所にオフィスを構えられるのか――、そう思いながら地下道から建物内部につながるエスカレータを降りた。

グローバルモードが入っている23階でエレベータを降りた高山は、受付から人事部を呼び出した。

入社の事務的な手続きを終了し、高山は会議室に通された。

「これから社長、副社長と会っていただきます」

人事の担当である川村光次に促されて、高山は席に着いた。しばらくして会議室のドアが開き、田村社長が現れた。

「やあ、高山君。よく来てくれた」

田村社長は、顔を見るなり満面の笑みを浮かべた。

あご鬚をたくわえ、ライトグレーのスーツにノーネクタイで現れた田村社長を見て、改めてレディースアパレル企業の社長ともなると、同じスーツでも艶っぽいものを着こなせるものなのかと思った。

面接の時には緊張のせいか気が付かなかったが、高山が従来、見慣れ、そして着慣れているビジネスシーン向けのスーツとは明らかに、シルエットのしなやかさ、ドレープ感となめらかな素材感、そして間違いなく価格帯まで異なる印象を与えた。

ロロ・ピアーナあたりのファインウールだろうか、あるいは自分の知らない、日本にあまり入っていないブランドを着ているのか……、高山は一人考えていた。

「彼が、あの高山くんです。『しきがわ』で改革をやったという」

田村社長は、続いて会議室に入ってきた年配の女性に言った。

「あなたが高山さん？　私《わたくし》、副社長の田村良子です。よろしくお願いしますね」

その女性は高山に向かって、両手を前にして、深くお辞儀をした。

「こちらこそ、よろしくお願いします」

高山も立ち上がり、礼をした。

社長と同じ姓だから、奥さんなのだろうか？　その女性は社長と同じ60歳くらいに見えた。

副社長は上品で落ち着いたアイボリーのスーツ姿だったが、レディースファッションに疎い高山には、ブランドやテイスト、デザインのことなどは、皆目わからなかった。

様子を察した人事の川村が、高山の耳元でささやいた。

「社長のお姉様です」

社長は、副社長と共に高山の前に座った。

「うちの会社は、もともとニットが得意でね。先代の創業者、つまり我々の父親が当時、街中の専門店向けの卸業として創業し、そして百貨店での商売で大きく伸ばした会社なんだ」

グローバルモードといえば、高山には百貨店を中心に展開しているレディースアパレルという印象が強かった。

「しかしながら、消費の中心は、百貨店から、イトーヨーカドーやかつてのジャスコ、今のイオンだが、これら総合スーパーと呼ばれる量販店に移り、ショッピングセンターも日本国中に増えた。我々としても、主要流通チャネルが変化していくいわゆるチャネルシフトに対応して、駅ビルやショッピングセンターで展開できる専門店ブランドを開発してきたわけだ」

「今、うちは大小含めて50ブランドくらいを展開しているのよ」副社長が付け加えた。

「ところがそこに、あの『モノクロ』が国民服とも呼ばれる安価なカジュアル服を売る店を展開してきた。我々としては、その市場をそのまま『モノクロ』などに持っていかれるのは面白くない。そこで始めたのが『ハニーディップ』というファミリーブランドだ」

「あたしもね、この低価格帯の『ハニーディップ』は、うちの会社がやるべきブランドなのかどうかが、最後までよくわからなかったのですけどね。でも、社長がどうしてもやりたいって言うから……」

「ああ、我々はもともとレディースファッション中心の会社で、こういうコモディティブランドはやってなかったからねえ」

高山は、ここグローバルモードでは『モノクロ』のような安価で実用色の強い服を、コモディティブランドと呼んでいるのだと理解した。

「当時、我々にとってはまだ、未着手だったショッピングセンターという大きなチャネルでの展開という位置づけではじめたわけだ。レディースファッションの歴史と経験はあるので、我々はファミリーを基軸において、お母さんとその子供、小学校の低学年までだったかな、そこをターゲットにしてやってきたんだ」

「それでね、社長が言う通りやってみたら、あっという間に店が増えて、今はもう130店舗で売上規模もうちで二番目に大きいブランドにまで育っちゃったのよ。勢いがあったからショッピングセンターだけではなく、駅ビルなどにも出すようになったの」

「まあ、そこまでは良かったのだがねえ。実は、もうここ2年ほど既存店の売上前年割れが続いているのだ……」

　眉間にしわを寄せ、田村社長は副社長を見た。

「高山君に、うちの『ハニーディップ』ブランドの立て直しをやってもらおうと思うんだ」

「あら、この方、メンズの出身でしょう？　レディースファッションのことなんてわかるの？」

「大丈夫だろう。一度、アパレルの改革をやっているわけだし、いろいろな角度から現状の分析もして、ブランドの不振理由を明確にすることから始めるはずだし。うちのデザイナーならば、方向性さえ明確になればデザインを起こせるし、ものづくりについては万全なわけだからな」

「そうなの？　ならば、そうかもしれないけど……」

　副社長は、いぶかしげな表情を見せたが、さしてそのことにこだわっているようにも見えなかった。

「高山さん、あたしね、商品の仕入れとか、販売員の指導とかはやってきたけど、経営のことってよくわからないの。ただね、社員のみんなが元気にのびのびとやってくれたらいいなって思っているの。うまくやってくださいね。よろしくお願いします」

　素のままの副社長の言葉に、そこはかとない不安を感じたものの、人のよさがにじみ出ていることは、高山にも十二分に理解できた。

　社長が同席していた人事の川村に指示をし、しばらくすると品のある白いスーツを身にまとった中肉中背でショートカットの女性が会議室に入ってきた。

「高山君、『ハニーディップ』ブランドの責任者を紹介しておきます」

「はじめまして。田村夏希と申します」

その女性は両方の口角を上げて微笑《ほほえ》み、お辞儀をし、高山を少し斜めに見上げながら頭を上げた。この人も同姓か……、一族が上層部に3人もいる企業なんだ。化粧のせいで年齢がよくわからなかったが、高山は彼女を50代半ばくらいだろうと思った。

「彼女は常務取締役で、今、このブランドの責任者をやっています。高山君は彼女と一緒に、このブランドの立て直しをしてください」

「よろしくお願いします」

常務の田村夏希は、目いっぱいの笑顔で高山に微笑んだ。

「高山君」田村社長は口を開いた。

「実はこの『ハニーディップ』の不振は、うちにとって大きな課題なのです。後発の競合店も参入しているし、最近では異業種から参入してきた新参の『ワールドワークス』にも押されている。この規模ながら、既に事業としては前期から赤字で、今期の推移次第ではブランドの解体も検討している状態なのだ」

「えっ、そこまで切羽詰まっているのですか？」

「だから高山君。半年で立て直してほしい」

「本当に、半年なのですか？」

高山は、やはりまだ右も左もわからない状態で、改革の成果を見せる期限を設定されたことに異を唱えようとした。

その短い沈黙の瞬間、高山は社長、副社長から、そしてその横に控えている常務の笑顔の奥からの冷ややかな視線を感じた。

その場にいる経営層のそれぞれの思惑は、今の高山には読めなかった。

すでに入社承諾書にサインをした今の時点では、どう答えるべきか。

ノーと言うか、誤魔化すか。いずれにせよ、力関係や内部の事情もよくわからないこの状況で、社長から何度も求められている期限に難色を示すのも、いかがなものかととっさに考えた。

「わかりました。やってみます」

「うん、よしっ」社長は嬉しそうな笑顔を見せた。

まあ、いいか……、なんとかなる。何が待ち構えているかを読むこともかなわず、結局高山は、社長の熱心さに、勢いで返事をしてしまった。

「『しきがわ』の時は、自分たちが実は市場のことをよくわかっていないということに気が付いたので、原点となる顧客視点に立つためにマーケティング調査を行い、立て直しのプランを練りました」

「マーケティング調査？」

社長は、いきなり怪訝《けげん》そうな顔をした。

「はい、不振や低迷の時は、市場とのかい離が起きていると思うのです。今回もその調査をさせていただきたいと思いますが」

「ふむ……」社長は不機嫌な表情のまま、腕組みをした。

もし市場の実態把握なしで、この事業の立て直しに取り組むとすれば、それはまるで、目隠し状態で打席に立たされるに等しいと、高山は感じていた。

「ちょっと、考えさせてくれるか……」

「一度、説明する時間をください」高山は言った。

「うむ……。まあ、とりあえず、当面のことは夏希さんと打ち合わせをしながら進めてください」

そう言うと、社長は副社長と共に会議室から出て行った。

夏希常務は、打ち合わせ中も首を少しだけ傾けて何度もうなずき、終始、笑顔のままだった。

とにかく、市場調査の必要性を社長に納得してもらわねば……。

高山は若干の不安に駆られながらも、まずは社長にどう説明するかを考えていた。

▼ブランドの現状

本社への初出勤の翌日、高山はＪＲ千駄ケ谷駅から東京体育館の敷地を通り抜け、『ハニーディップ』ブランドの入っている、通称、インスタットビルに着いた。

桜の花はすでに散ったものの、まだ時折、肌寒い風が吹く中、高山は建物の正面玄関前で待っていた。ほどなくしてタクシーが止まり、中から夏希常務が現れた。

「高山くん、ご苦労様。じゃ、行きましょ」

夏希常務に連れられて、高山はブランドの本部のあるオフィスに入った。


そこではグローバルモードの社員たちが、デニムやカットソーなど、それぞれが自分の好きな格好で仕事をしていた。地味な紺色のビジネススーツにネクタイ姿の高山は、そこでは完全に浮いていた。

「高山さん、このブランドのキーマンの一人、『ハニーディップ』ブランドのＭＤ、鬼頭《きとう》亘《わたる》くんを紹介しておくわね」

現れたのは、30代前半に見える強面《こわもて》の細マッチョな男だった。茶色がかった髪の毛は逆立ち、カットソーに、高山が見たこともない奇抜なデザインのデニムを合わせていた。

「鬼頭くん。今度、私と一緒に『ハニーディップ』の改革に取り組んでくれることになった高山昇さん。よろしくお願いね」

鬼頭は高山を上眼づかいで睨み付けるかのように、ううっす、と言った。

「あの、MDって、こちらの会社ではどういう役割のことを言うんですか？」

MDという役職については、会社ごとにその仕事内容や定義が大なり小なり違うことを高山は知っていた。

あら……、と夏希常務は笑顔のまま首をやや傾け、眉間に軽くしわを寄せた。

「マーチャンダイザーのことよ。商品の数字責任を持って全体の収益を上げていく統括的な役割ね。高山さん、そのくらいは知っておかないとダメなのじゃないかしら」

いつも通りの笑顔で高山の目を覗《のぞ》き込んだ。

「で、何を話せばいいんすか？」

やりとりを黙って見ていた鬼頭は、ぶっきらぼうに言った。

「このブランドのことを高山くんに説明してほしいの。まず今の推移だと今年の売上はどのくらいになりそう？」

「そうですね、今のままだと１７０億円を少し切るくらいになると思いますが」

鬼頭は口元をわずかに歪ませながら答えた。

「店数は前年よりも増えているのにブランド全体では前年を割る推移なわけね……。このブランドは、最初の2年はすごい勢いで伸びて、店舗数も増えたのだけれども、その後、勢いが続かなくなってしまったの」

　夏希常務が話をしている間、鬼頭は無表情のままだった。

「鬼頭くん、売上構成を話してあげて」

　あー、ちょっと待ってください、と言い、鬼頭は自分の席からファイルを持って戻ってきた。

「レディース衣料が28％、キッズ、これは幼稚園児から小学校低学年までの女の子の衣料なんですが、今は32％。残りが靴とか鞄とかの雑貨で、まあざっくり3分の1ずつですね。今はこの雑貨部門が、一番伸びがいいです」

　と、鬼頭は初めて高山の目を見て話をした。

「レディース衣料部門は、本当はうちが一番得意なのだけど、競合も多いからね……」

「このブランドは、男の子の衣料はやっていないんですか？」

　夏希常務は高山の問いに笑顔のままで、何も答えなかった。

「やらないですよ」鬼頭の答えも、そっけなかった。

「どうしてやらないんですか？」

「うちはレディースファッションのブランドなのよ」

　だからなんだって言うんだ。

生まれる子供は男女、ほぼ同じ比率なのだし。お母さんが買いに来る店ならば、男子の衣料があっても別にいいだろうに……、口には出さずとも、その表情から、今の高山の心地悪さは読みとれた。

「高山くんには、まずは売り場に出てもらわなきゃね」

「あー、それがいいでしょうね。何も知らないんだから。売り場にいれば、いろんなことがわかりますから」

内心、むっとした高山だったが、夏希常務は鬼頭の言葉をそのまま流し、話を続けた。

「そうね。いつも中途入社の社員に研修に行ってもらう旗艦店があるから、高山くんもそこがいいわ。鬼頭くん、船橋ショッピングセンター店に連絡して、明日から高山くんが行くって伝えておいてちょうだい」

「わかりました。連絡しておきます」

鬼頭はファイルを片付けはじめた。

「あのさ、何か家にあるカジュアルな格好をしていったほうがいいっすよ。そのスーツ姿で店頭に立つと、店に迷惑だから」

この……、腹では思いながらも、高山は軽く黙礼だけをした。

「じゃあ、せっかくだから私からブランドの子たちに紹介しましょうね」

夏希常務に連れられて高山は、『ハニーディップ』ブランドのフロアの主要メンバーにあいさつをして回った。大胆な作り笑顔を返す社員、不愛想な社員、様々だったが、高山は終始、この職場のよそよそしさを感じていた。とりあえず高山はこれまでの接客業で身についている愛想の良さで、あいさつをした。夏希常務は本社に戻り、高山は鬼頭から、事務所の配置、組織、役割など、通り一遍の説明を受けて、その日は終わった。

夕方、早い時間にアパートに帰った高山は、近くのスーパーマーケットで買ってきた弁当をテーブルの上に置き、スーツの上着も脱がずにベッドに転がった。空気を読まない高山といえども、初めての職場は、本人が意識している以上に頭のアンテナが働いていたようで、家に着いた途端、一挙に疲れが襲ってきた。

「疲れたぁ……」

「誰かガールフレンドでも身近にいれば、こんな時に癒やされるのかね……」

手元のリモコンでテレビをつけたものの、すぐにうとうとし始め、目をつぶった途端に意識を失った。

そして気が付くと、カーテンが開いたままの窓から、まぶしいほどに明るい朝の陽差しが差し込んでいた。

▼店舗研修

高山は、前職の時に社内販売で買ったダンガリーシャツにチノパンをはき、紺のブレザー姿で家を出た。

ＪＲ南船橋駅を降りて、高架下の通路を通って『ハニーディップ』の旗艦店のある船橋ショッピングセンターに着いた。

入館許可証を持っていない高山は、ショッピングセンターのオープンと同時に一般客と一緒に入場し、『ハニーディップ』の店舗に向かった。

店内にいる社員は全員女性で、オープン前の準備が押していたようで、一部はまだ商品整理を行っていた。

「あの、本部から店舗研修に来ました高山といいます」

高山は店頭にいた女性に声をかけた。

あ、じゃあ、こちらへ……、女性と共にレジに向かうと、明るい紫の薄手のカーディガンをブラウスの上に羽織り、デニムをはいた、背が高く細身の、神経質そうな女性がレジの前で作業をしていた。

「おはようございます。高山といいます」

女性はレジの開局作業の真っ最中の様子で、しばらく無言で下を向いたままキーボードを打つ手を止めなかった。

「ちっと待ってて。今、レジが本部とつながらなくて、手間くってるから」

数分して作業が完了したようで、ようやくその女性は顔を上げた。

「ああ、あんたね……」

高山は、よろしくお願いしますとあいさつした。そのキツネ目の女性は店長で、福山洋子と名乗った。

「あんたの研修期間は2週間だね。はい、じゃあ、まず入荷している商品の検品をして」

そっけない口調で、売り場販売担当の女性に手順を教わるように言われ、高山はバックスペースに向かった。


わっ……、バックスペースに入った高山は、思わず息をのんだ。

段ボールの空き箱で作られた棚にストックされている商品在庫が、かなりの高さがある天井まで、ほぼ隙間なく積まれ、壁が一面、全てストックという状態になっていた。

「すごい量ですね、この在庫。これだと上の在庫には脚立《きゃたつ》がないと届かないですね。いつもこんな状態なんですか」

「そうなんです。まだまだ増えているんですよ。ブランドの本部からは、この店はよく売れるんだから、とにかく売れって言われていまして……」販売担当の女性は言った。

高山が以前勤務していた紳士服チェーンの郊外型店も、在庫の回転の悪さは尋常ではなかった。

常に相当な量の在庫が各店のバックルームに保管されていたが、メンズスーツの場合は、よっぽど奇抜な柄やデザインの商品でもない限り、期をまたいでしまっても販売員の力で何とか売り切っていくことができた。

しかしながら、この『ハニーディップ』は価格帯も低く、基本的にはお客様がセルフで購買するのが前提のはずだった。よっていくら売れる店といえども、全国の店舗から集められたこれだけの量の在庫を本当に売り切ることができるのか、レディースファッションには素人の高山でさえも不安を感じた。

▼高山、地雷を踏む

入荷商品を段ボール箱から出し、伝票との照合を終えた高山は、午後から売り場に出て店頭の商品整理を始めた。来店した顧客が広げた商品を、きれいに畳みなおすだけの作業だが、店頭で来店客の動向を観察することができる良い機会でもあった。

やがて入店してきた一人の女性客を、高山は畳み作業をしながら目で追った。

30代の主婦に見えるその女性は、カットソーを手に取って広げて、そのデザインを確認していた。裾に手をやり、内側に付いている表示タグを見ると、女性は商品を棚に戻して店を出て行った。

一連の動きを見ていた高山は、近くにいた福山に声をかけた。

「今のお客様ですけど、なぜあの商品を買わずに棚に戻したんですか？」

福山は、高山の示した棚を見た。

「ああ、あれね」

福山は、客が商品を見ていた棚で、商品を取り、高山に見せた。

「これ、昨年秋から展開を始めた『きれいめカジュアル』っていうキーワードの商品なんだよ」

「キーワード……、ですか？」

前職の業務では使ったことのない言葉だった。

「ああ、キーワードだよ」

高山の反応に福山は露骨に眉をひそめ、そんなことも知らないのか、と言いたげだった。

「季節ごととか、その時の売れ筋のキーワードってのがあるわけ。『きれいめカジュアル』ってのが、今季のトレンドのキーワードのひとつなんだ」

福山はカットソーの裾をひっくり返して、表示タグを高山に見せた。

「デザインも色合いもいいんだけどさ。でもこれレーヨン混素材だから、洗濯機でジャブジャブ洗えないんだ」

確かにドレープ感もあり、値段を見れば高山の感覚でみても、お値打ちさを感じる商品だった。

「今、入ってきたお客さんさ。多分、子供が幼稚園か小学校に行っているお母さんだよ。あういう人はさ、子供に金も手間もかかるから、いちいちクリーニングに出さなければいけない服は買わないんだ」

つくづく男みたいな口の利き方をする女性《ひと》だなと思いつつ、高山は質問をした。

「なんで、そんなに手入れに手間のかかる商品を展開するんですか?」

「『ハニーディップ』ブランドは客層が広いのでOLさんも来るんだ。OLには受けるトレンドのキーワードなのだろうけどね。手のかかる子供のいる主婦は、こういう素材のものは買わないねえ」

福山は、商品を畳みながら、しゃがれた声で答えた。

「うちの店は主婦層の比率が高いから、あの棚の商品は、今みたいに手には取るけど、クリーニングが必要って書いてある表示タグを見て、結局、棚に戻すお客様は多いんだ」

「ならば、OLの方《かた》はドライクリーニングに出すのは苦にならないんですか?」

「勤めていると、クリーニングに出さなければいけない服も増えてくるんだけど……。でも

ＯＬだって、洗濯機で洗えたほうが嬉しいよ。あたしがそうだもん」

「そうでしょうね……」

高山は少し考えてから、福山に尋ねた。

「主婦ではなくＯＬでも、この価格帯の商品を買う方々を想定すれば、クリーニング代の負担などない方が良いはずですよね」

「そりゃ、そうだよ」

「それがわかっていながら、どうしてそのことが売り場から本部に伝わらないんですか？」

「えぇ？」

福山は眉をひそめ、不愉快そうに語尾を上げたが、この時、高山の頭では、そこに気を回す『アンテナ』が機能を止めていた。

「店頭の情報をちゃんと上げるのって、現場の義務のはずでしょ」

「はあ？」

遠慮なく問いかける高山に、もともと男のような福山の口調が、さらに男顔負けの激しいものに変わった。

「あんたねえ、来たばっかりで何もわかってないくせに、わかったようなことを言うもんじゃないよ！」

しゃがれ声が興奮のためにトーンが上がり、攻撃的な響きを伴っていった。

「あんた、夏希常務が連れてきたんだって？　常務がいくら社長の姪《めい》だからって言ってもね、そんなことは客にも店にも何も関係ないんだ。現場はあたしたちが精いっぱい汗をかいて回してるんだからね」

福山の声のトーンが変わり、今度は逆に押し殺したような低い声になった。

「現場のことを理解してない奴らが、偉そうに口出しして指示してくるから、このブランドがおかしくなっていくんだよ。あんたに言われなくても、そんなこたあ、とっくにやってるよ。それでも何も変わりゃしないんだ」

「……すみません」

高山は素直に頭を下げたが、福山はそのまま踵《きびす》を返して去ってしまった。

高山はもともと、『入り込んで』しまうと後先のことを考えずに思ったことを口にしてしまい、他人の神経を逆なでして、それが理由で辛酸をなめることが、これまでにも幾度となくあった。

今回もまた、地雷を踏んでしまったが、すでに後の祭りだった。

結局、その後の2週間は福山には相手にされず、話をする機会もないまま研修は終わった。

▼マーケティング調査は必要なのか

船橋ショッピングセンターでの研修の最終日の夕方、高山は汐留の本社に立ち寄るように告げられた。

高山は会議室に通され、しばらくすると、田村社長と夏希常務が現れた。

「高山君。研修、ご苦労様だね」

社長は席に着き、その横に夏希常務が座った。

「君はこの間、マーケティング調査を行いたいと言ったねぇ」

「はい」

高山の自信に満ちた表情に、田村は軽くため息をついた。

「そんなものが本当に役に立つのかね？　あのスティーブ・ジョブズも『マーケティングなど不要』と言っているじゃないか」

高山自身も以前、マーケティング不要論を耳にしたことがあった。わかるような気もするが、単純に不要と言い切るのも、何か違うと感じていた。

また高山は、これまでの田村社長との話から、ビジネス書などで目にする言葉やものの見方が、社長の口からそのまま発せられているようにも感じていた。

高山自身も、心がけてその手の本や文章を目にするようにはしているが、それらを読んでも自分の仕事での原体験の『真っ芯部分』が説明されている感覚を持てることは少なく、むしろ距離感を感じがちだった。田村の話す内容にも、その『座学』が語られる時の感覚を抱いていた。

「ぼくが前の会社でやったことを、少し話させてください」

高山は話を始めた。

「自分がいた郊外型紳士服チェーンの『しきがわ』は当時、不振状態にあって突破口が全く見えていませんでした」

田村は気むずかしげな表情で腕を組み、右手であご鬚を触りながら高山の話を聞いていた。

「国内の至るところに出店して、一見飽和している市場なのですが、自分たちがお客様のことをわかっていないことに気が付いたんです。思い込みと惰性で、それでも毎日忙しがってビジネスをしているって。全ては、市場を正しく理解することから始まるのではないかと思いました」

ふむ、と田村は言った。

「そこで最初に、グループインタビューを行いました。お客様は何を考え、感じているのかを言葉にしてもらいました。そして、その後にインターネットで定量調査を行い、市場の全体像がある程度、定量的にわかるようにしました」

「つまり君は、質問さえすれば、お客様は自分の欲しいものを、答えてくれるものだと言うのかね？　そんなこと、あるわけないだろうに」

田村は鼻で笑った。

「マーケティング調査の提案は、うちにも何社からも来ている。実際に大手の広告代理店を使ってインターネットの調査をやってみたこともある。でも、これを買ったことがある人が何%……、そんな数字がグラフになって報告書として上がってきても、そこに事業の答えがあったことなど一度として無かった。結局、レポートの結論として『30代前後のＯＬへの共感度を高め、ブランドのイメージレベル向上のためにグローバルな有名モデルを使った広告展開をしましょう』という提案はもらって、ケイト・モスを使ってみた……。結果はそれだけだったな」

メンズスーツ販売業にいた高山の頭に、ケイト・モスの顔は思い浮かばなかった。ただし以前、ヤフーの記事を読み、薬物スキャンダルがあったが、それによってさらに有名になり、かえって仕事が増えた、ジョニー・デップか誰かのガールフレンドだったスーパーモデル、という程度のことは記憶にあった。

「それは広告代理店に『おまかせ』で調査をやってもらったからではないですか？」

「なに？　どういうことだね」

高山からの『直球』に、田村は不機嫌な表情になった。

「調査会社からデータとして受け取る集計レポートは、せいぜい棒グラフ、折れ線グラフがただ順番に並んでいるくらいだったはずです。それを眺めていても、そこに埋もれてしまっている重要な意味合いは、まず読みとれないと思います」

田村は腕組みをして、高山の話を聞いていた。

「例えば、年代別に質問項目について回答の多いものから順に並べてみて、そして20代独身男性、30代独身男性、30代のお子様のいない妻帯者、30代で子供のいる家庭のある男性……という具合に、購買行動に影響を与える属性を考えながら分類して見ていくと、それぞれのターゲット客層の生活や購買行動の実像が見えてきます」

「ふむ……」田村はうなずいた。

「そして、各ターゲットの客層別に、毎月自由に使えるお金がどのくらいあって、何に興味を持っているか、何に困っているかなどが、明確になるようにしていくと、その方々の購買動機も明確になってきます」

「それで、どういうことがわかったのかね?」

田村は疑うかのような目つきをして聞いてきた。

「まず普通の男性がスーツを買い始めるのは、学卒で就職活動を始める時です」

「まあ、そうだろうな」

「この頃の男性は、スーツになじみが無いので、スーツに関する経験や知識はありません。

どこでどういうスーツを買ったらいいのかわからない。それでまず、郊外型紳士服店とか、都心部やショッピングセンターに入っているスーツのチェーン店での購入からスーツ利用者としてのキャリアが始まります」

田村は、うなずきながら聞いていた。

「そしてビジネスマン2、3年生になり、スーツも何着か買って着慣れてくると、自分をもっと良く見せたいと思います。そして、この頃は多くの男性は女性の視線を気にします」

「つまり、嫁さん探しだな」

「そうです。よって、この頃から一部の層は、例えばポール・スミス、ヨウジヤマモトなどのデザイナーズブランドに移行し、スーツファッションを意識する層が増え始めます」

「ふむ、確かにそうだな」

田村もメンズの客層をイメージし、納得しているようだった。

「彼女を見つけ、めでたく結婚した後も、しばらくはその傾向が続きます」

「最近の若者は車への興味も減っているから、可処分所得も増えているのだろうな？」

「そうかもしれません。ところが子供ができるとそのライフスタイルは一変します。奥さんの意識は子供に向きますし、子供にお金がかかり、お父さんはそれまでのように自由にお金が使えなくなります。そこで再び、郊外型のスーツ専門店、ショッピングセンターなどに入っている安くスーツを買える店に戻ってくるわけです」

「なるほど」

「そしてその先は、その方のキャリア次第で分化していきます。一般的に、スーツは着れば着るほど、その良し悪しがわかってくる、つまり学習が積み重なっていきます。会社で偉くなっていく方は、自分自身が次の職位への昇格候補となった、いわゆる勝負の時期や、そして昇格した後にビジネスステイタスの象徴としてのスーツを志向する場合があり、高級なブランドやオーダーの店に替える方もいます。また、独立して成功し、収入面で余裕ができて、以前よく言われた、いわゆる『ちょいワルオヤジ』としてアルマーニなどのデザイナーズ・ファッションブランドに進む方もいます」

「確かにな……」田村は話を聞きながら笑った。

「また新興のIT企業のように、ビジネスマンの制服のような位置づけとしてのスーツを着ない会社も増えていますから、全体としてスーツの市場は小さくなってきてはいると思います。さらにビジネスマンの給料が上がらない、出世もままならない、という時期も長く続いていますので、お金をかけてまでビジネスステイタスをアピールしたいとは思わない客層も増えています」

「うむ」と田村は大きくうなずいた。

「一方で、そのIT企業に勤めている方々は、ビジネスマンにとってのユニフォームではなく、ファッションとしてとらえたスーツについては、喜んで着られます。そういう意味では、ぼくが企画した都市型のスーツ専門店には、その層にも向けた品揃えを行い、企画やデザイン、価格帯の調整も行いました」

田村は、高山の話に聞き入っていた。

「結局、現場主義は大事なのですが、来ている方が売りたい全ての顧客層なのかさえもわかりません。さらに、店頭での接客だけでは、お客様のライフスタイルの全体像や購買の動機も十分にはわかりません。**普通にしているだけでは、お客様の頭の中など知ることはできません**から。だから、こちらで練り上げた質問に答えてもらいながら、本当の動機を探り、顧客像を明確にして、事業を成功させるための仮説となるシナリオを作ったんです」

田村は何かを考えている様子だった。

「そうか、**プロファイリング**ということか……」

「えっ、何ですか？」高山が使ったことのない言葉だった。

「プロファイリングだ。知らないのかね。かつて、プロファイリングにスポットライトをあてた『FBI心理分析官』という本がベストセラーになったことがある」

「あ、すみません。知りませんでした」

「この本は、犯罪者の残した痕跡から犯人像を類推して犯人を特定していく手法の話だが、これは現実に捜査の現場で行われていることだ」

多分それと同じだ、高山は思った。

「今の君の話は、具体的なマーケティングの進め方だ。君はそうやって、顧客像を明らかにする、つまりプロファイリングを行うわけだ。そしてそれをもとにして、市場の攻め方、つまり市場戦略を立てる。とこういうことを言っているわけだ」

「はい。暗いところにあるものに、様々な角度からライトを当てて、どんな形なのかを明らかにしていって、それが何かを推測する、というような感じだと思っています」

「そうか、なるほど」田村社長の態度が明らかに変わった。

「今回も、市場の実態を把握するところから始めたいんです。お客様の実際の動きがつかみ切れていないから、精度の低い打ち手が連打され、低迷状態が続いているのだと思います」

「君の話はわかった。そういう話ならば、今回は市場調査を行ってみたらいい。それで、戦略の精度が高まるならばよろしい」

「では、『しきがわ』の時に手伝ってもらったコンサルタントがいます。その方に手伝ってもらっていいですか？」

「構わない。進めていい」

「ありがとうございます」

高山は満面の笑顔だった。

そして一言も発さずに隣で聞いていた夏希常務も、いつもの笑顔で首を傾《かし》げてうなずいた。

▼不振の理由

船橋ショッピングセンターでの店舗研修が終わり、高山は千駄ケ谷にあるインスタットビルの『ハニーディップ』本部へ出勤した。夏希常務はブランドの責任者ではあるものの、会議の時以外は汐留の本社にいるとのことで、この日も不在だった。

高山は研修中に毎日気が付いたことを書き記したノートを鞄から出して、鬼頭の机に向かった。

「鬼頭さん、ちょっといいですか。店で気づいたことについて、少し伺いたいのですが」

鬼頭は、ああ……、と言って、自分の机の横の空席を顎で指し、高山に座るように促した。

高山は商品企画のことなど、気になったことをメモしたノートを見ながら話をし、質問した。

「鬼頭さん、なぜ、こんなことが起こっているんですか？」

「さあ、俺にはよくわからないねえ……」

鬼頭は、高山と視線を合わせることなく答えた。

「鬼頭さん、このブランドの不振状態は、もう2年も続いているそうですけど、事業の課題って、明確になっていないんですか？」高山の問いに、鬼頭は真横を向いて言った。

「日々やれることはやっているけど。課題なんて言われても俺、頭がよくないから、よくわからないねえ」

鬼頭は高山とは目を合わさず、腕を組んだまま薄らあくびすらしていた。

「鬼頭さん、課題がわからないってことはないでしょう？」

「いやあ、よくわからないんだよなあ……」

むっとした高山だったが、気を取り直して、手元のノートをめくった。

「『きれいめカジュアル』の中の、レーヨン混の商品って『ハニーディップ』に置くべき商品なんでしょうか」

「さーねぇ。別にいいんじゃないのかな」

しかめっ面のままで要領を得ず、そして答えにもなっていない鬼頭の答えだった。

困った高山はノートを再び眺め、鬼頭に次の質問をぶつけた。

「鬼頭さん。バックスペースは、なぜ、あそこまで在庫が過剰になっているのですか？　どう見ても、健全な状態とは思えませんが」

この質問に、鬼頭は、こめかみに青筋を立たせた。

「うるせえんだよな、ったく。誰も好きで商品を余らせているわけじゃねえんだから」

鬼頭は一瞬、声を荒らげた。

「福山も怒らせたらしいな」

「は？」

「現場は被害者なんだ。あんたにとっては、そんなことはどうでもいいってことなんだろうけどな」

そう言うと鬼頭は椅子を回して、横を向いてしまった。

その後も、高山はいくつか質問をしたが、まともな答えが返ってくる気配は皆無だった。周りの席にいる者たちも、二人のやり取りに聞き耳を立てていた。

「忙しい中、お時間いただきまして、ありがとうございました」

高山は席を立ち、鬼頭は何も言わずに、自分の仕事に戻った。

鬼頭にしろ、福山店長にしろ、ここまで露骨に非協力的になる理由は何だろう？　いろいろと考えてみても、今時点では情報不足の高山には、その理由を推測することは難しかった。

高山は口元を引き締め、窓の外に目をやった。

「この会社。どうしたものか……」

国立競技場の周辺の木々が、緑を次第に濃くし、風にわさわさと揺れる様を、高山はしばらく眺めていた。

解説　市場とのかい離はなぜ起こるのか

今回は**「市場をいかに攻めるか」**、つまり経営責任を持つものにとっては、常に課題となる『市場戦略』と『マーケティング』がテーマです。市場と相対し、市場に製品やサービスの形で価値を提供するために企業は何をすべきなのでしょうか。

一般的に**事業が低迷状態に陥った時というのは、市場が求めているニーズを十分に満足させる『攻め』が的確にできていない状態。つまり『市場とのかい離』が起きている**といえます。

今まで市場になかった製品やサービスを生み出し、それが市場に受け入れられた時、新しい成長事業が誕生します。

業態や新製品などの事業が当たると、より広い市場から、より多く求められるようになり、それに対応するために供給体制も、急場しのぎであっても対応せざるを得ない状況になります。

多くの場合トップは、その成功の証《あかし》となる売上の拡大を追い求めます。

より大きな事業の運営のためのノウハウの習得も不十分な状態であるにもかかわらず、「生産ラインを増強せよ」「ショッピングセンターからの出店要請にはできるだけ対応し、売り場の『面』を取れ」などの指示が出て、組織はてんてこ舞いの状態になります。事業オーナーは、そのための資金繰りに奔走する場合もあるでしょうし、あるいは利益も出るようになり、浮かれてしまうこともあるかもしれません。

さて、そもそもこの状態に導いてくれたのは何だったのでしょうか。

それは、皆が気づいていなかった、あるいは気づいていたとしても手を出していなかった、市場にポカンと空いていた潜在ニーズの顕在化。つまり、いわゆる真空市場において、自社が創ったユニークな事業、表現を変えると既存のものとは差別化された製品やサービスが見事に開花したからです。

それが間違いなく成功の源だったのですが、現場は日々忙殺されたままに組織は拡大。トップも一難去ってまた一難と、頻出する大小様々な問題への対応に忙殺されるのが普通です。そして多くの場合、その成功を継続させ、さらに大きく発展させるために必要な市場のさらに深い理解、つまり市場のニーズの深掘りと、事業規模に対応できる事業運営力のレベルアップなどの取り組むべき課題に意識が向かなくなってしまいがちです。そして日々の忙しさや浮かれ気分の中で、「エイヤッ」とばかりに勢いで、十分に現状をおさえていないままの大雑把なプラニングが次々と実行される場面を見ることは、とても多いものです。

事業や市場に勢いがある時は、それでも成長が続いているように見えますが、その一方で

市場は、自社の施策だけではなく環境や競合の動きの影響を受け、必ず変化を起こします。またこの時には、経営層の気が付かぬ間に顧客の離反がすでに始まっていることもよくあります。

「売上の伸びも少し緩やかになって、勢いも落ち着いてきたな」などと悠長なことを口にするトップもいますが、そもそも成長の角度の変化は、もっと深刻にとらえられるべきものです。**顧客の離反が市場の勢いと相殺されていると、トータルで見た時には、成長が緩やかになり始めたくらいにしか見えません。そしていわゆる『精度の低い打ち手』が続いていれば、早晩、その勢いが止まる時が来てしまいます。**

その時はすでに、市場の意向など、適切には把握できない状態になっています。忙しさを言い訳に、組織で廻すべきマネジメントサイクル、つまりＰＤＣＡ（プラン＝企画、ドゥ＝実施、チェック＝結果の検証、アクション＝業務手順やプロセスのカイゼン）も習得が不十分なまま、皆がただ忙しがっている状態です。これでは、結果からの組織の学習が積み重ねられずに、的確な打ち手、本当の挽回策も施せないということになり、次第に泥沼のような低迷状態に入り込み、抜け出せなくなることも多々あります。

⬇巷や社内で言われていることを鵜呑みにせず、市場の実態を五感で捉える

もう10年以上前の話ですが、私が日本コカ・コーラ株式会社に在籍した時、入社直後にビジネスの実態を知るためにボトラーの制服を着て、製品の配送を行うルートマンと共にスーパーマーケット、映画館などの現場を何週間か回ったことがあります。

当時、チャネル戦略の立案にあたっては『スーパーマーケットの客層は主婦』という前提があり、主婦層をターゲットに想定したプラニングが基本でした。

ところが実際に地方の、あるスーパーマーケットの店頭に出てみると、時間帯ごとに客層が大きく変化していることを知りました。まずオープン直後の午前中に現れるのは、お子さんを幼稚園に送り出したあとの若いお母さんたち。手のかかるお子さんがいるこの方々にとっては、このタイミングがスーパーマーケットでの買い物タイムでした。

その次に、午後になると増えてくるのが60歳以上の主婦と、定年後や引退後の男性たちで、ともに時間に余裕のある層なので、ゆっくりと売り場を見て回ります。

企画の場でメインターゲットとしていつも議論の中心になる、旦那さんが勤めておられるパートタイムの仕事をしている主婦や専業主婦層が数多く現れるのは午後3時くらいからの2時間ほど。この層は晩ご飯の食材を買いに来られます。

当時は、夜間営業が浸透し始めた頃で、午後7時以降に、就業主婦を含めた会社帰りの男女が夕食や総菜を買いに現れました。この層では飲料との併売率が一挙に上がります。また急に早く帰っても家で晩ご飯の用意がないのか、あるいは単身者なのか、お弁当を買って帰る男性も数多く見受けられました。

このように実際に現場を観察していると、一日の間に、異なる動機を持った様々な客層が時間帯ごとに変化しているのがスーパーマーケットの実態でした。

今では、スーパーマーケットも時間帯ごとに来店客層の変化に合わせて売り場を変えるのは、当たり前です。もちろん立地によってその時間帯も、動く客層も異なります。

しかし、その顧客層の購買動機に合わせた店頭での打ち出しの仕掛けは、**それぞれの異なる時間帯に現れる客層をプロファイリングしたうえでアイデアを出し、それを試すというイニシアティブがはじめに必要であり、必ず結果の検証をして修正し、打ち出し方の精度を高め続けるべきもの**です。

⬇市場開拓のネタやアイデアは、目の前に転がっているが掴めていないもの

また製品開発の視点からは、このようなこともありました。

飲料業界では各社とも、年間に二ケタ台の数の新製品を市場に投入します。その中には、ほとんどの一般消費者が認知をしないうちに展開を終了してしまう製品も含まれます。たいして売れずに販売終了する製品の大量投入は、収益面で見ても決して好ましくはないことは明らかです。新規製品の投入は、本来は市場における実験的な意味合いが筋なのですが、当時は、結果の充分な検証よりも「とにかく新しい製品を出せば少しでも数字を積み増せる」という願望と、売上を果敢に取りに行く姿勢を示すことが常態化していました。

コカ・コーラ・グループの社内では、世界中どこに行っても自社製品が飲み放題です。当時、出勤して朝一番に飲み物を取りに行くと、いちばん最初に減っていくのが、店頭にはあまり出回っていなかった小型缶の「まろ茶　濃《こい》」という製品でした。

夏も冬も、二列に並んでいる10本ほどが、毎朝、ものの15分ほどで無くなりました。そもそも職場で飲料を飲む目的は、のどの渇きを癒やすというよりも、気分転換、いわゆるリフレッシュメントです。通常の缶コーヒーだと糖分が多く、また無糖だとどうしても淹《い》れたての珈琲に香りの強さで及ばず、インパクトにかけるということで、ヘルシー感のある日本茶がその市場の一部に置き換わっていったのです。

今のように、苦みがあり刺激的な「濃い茶」市場の大きさがまだ顕在化していなかった当時、コカ・コーラの社員たちはすでに、「まろ茶　濃《こい》」を朝の「気付け」に有効な一杯として利用していたわけです。

この製品は、深みのある苦さの上手な表現という意味でも卓越していました。

その後、花王が発表する「ヘルシア緑茶」について、販売開始時に社内では「あんなに高くて苦いだけの茶が売れるのか」という見方がなされていましたが、実際には予想以上の反響で、今や定番化したポジショニングの製品となっています。

当時は、高濃度カテキンの「トクホ（特定保健用飲料、食品）だから売れた。やっぱりトクホが強い」と言われていましたが、その実態をよく見ると、「高価だが苦みがあって気付け（リフレッシュメント）効果のある日本茶。そしてそれに加えて健康にも良いことのお墨付きがある」飲料、つまり『機能と期待』がバランスよく取り込まれた製品として市場はこの＋20円ほどの高価格帯製品を受け入れたのです。

濃いお茶は、茶葉を多く使いますから原価は高くなります。「まろ茶　濃」も、その原価の高さに加えて、身体のろ過機能への負担を踏まえて、理にかなった小型缶サイズでの販売でした。しかしながら濃くておいしくても、割高だからということでスーパーマーケットでは、ほとんど展開されることもなく、ましてや棚取り競争の激烈なコンビニエンスストアで見かけることもないままに販売を終了しました。すでに兆候の見えていた、缶容器に比べて圧倒的に原価が高くなるボトル容器への変化の潮流がありましたので、実際は収益構造が圧迫される流れは、止めようはなかったのです。それを先んじて、その市場におけるプレゼンスを示した企業が、この『濃い茶』市場を持っていったことになります。

ちょうどアサヒ飲料が『朝の気付け』の役割をメインコンセプトに打ち出した小型缶のコーヒー「モーニングショット」をヒットさせた時期です。気付けのためのワンショットなのだから、コストを抑えられる小さい缶容器でもいいはずであると、「まろ茶　濃」の開発者も考えていたと思われます。もし「モーニングショット」に対抗する位置づけの打ち出しをしていたら、また違う展開になっていた可能性もあります。

本国からの評価、つまり売上の伸びと収益性、新製品の投入数などでの『点取り』を意識せざるを得ない文化が、この事業機会の開拓に挑まなかった一因になっているといえる事例でしょう。

結局、「まろ茶」ブランドは市場から姿を消しました。その後、この『健康にも良い、気付け効果のある、濃く苦みのある日本茶』市場は大きく育ち、「ヘルシア緑茶」と伊藤園の「お～いお茶　濃い茶」、サントリーの「伊右衛門《いえもん》　濃いめ」が展開されました。そして現在、トクホの大義名分を自社のブランド価値につなげることに成功した「ヘルシア」に続き、サントリーが「伊右衛門　濃いめ」をトクホの「特茶」に進化させて、この顕在化した付加価値市場を取りに挑戦をしています。

「成功のネタは目の前にあり。ただし、それに気付いていない、あるいは掴みにいっていないだけ」

後から振り返ってみると、新規市場開拓のネタが、実はすでに目の前に転がっていたことはとても多いと、常々実感します。この事例でも、社内には前記のことに気が付いていた人がいたはずだと思います。当時は、日本は未曽有の冷夏のために、飲料の数字の伸びが悪く、そこでは、手っ取り早く確実な手で数字を取りたいという経営の意志も働いたのでしょう。

この事例は、単年度の評価が最優先にされる企業文化の壁が前提にある話ですが、**まず、市場を丁寧に見て、そこにある因果を探るということを、企業の文化にすること。そして、そこで得られるアイデアを形にして的確な打ち出しを行い、『市場を創る』という執念を行動にし続けることのできる土俵としての組織、企業体にできるかどうかがカギになると言えます。**

第1章　商売繁盛のサイクル

▼安部野との再会

高山はJR荻窪駅の改札を出て、南にある住宅街に向かっていた。

時折、肌寒い風を感じるものの、ジャケットで十分に心地いい陽差しの中を10分ほど歩き、昭和の時代に造られたのであろう鉄筋コンクリートの巨大な民家のような建物の区画を回り込み、大きな鉄製の門の前に着いた。

脇にある小さな通用口のインターホンのボタンを押し、しばらく待つと「はい」という男の声が返ってきた。名前を名乗るとロックが外れる音がして、高山は通用口から中に入った。

建物のドアの鍵は開いており、そのまま玄関口に入ると、奥から「中に入ってくれ」という声が聞こえた。

「おじゃましまーす」

高山は靴を脱ぎ、天井が異様に高く、陽は差しているはずなのに、なぜか薄暗いエントランスを通り、中に入って行った。

高山が入った昭和風の応接室には、いかにもその時代らしい応接セットがあり、ストレッチ素材の黒いジャケットを着た髪の長い、細身の男が座っていた。

「安部野さん、お久しぶりです」

「ああ」

高山の呼びかけに、男は顔を上げず、しかめっ面のままで、手にしたA3の資料を睨《にら》みつけていた。高山は勝手に男の対面に座った。

「急に押しかけてすみません。忙しそうですね」

男は不機嫌そうに、「別にいつもと同じだ」と言った。

「『しきがわ』を辞めたんだって？　それで今は何をしている？」

「先日、グローバルモードに就職しました」

「ほう、今度はレディースか。それはまた大変だな」

男の名は安部野京介。50代前半に見えるが年齢不詳。高山の前の勤務先『しきがわ』の経営企画室長、伊奈木耕太郎と旧知の仲で、次から次へと出てくる経営の難題へのアドバイスを行い、高山が難局を切り抜ける手助けをし、最後は『しきがわ』のトップの、思い込みともいえる『憑き物』を落とした経営コンサルタントだった。

「はい。レディースブランドを立て直すことになりました。半年の期限付ですが」

高山が言うと安部野は手にしていた資料を置き、まじまじと高山を見た。

「半年とは、またえらく安請け合いしたものだな」

「えっ、そうですか？」

「当たり前だろう。メンズよりレディースのほうが難易度は高い。ただし市場は大きいし、粗利幅も一般的には大きいから当てていければ爆発力もあり、得られるものは限りなく大きいがな」

安部野は、髪をかき上げた。

「そもそも、ファッションビジネスはボラティリティが高いものだ」

「なんですか？　そのボラティリティって」

「ボラティリティとは、もともとは揮発性という意味だが、わかりやすく言えば、うつろいやすい、変化が激しいということだ。君が以前勤めていた会社が扱っていたのはメンズスーツだが、スーツは年度が変わっても、デザインや色合いなどのファッション傾向に極端な変化はなかっただろう？」

「ええ。柱のアイテムはスーツでしたから。ビジネスシーンで着る服は一年で大きく変化するものではありませんからね」

「そうだ。そもそもそこが違う」安部野は言った。

「ユニフォームのように着られるメンズスーツの市場は、どうしてもコモディティ色が強くなる。ここは個性を強く発揮する衣料分野ではなく、その中で品格など、微妙な変化をつけながら展開されていく。ファッションビジネスは元来、仕掛けた商品の在庫の売り切りとの戦いなのだが、メンズスーツのビジネスはデザイン、素材、柄にファッション要素を大きく取り入れた商品ばかりの商品構成でも行わない限り、在庫が残っても比較的安全な商売なんだ」

「はい。メンズスーツは商品を持ち越しても、よっぽど個性の強いデザインの商品でない限り、次年度でもほぼ同じペースで売り切っていくことはできました」

「そうだろうな。ところがレディースの場合は、それが通用しなくなる。レディースファッションは個性を表現して市場を創っていくビジネスだからな。粗利率は高いが、売り場への投入や売り切りのタイミングが1、2か月遅れただけで消化のしようのない不良在庫の山ができることがある。そういう意味で**成功とリスクが表裏一体のビジネス**だ」

高山は研修に行った千葉の店で、バックスペースが在庫の山になっていた話をした。

「あの船橋ショッピングセンターは集客力も日本でトップクラスだから、他店で売れ残った商品を移動して、その店に集中させる判断は正しいと思うがな。商品の企画、発注精度が低い状態が何年も続いた結果の残骸なのだろうな、きっと」安部野はソファに深く腰掛け、足を組んだ。

「グローバルモードの今の社長は二代目で、亡くなった創業者の一族が社長をはじめ役員をやっている会社だ。上場はしているものの、実質、田村家による同族支配状態の会社だな」

「そうです」高山は、田村社長と副社長、夏希常務とのこれまでのやり取りの様子を説明した。

「なるほど、僕が聴いている話とも合致する」

安部野は、テーブルの上にあった、見るからに冷めた珈琲の入ったカップに手を伸ばしながら言った。

「まずこの会社は、今の副社長が絵に描いたような理想的な平和主義の実現を望んでいるために、特に経営層周りが、のほほんと、ぬるま湯状態になってしまっている。社長も姉である副社長に、強くは言おうとしない。結果、最近の業績低迷により、社内は責任の擦《なす》り合いが始まり、必然的に一部の側近は保身に走り、結局、現場には殺伐とした空気がはびこり始めている……と、僕が知っているのは、こんなところだ。いずれにせよ、機能不全が起きているのは間違いないだろう」

なんでそこまで知っているんだ。高山は安部野の話をポカンとした顔で聞いていた。

「ファッションブランドは万国共通、いったんダメになるとその後の凋落《ちょうらく》が早いものだ。これは感性やユニークなポジショニングに依存して成功したものの、その成功則の言語化や、事業判断に本来必要な情報の『見える化』をおろそかにしたままに事業の戦線を拡大してしまう。つまり運営に必要な能力を欠いたまま規模を追いかけ、店数を増やしてしまうからだ」

安部野は珈琲カップに口をつけながら、流し目で高山をちらりと見た。

「安部野さん、『ハニーディップ』というブランドを立て直すことになったんですけど」

高山が言い終わる前に、安部野は、ああ、あのブランドか、と眉をひそめた。

「郊外のショッピングセンターと駅ビル中心に展開しているファミリーブランドだな。今、売上は100億円を超えたくらいか？」

「いえ、大体170億円です」

「ほう、もうそこまで店数を増やしているのか。ただ、事業規模はそれなりに大きくても、今の店は冴えないな。今のままでは遅かれ早かれ商業施設から追い出されるだろうな」

「どうしたらいいのですか？」

「まずは顧客にどう思われているかを知ることからだろう。基本的に、BtoCビジネス、つまり**小売業や消費財を扱う事業の不振は、市場とのかい離から起こる**わけだから」

「社長から、安部野さんに市場調査のコンサルティングを依頼してよいという許可をもらいました。今回もよろしくお願いします」

安部野は不機嫌そうに腕を組んだ。

「僕は、負け戦はしない主義だ」

えっ？　安部野の一言に、高山の目は点になった。

「このブランドの立て直しは、うまくいかないのですか？」

安部野はA3の5ミリ方眼のノートパッドをテーブルの下から取り出した。

「何を言っている。市場調査を行ってから商品を手配し、発注してから入荷するまでに何か月かかると思っているんだ。スーツに比べてレディースのほうが商品の納期が短いといっても、『ハニーディップ』の価格帯の商品は、ほとんどが中国やベトナム、あるいはもっと遠方の国での海外生産のはずだ。市場調査には、準備を含めて早くても2か月、分析に1か月強。そして方向性を出してから企画を始めて、一回目の商品が店頭に並ぶまでに最短でも2か月はかかるだろうに。そこまでで5か月だ。つまり最初の商品投入で成功しなければいけない。修正の時間の余裕もなく、一発勝負になってしまう。それくらいのことは、とっさに読まなかったのか？」

安部野に言われて高山は蒼くなった、……その通りだ。

高山が以前、働いていたメンズスーツ業界では在庫が万年過剰状態にあり、新業態のためには、新規ブランド用の商品の流用で賄ったため短期間での立ち上げが可能だった。

「事業の特性などを含めて、イメージができていないところで意思決定をするからそういうことになる。そして今の話も、社内がきちっと機動的に動く前提での話だ。君はまだ、その会社に入ったばかりの新参者なのだろう？　社内の人心を掌握できていて、動かすことが可能な状態なのか？」

高山の頭の中は、真っ白になった。

「**慎重に思い込みを廃する、というのは、改革の際の大前提**だろうに」

そうだった、高山は、その当たり前のことに今、気が付いた。

「どうしたらいいのでしょうか」

「そんなこと、僕が知るか。自分で安請け合いをしたのだから自分で何とかしろ」

あてにしていた安部野に冷たく言い放たれ、突き放されてしまった高山だった。

「安部野さん、短期間で成果の得られる手段ってないですか？」

安部野のもともと不機嫌そうな顔に、さらに不愉快さが加わった。

「冗談じゃない。そんな都合のいい話なんてあるものか」

「なにか、アイデアのようなものだけでもないのですか？」

「何を言ってる」

あきれ顔の安部野だった。

途方に暮れた高山は、なす術もなく安部野の描いた時間軸のチャートを見つめたまま、しばしの時間が過ぎた。

「ふむ。ただし……、だ」安部野が、手元のノートパッドをめくった。

「市場調査に着手する前に、短期で結果につながるアイデアが探し出せる可能性は、ないことはない。あくまで可能性だが」

安部野は円を五つ描き、最初の円の中に、認知と書いた。

「購買行動というものは、まず、その店、製品、あるいはそのブランドの存在を知ることから始まる。いわゆる『**認知**』だ。ＰＲや雑誌の広告、新聞の折り込みチラシなどの販促物で認知されることもある。地代が少々高くても目立つところに店を作るのも、これが目的だ。口コミという強力な媒体もある。これによって例えば、お値打ちでスーツを買うならば、君のいた『紳士服のしきがわ』、アメリカンカジュアルならばアメリカンイーグルやGAP、最先端のモードファッションならばシャネルなど、というイメージが頭の中に出来上がる」

安部野は次の円に向かって矢印を書いた。

「そして次が『来店』だ。『あれが必要だ』とか、あるいは『何か、いいもの、面白いものがあるかもしれないから、あの店に行ってみようか』という動機で、店に向かうわけだ」

「インターネットでの買い物でも同じですか？」

「ああ、君が初めてアマゾンで買い物をした時も、同じような思考をしたはずだ」

確かに、その前からアマゾンの名前を知っていて、ある時に試してみようとアマゾンのホームページを開いたな、高山は思った。

「さて、質問だ。『認知』から『来店』に進む時には、現実にはいくつもの選択肢がある。例えばスーツを買おうと思っても『紳士服のしきがわ』以外にも店はある。その中から『紳士服のしきがわ』を選ぶのは、何か理由があるはずだろう？」

「確かにそうですね。チラシを見て、『他よりも安そうだ』とか、『前回、いい買い物ができた』『接客が良かった』、単純に『家から一番行きやすいから』なんていう動機もあると思います」

「その通り。つまり『認知』から『来店』に進む時に、他の店にお客様が行かず、自店に来てくれるようにするための明確な動機づくりが必要だ」

「そうか。『認知』から『来店』に進んでもらうこと、つまり、他の店などに行かずに、自店への『来店』に進むことが重要ということですね」

「そうだ。お客様がその店を選んで立ち寄る、なにか明解な理由が必要ということなんだ」

安部野は、さらにその次の矢印を描き、その先の円の中に『接近』と書いた。

「来店したら次は、どれかの売り場に『**接近**』する。お客様が買おうと思っている目的の商品があるならば、そのコーナーにまっすぐ行くだろう？　そういう目的のお客さんには、目当ての売り場にわかりやすく誘導できていればいい」

「その通りです」

「でも、その気はなかったのに、つい、『あれは何だろう』『面白そうだ』『ちょっと見てみよう』と思って、想定していなかった売り場や商品に近づいてしまう、こういう経験は誰にでもあるはずだ」

「はい、よくあります」

「例えば、君が何か目的があってイオンやイトーヨーカドーに行ったとする。まず、一番重要なのは、その店に一歩入って、君の目当ての売り場が、どこにあるのかが直感的にもわかりやすいことだ」

「そうですね。どこだろうかと考えたり、店員の人に場所を聞かなくても、ぱっとわかりやすい、あるいはあそこだろうとイメージしやすいと、店でのストレスがないです」

「そのストレスがない買い物の環境というのは、小売業においては、できていなければならない最低限の要件だ。衣料売り場であれば、まず男性、女性、子供向けのゾーニングがあり、その売り場に行くと、さらにアウター、トップス、シャツなどのカテゴリー。そして次に、素材、色、形、サイズと分かれていくと、欲しい商品にたどり着きやすくなる。その商品構成の系統を図示すると、このようにしっかりとしたロジックツリーになっていて、これが売り場のレイアウトにも『離れ小島』がなく、うまく配置されているはずだ」

売り場のゾーニングがロジックツリーにのっとっていると言われれば、確かにその通り……、高山は思った。

「さて、購買頻度の低い商品、商品管理上は在庫回転数の実績値が高くない商品は、どうしても入り口からは遠くに置かれがちになる」

「あの……、頻度品であり、来店目的にもなりやすい靴下や肌着などが店の奥や、端の方にある場合もありますけど」

「それは、リピートで来られる顧客を店の奥まで誘導したい場合に、店が一つの戦術としてとる方法だ。かつてトイザらスでは、通常、ドラッグストアなどでは客寄せのために店頭で展開する紙おむつが、あの広い店の一番奥に置かれていた。赤ちゃんがいる家庭に紙おむつは必須の頻度品だ。トイザらスは、どこよりも低い価格でこの紙おむつ……、米国企業だから日本では輸入された米国製のパンパースだったが、これを展開し、家に赤ちゃんのいる顧客を店の奥まで誘導し、店内の商品をたくさん見せるという作戦をとっていたんだ」

「それってなんだか、あざといですね」

安部野は、ふんっと鼻を軽く鳴らした。

「さて、もし、君がヨーカドーの店内に一歩入った時に、そのフロアの一番奥の隅のほうにある帽子売り場に、なぜか目が向いたとしよう」

「帽子売り場ですか。帽子なんてしばらく買っていないですねえ」

「天井近くの高い場所に、そうだなあ、きみの好きなキャラクターとか……。例えばマーベルやDCコミックスの映画のヒーローをモチーフとしたデザインのキャップがたくさん並んでいて、目に留まったとしたら」

「あ、キャラクターのモチーフのデザインですか。ちょっと見てみたいかもしれないですね」

「そして近くに寄ってみると、そのモチーフがセンス良く、上手に商品にデザインに落とされていたらどうだ」

「値段次第ですが、品質が伴ってデザインさえ気に入れば、一つ買ってみても面白いと思うかもしれないです」

「これが小売りの醍醐味だ。そしてファッションビジネスにおいては、まさにこれが肝心なところだ」

「衝動買いの仕掛けのことですね」

「そうだ。衝動買いというと、なんだか買わなくてもいいものを買ってしまう仕掛けのように響くが、実際は来店時には想定していなかった、機能、デザイン、用途など何かに優れた商品に出合うこと。つまり、自身が気づいていなかった潜在的な需要が掘り起こされるということだ」

「スーツの販売員をしていた時は、ぼく自身が入店されたお客様を売り場へ誘導して、商品の提案をしていました」

「スーツ販売は、現代の小売り業では少数派になりつつある接客型ビジネスのひとつだ。その他の圧倒的多数の小売業は、基本的にお客様が自分で売り場に行き、セルフで買い物をする。ファッションブランドの場合は、ある程度、高い価格帯のものならば、販売員が助言やアシストにつくことは多くなるが」

安部野は一呼吸入れて、珈琲を口に運んだ。

「つまり、売り場とそこにある商品は、お客様を引き付ける魅力を発していなければならず、まずは、お客様を棚の前まで連れてくる力を持っていなければいけない」

「なるほど」

「そして『接近』したら次に、商品を見て、選ぶわけだ」

ちょっと待っててくれ、と安部野は席を外した。

しばらくすると、トマトのデザインが描かれた三種類の缶詰を抱えて戻ってきた。

「仮に君が結婚していて、奥さんからトマトピューレの缶詰を買ってくるように頼まれたとする。君が立ち寄った売り場には、この3種類のトマトピューレが置かれていたとしよう」

安部野はそれらの缶詰を高山の前に並べた。

「君はこの三つの中からひとつを選んで購入しなければならない。どうする？」

「まず値段を見ます」

「では、値段は変わらないとしようか」

「そうですね」と言って高山は、そのうちのひとつを手にして、缶を見た。

その様子を見て、安部野は尋ねた。

「君は、今、商品の何を見ているんだ？」

缶を自分の目の前に持ったまま高山は、今自分が何を見ようとしているのか答えられなかった。

「えっと、入っている量を確認して……。で、どれが良さそうなのかを見ているんですが」

「どこの何を見て比べようとしているんだ？ 僕に教えてくれ」

「いや、そう言われても、ちょっと困るのですが……」

安部野も缶のひとつを手に取った。

「まあ、そうだろうな。でも、誰もが皆、こうやって商品を手にする」

安部野は、缶を自分の顔の前に近づけて眺めた。

「今の君の行為は、どの商品が良いかを『納得』しようとしているんだろうな」

安部野は自分の持っている缶を高山の前に出した。

「つまり『これがいい』と思える『納得』できる理由、あるいは情報を探しているんだろう。表面の写真や絵がうまそうに見えるかとか、あるいは裏に書いてある説明書きから判断するのか、そこは買い手と売り場の環境によって様々だろうがな」安部野は缶をテーブルに置いた。

「『納得』は自分自身の動機にも影響される。英語に Good reason to buy という言い方がある。自分自身に買う行為を納得させる良い理由という意味だ。それを感覚的、そして理屈の上でも刺激するパッケージ、表記の工夫がなされているわけで、この『納得』は、つまり『**購買**』につながる」

安部野は、ノートパッドの円の中に、『**納得＝購買**』と書いた。

「そうか、こうやって、買い物が着地まで至るわけですね。わかりました！」

安部野は高山の反応を冷ややかな目で見て「いや、まだ終わっていない」と言った。

「いいか、ここまでの『**購買**』**までのプロセスは、実は極めて情緒性の高いプロセス**なのだ。

ここに至るまでの間に接客が悪かったなど不愉快なことでもあれば、先に進まない。反対に気持ちが昂揚していると、少々気になることがあっても、先に進んで買ってもらえる場合もある」

「そうですね。お客様に好かれて信頼を勝ち得た販売員は、そこからは薦めたものをどんどん、買ってもらえます」

「問題は次の段階となる、**持ち帰って実際に使う時なのだ。その時には、買う時のような情緒的な状態ではなく、理性的な状態になっている**」

「クレームが出ないようにするということですか？」

「間違ってはいないが、最適な答えではない。例えばイタリア製の高価な生地を使ったスーツは、丈夫で耐久性が高いのか？」

「いいえ、一般的には逆です。風合いの良い高級素材の生地は休ませながら大事に着て、手入れも頻繁に丁寧に行わないとすぐに傷んでしまいます」

「そういう素材特性を購買の時にしっかりと伝えないと、知らないがゆえにクレームが起きる可能性が出てくる。『高い金を出したのに、すぐにダメになった』と。利用上、気を付けるべきことを伝えた上で正しく利用してもらい、そしてその風合いの良さなどに『満足』して、このステップで納得してもらえると、どうなる？」

「再来店につながります」

図表01　RVAPS（アールバップス）サイクル

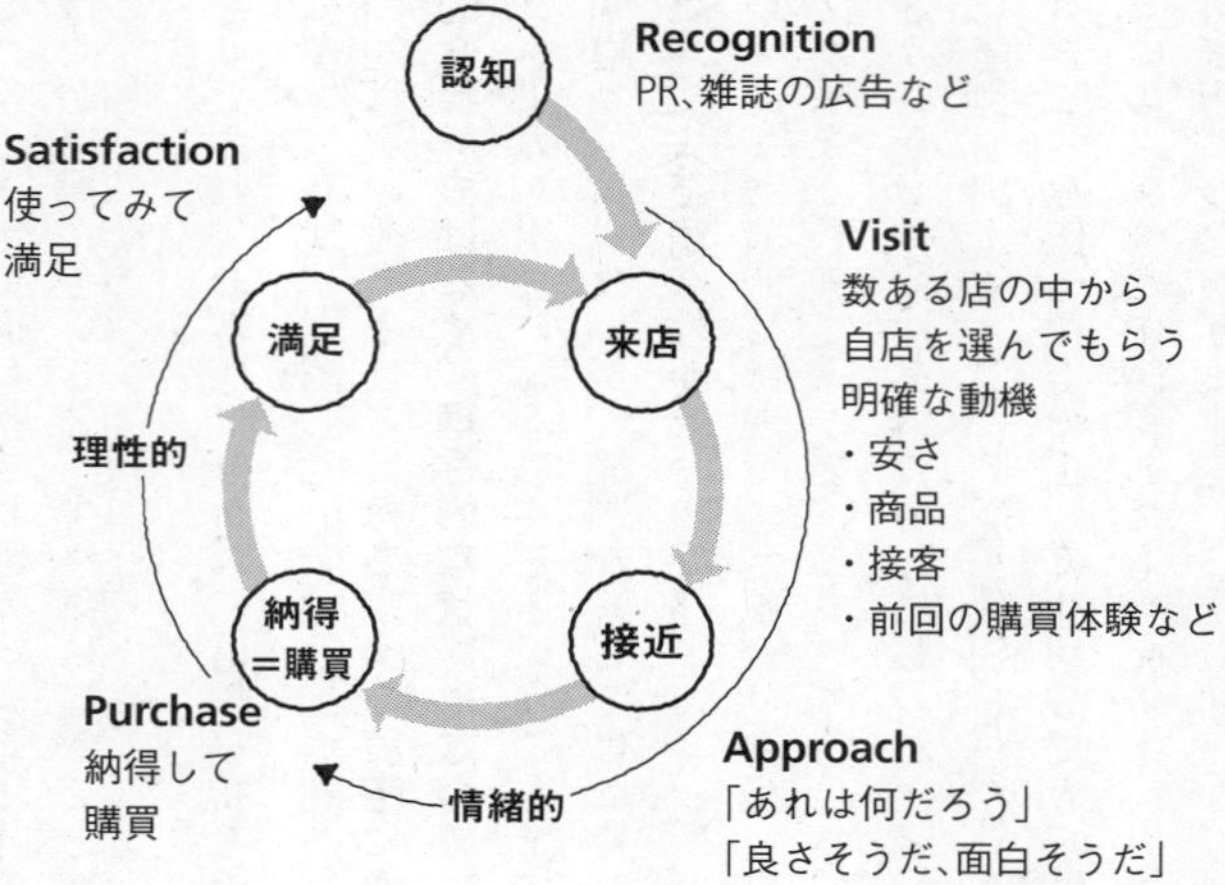

「よろしい、正解だ」

安部野は最後の円に『**満足**』と書き、そこから最初の『**来店**』に向かって矢印を描いた。

高山はノートパッドに描かれたサイクルを指でさし「このサイクルが太い矢印で回れば……」と言って、グルグルと円を描き、「お客様が外にこぼれずに増えていきますね」と言った。

「だから、これが小売業やファッションビジネスの**BtoCビジネス繁栄のサイクル**だ。

僕はこれを、各ステップの頭文字を取って**RVAPS**《アールバップス》**サイクル**と呼んでいる」

安部野は、Recognition, Visit, Approach, Purchase, Satisfaction と英語も書き足した。

高山は、安部野が書いたチャートを見つめていた。

「今の『ハニーディップ』の店は、お客様が、このサイクルから外側にこぼれ落ちていく状態なのだろう」

「外にこぼれないように、ちゃんと次に進むように、手を打てということですね」

「そうだ。いかに『**認知**』してもらい『**来店**』につなげ、売り場まで『**接近**』して『**購買**』して『**満足**』してもらうか。まずはこのモデルを頭に描いて、現場で考えてみることだ。運が良ければ、すぐに実行できるアイデアが出るかもしれないな」

「わかりました」

高山は安部野の事務所を出て、研修時の売り場のイメージを頭の中で描きながら、荻窪駅に向かって歩いて行った。

▼助っ人？　登場

翌日、高山がインスタットビルに出勤すると、いつもの満面笑顔の夏希常務が高山の席にやってきた。

「高山くん、あなたの助っ人がひとり加わることになったわよ」

「はっ？　助っ人ですか」

夏希常務の後ろを見ると、小柄でそばかすの丸顔に、眼鏡をかけた女の子が立っていた。

「中丸美香さんよ。ニューヨークのファッション工科大学、FITに留学していて帰国したばかりなの」

ニューヨークにあるFIT (Fashion Institute of Technology) のことは、高山も聞いたことがあった。有名ブランドのデザイナーも数多く輩出している世界トップレベルのファッションに関する教育機関だ……、いいなあ、海外で勉強できて……。高山も以前から海外で学ぶことにあこがれを感じていた。

「高山です。よろしくお願いします」高山は軽く頭を下げた。

その様子をじっと見ていた中丸美香は高山の服装を見て、いきなり高い声で早口にしゃべり始めた。

「君さあ、ファッションのこと、あんまりわかってないでしょ?」

「はあ?」

不躾《ぶしつけ》なその物言いに戸惑っている高山に、夏希常務は「この子ね、しばらく英語圏で過ごしていたから、Youをそのまま直訳して、『君』って言っちゃうのよ。気にしなくていいから」と言った。

夏希常務よりもさらに高い声で中丸も、うふふと笑った。

「だって君のパンツ、いけてないもん。微妙に太いしさ。それに、そのダンガリーもねえ

「……」

そう言われて高山は気が付いた。今はいているチノパンは、前の会社の時に社内向けの在庫処分販売で買ったものだった。はく機会も少ないために傷みもせず、ずっと買い替えていなかった。結果、今風の細身のものではなかった。

「タック付きではないだけ、まだましかな。いひひ……」

「中丸さんには『ハニーディップ』の商品企画をしてもらおうと思っているの。高山さん、これから中丸さんと一緒に店に行って、売り場を案内してきてくれる？」

「わかりました」

「君、よろしくね」中丸は明るく屈託のない表情で、高山の肩を叩いた。

「さあ、行こう」

さっさと早足で歩いていく中丸のあとにつき、高山もオフィスを出た。


「君さあ、新業態を成功させたことがあるんだって？」

船橋ショッピングセンターに向かう電車の中で、中丸が話しかけてきた。

「ええ、すごく短期間で立ち上げたけど、幸いうまくいきました。市場調査のデータから、いろいろと分析していたら、ニーズが見えてきて」

ふーん、聞いていた中丸は、「あたしもね、マーケティングの授業をとったことがあるんだ。

だから、そういう実践事例にはすごく興味があるの」と言った。

「ぼくは、マーケティングをきちっと学校で勉強したことはないけど……」

「学校で習うマーケティングって、理屈ではわかるんだけど、それだけで本当に使えるかっていうと、かなり疑問を感じるんだよね。学校の先生が教える理論と現実の実践には、かなりのギャップというか、埋めなければならないことが多すぎて、むしろそのギャップの埋め方のほうがカギのような気がしてならないんだ」

同じようなことは、高山も感じたことがあった。

著名な教授のマーケティング理論の本を買ってきて読み始めてはみたものの、確かに理屈の上ではその通りなのだが、上澄みの概念論だけで話が進んでいくだけのように思え、途中で飽きて読むのをやめてしまったことが何度もあった。

そう感じているのは、自分だけではないんだ……、高山は少しほっとしていた。

「中丸さん、自分でお金を貯めて留学したの？」

「半分は自分の貯金で、残りの半分は親に借りたの。毎年１００万円ずつ返すんだ」

親に半分借りるのか、そういうやり方もあるな、留学というものにあこがれはあっても、まったく現実味を抱いていなかった高山にとって、中丸の話は、そのあこがれを身近なものに感じさせた。

「田村社長はね、あたしの伯父にあたるの。夏希さんと同じ、姪っ子なんだ。歳はだいぶ離れているけどね、うふふ……」

なるほど、この子も一族なんだ、高山は知った。

▼高山、ひらめく

高山と中丸は、船橋ショッピングセンターの『ハニーディップ』の店の前に立っていた。セールが始まる前のこの時期は来客も少なく、店内には子供を連れた母親が数人いるだけだった。

店の前に甘い香りが漂ってきた。香りのするほうを見ると、同じフロアの新しくオープンしたベーカリーショップの店頭で、販売員が風船を店頭で配っており、母親の手を引いた子供たちが群がっていた。

「どこの国でも子供って、風船好きだよね」中丸が言った。

「そうだねぇ……」

高山も、その様子を見ていた。

やがて店頭で配られていた風船が少なくなると、もう一人の販売員がそれまでの3、4倍の数の、追加の風船の束を持って現れた。補充された大量の風船の束はショッピングモールの遠くからでも目立ち、離れたところにいた子供も、つないでいる親の手を放して風船の束に向かって駆け出した。母親たちもそのあとを追い、結局、風船を手にした子供と一緒にベーカリーショップの中に入っていった。

「まずモールを歩いている人に、うちの店の前まで来てもらわなければならないんだよな……」

子供と母親の動きを見ていた高山は、唐突に「あ……」と声を上げた。

「そうだ、この手がある！」

「何？　どうしたの？」

「風船だよ、風船を使うんだ」

「『ハニーディップ』だって風船なんかしょっちゅう配ってるよ。留学する前に、店のバックスペースにある大きなビニール袋に何袋も入っているのを見たこともあるもん」

「そう、その山ほどある風船でお客さんを店に誘導するんだ」

「あのパン屋みたいに、風船をもって販売員が店頭に立つの？　別にいいけど、販売員の人手が一人分とられるよ。集客にはなるとは思うけど、店に人手が十分あるわけじゃないはずだし」

「ちがうんだ。ちょっと来て」

高山は中丸を連れて、『ハニーディップ』の店頭に向かった。

「ここに膨らませた風船を30個くらいまとめた巨大な風船の束を三つか四つ作って、ショッピングセンターのモール側、つまり通路側に張り出して高く吊るすんだ」

高山は店頭で手をあげてバンザイのポーズをしながら、大きく背伸びをした。

「そうすると、この店の左右のモールどこからでも、ここに風船がたくさんあることが見えるだろ。そうしたら子供たちは風船がもらえるかもしれないと思って、店の前までお母さんを引っ張って来るよね」

「店の前までは来てもらえるけど」

「そしてだね」

高山は、今度は『ハニーディップ』の子供服コーナーの通路の一番奥まで中丸の手を引いて行った。

「店の奥に風船をたくさん置いておく。そして『ご自由にお取りください』とモールからでも見えるくらいの大きさの文字で表示して、誰でも自由に取れるようにするんだ」

「ああ、そうか。そうすると、子供に手を引かれて一緒に入店してきたお母さんは、左右の棚にある子供服を見ることになるねえ」

「今から準備すると、ちょうどサマーセールの立ち上がりに実施することができるはずだ」

「ちょっと、あざといけど、それいいかも……」

「値下げ表示した商品なら、とりあえずお母さんは手に取ってみようと思うはずだ」

高山の顔は中丸の方を向いているものの、彼女は自分の視界の中に入っていないかのように熱く話し続けた。

「そこまで誘導できれば、モノは悪くないわけだから、きっと買ってくれる人も増える。『来店』して『接近』してもらい、そして商品に『納得』して、『購買』だあ。やった！」

「何、言っているの、君？」

高山は、携帯電話を取り出した。

1分ほどで話を終えると高山は言った。

「中丸さん、今本社の秘書の人に確認したら、明日の午後は、夏希常務も空いているって。確か、本部のみんなもいるはず。これからすぐにパワーポイントで説明用の資料を作る。明日、みんなの前でこの案を説明するから……。じゃ、ぼくは戻るから」

「君って、早っ。ちょっと待ってよ」中丸は高山のあとを追った。

▼風船大作戦

「何なんだよ、この集まりは。忙しいのによぉ、ったく」

鬼頭が不機嫌そうに会議室に入ってきた。

『ハニーディップ』本部のメンバーが三三五五集まってくる中、高山は、せっせとプロジェクターの準備をしていた。開始時間の直前になって夏希常務も現れた。

「高山くん、今日は何かしら。本当は用があったのだけど……。何か面白い話でも聞けるのかしら？」

相変わらずの笑顔だったが、眼光はいつもと同じく鋭く、冷ややかだった。

「すみません、お忙しいところ。突然お集まりいただき、ありがとうございます。今日は、来たるサマーセールの集客力向上のためのアイデアを聞いていただきたいと思うんです」

高山は、夏希常務以下10人ほど集まった『ハニーディップ』の本部メンバーの前でプレゼンテーションを始めた。

店頭の写真を見せて、状況を説明したうえで「このスライドをご覧ください」と、絵を映し出した。

「『ハニーディップ』は、ほとんどが商業施設内に出店しています。そこでまず、店の前への集客のため、店頭に風船30個ほどの大きな束をディスプレイし、お子さんの目を引きつけて、親子連れを店の前まで誘導します。さらに、店の奥にも風船の束を置き、親子連れに店の奥まで入っていただきます。そしてその戻りの際にお母さんたちは、自然に左右の棚にある子供服を見ることになります」

風船の束の作り方、設置の仕方など、高山は自分が考えたプランを、スライドを何枚か使って丁寧に説明した。

「このプランで、セール期間の集客と売上を前年より上げたいと思います。名付けまして『風船大作戦』です」

何人かが、小さく、ぷっと噴き出した。

「まんまじゃねーの、そのネーミング」と誰かが小さな声で言い、笑いが起きたが、鬼頭は、しかめっ面に腕組みをしたままだった。

「高山くん、これがあなたのアイデアなのね。はい、わかった。みんな、どうかしら?」

夏希常務が立ち上がり、いつもの口角の上がった笑顔で参加者を見回したが、その色白の肌のこめかみには青筋がくっきりと立っていた。そのあからさまな威圧感の下、誰も常務とは目を合わせようとせず、ましてや言葉を発する者もいなかった。

しばしの沈黙の後、夏希常務は言った。

「ん? 意見が出ないということは、みんな、この案は良くないと思っているということね」

夏希常務はもう一度見回してから、正面にいる高山を見すえた。

「高山くん、提案してくれて、ありがと。でもね、この案はファッションブランドを展開するグローバルモードがやるプランじゃないわ。高山くんはスーツの安売り店の出身だし、まだうちの会社のことをよくわかっていないから無理もないのだけれど」

中丸美香が口をつぐんだまま、夏希常務を見つめていた。

「だいたい、風船大作戦なんておかしいわよね。笑っちゃうわ。ねえ、みんな?」

同意を求められ、参加者の多くが引きつった笑いを見せた。

「今回は時間の無駄だったけど、今日は高山くんのお勉強にみんなが付き合ってあげたということでいいかしら？　じゃあ、今日はこれで」

夏希常務が立ち上がりかけたところで、「ちょっと待ってください」という声が聞こえた。

中丸がひとり、手を上げていた。

「夏希常務。このアイデア、理にかなっていると思うんですけど、どうしてダメなんですか？」

「中丸さん、あなたもまだ、このブランドをよくわかっていないのだから。黙っていなさい」

中丸はさらに何かを言おうとしたが、夏希常務は中丸を睨み、発言を制した。

「じゃ、これで今日は解散ね」

夏希常務は席を立ち、この場を離れようとした。

「あの、いいですか」

後方から低い声が聞こえた。

みんなが振り向くと、一番後列に座っていた鬼頭が手を上げていた。

「常務。これ、いけると思いますよ」

夏希常務の顔から笑みが消えた。

鬼頭は構わずに続けた。

「このアイデア、うちの他のブランドではあり得ないですが、『ハニーディップ』は、うちの会社の中でも価格帯の低い、特殊なファミリーブランドという位置づけです。グローバルモードらしくはないですが、『ハニーディップ』らしさという意味では、まったく問題ないと思いますけど」

夏希常務の頬に現れたわずかな引きつりは、誰の目にも明らかだった。

「あたしは、この案、好きじゃない」

夏希常務は、嫌悪感をあらわにした。

「常務、この案やってみたいと思います。費用もたいしてかからないです。どうせ、セールの時は俺たちも忙しい店の売り場に応援に行きます。空いている時間にバックルームで風船作るくらいは俺たちの手でもやれますし」

夏希常務の視線を気にして目を伏せながらも、鬼頭の発言にうなずく者が何人かいた。

「いいわ、好きにしたら。でも、うまくいかなかったらあなたたちの責任よ」口角をわずかにゆがめて捨て台詞を残し、夏希常務は会議室を出ていった。

茫然と立ったまま、やり取りを見ていた高山だったが、鬼頭はすぐさま参加していた者たちに、風船の追加発注や、風船の設置方法の検討、そして什器の手配をするように自らその場で指示をして段取りを行った。

全員が席を立ったあとに、鬼頭は高山と中丸に向かって歩いてきた。

二人とは目を合わせず、そしてニコリともせずに「何の責任だよなあ、ったくよぉ」とだけつぶやき、鬼頭は席に戻っていった。

▼セール初日

『風船大作戦』の初日の早朝、高山は中丸を連れて、船橋ショッピングセンター店に来ていた。

白いボタンダウンのオックスフォードシャツにストレッチの利いたタイトな綿パン姿の高山は脚立の上に上がり、什器から伸ばした棒の先、床から2・5メートルほどの高さのところに巨大な風船の束を設置した。

「どう、遠くから見える？」

中丸は数店舗分、離れたところまで走っていき、頭の上に腕で大きく丸印を作ってみせた。

「次は、店の奥だ」高山が脚立を下りると、店長の福山洋子が寄ってきた。

「ちょっとあんた！　店の奥にこんなものを置かれたら邪魔なんだよ。どかせろよ！」

子供服の通路の奥には、立ち上げ什器が二台並び、そこには緑色の網がかけてあった。

「なんだい、この網は？」福山の問いに、「カラス除けのネットなんですけど」と高山は答えた。

「ここに、膨らませた風船をどんどん挿《さ》し込むんです」

「はあ？　ゴミ捨て場のネットじゃないか。なんだよ、これ！　こんなもの店の中に置くんじゃないよ！」

声を張り上げ、福山が什器の脚を蹴ると、そこへ風船をいくつも手にした鬼頭が現れた。

「いいじゃねえか。見た目もそんなに悪くねえし」

鬼頭は持っていた風船をネットに挿し始めた。

「福山よ。俺もやってみて結果がどうなるかを見たいんだ。ちょっとこれ、やってみようぜ」

ふん、鼻を鳴らせて福山はその場を立ち去った。

「もうすぐこのショッピングセンターのオープンだ。客が入ってくるから、早く風船を目いっぱい挿しちまおうぜ。補充用の風船も、午前中の客の少ないうちに作っておかなきゃな」

中丸がA3サイズのプリントアウトをパウチ加工したものを持ってきた。

「これでいいよね」

クリップでネットに付けると『ご自由にお取りください』と大きな文字で書かれていた。

「その字の大きさなら、モール側からでも見えるな」

ショッピングセンター内にオープンを告げる放送が流れ、パラパラと客が店の前を通り始めた。しばらくすると子供に手を引かれた母親が入店し、店の奥で子供に風船を持たせてから、ついでにセール品の子供服を手に取り始めた。店外にいた高山と中丸は目を見合わせ、店内にいた鬼頭も小さく、おしっ、と拳を握りしめた。

午後になると子供連れの母親が次々と入店し、どの競合店よりも『お母さん顧客』が多く入っている状態になった。さらに子供衣料を一品か二品、手にした顧客は、レディースコーナーでも自分用の衣料を見始めた。人が多く入っている店は通行客の目も引きやすく、客が客を呼び、子供連れではない顧客も入店し、店は大いににぎわってきた。

福山は満面の笑顔で、売り場での接客に汗だく状態になっていた。中丸も接客の応援でてんてこ舞いだった。バックスペースで補充のための風船をせっせと膨らませていた高山のもとに鬼頭が入ってきた。

「読み通りだ。いい感じじゃねえか」

鬼頭は初めて、高山に笑顔を見せた。

「ええ、おかげ様で」

お互いそれだけの言葉を交わし、鬼頭は店内に戻っていった。

解説

事業において「顧客を増やし、売上を伸ばして事業体が成長を続ける」ことの重要性

提供する製品やサービスに満足してもらうことで、顧客の実体験に基づいた口コミや評判が広がり、新規顧客と既存顧客のリピートも増えて、製品や事業のブランディングがなされます。ブランドは、『信用』と言い換えることもでき、企業にとって、その存続、発展のためには何ものにも代えがたい無形資産となっていきます。

かつてほどの勢いは無くなったものの、日本の製品は今でも『ジャパンブランド』として、『信頼』を得ており、世界中から求められています。これは、我々の先達が、ただ売上や収益性などの経営目線の成績ばかりを追いかけることなく、品質と信頼性を担保できる「ものつくり」の体制、つまり良心を持って、市場に『価値』を提供するための社内のシステムと文化づくりに真摯に取り組んだ結果なのです。

BtoC事業における、ビジネスの発展をその時間軸に沿ってとらえてみます。

- まず、自社の製品やサービス、店舗のことを全く知らない方々が、まず**認知（Recognition）**

してくれる。

- 次に**来店（Visit）し、**さらには売り場に**接近（Approach）**する。
- まずはその価値を確認し納得して、お金を払って**購買（Purchase）**してくれる。
- そして利用してみて理性的にも**満足（Satisfaction）**をしてくれると、その店、あるいはブランドに**リピーターとして再来店してくれる**。何度買っても、飽きることがない、毎回刺激がある、ということになると、購買頻度、利用頻度がさらに高まり、いわゆる**頻度顧客**になってくれる。
- この方々が頻度顧客でいる状態を**維持すべく、カイゼンを重ねる**。言ってみれば、これがBtoCのビジネスにおいて実現したい状態、目指したい状態であり、「**顧客の状態進化のモデル**」ともいえます。

世の多くの成功しているビジネスは、「お客さんの気持ちのツボを押さえている」「誠実に商売をする」など、このフレームワークに沿って顧客の「進化」が途中で止まることのないよう努力をし、頻度顧客化に向けて、顧客に「進化」してもらうための成功則を持っています。

これを店や業態の設計、課題を明らかにする視点でとらえたフレームワークが、各ステップの頭文字をとった、先述の**RVAPS《アールバップス》サイクル**です。

まず、店の認知をしてもらい、来店し入店してもらう。入店したら、売り場に接近してもらい、商品を手にするなりして、その良さを納得してもらう必要があります。納得してもらって、購入してもらう。

ここまでは一般的には、**感情的**、**情緒的**に進みます。そして、そのあとに家に持ち帰って、利用したり、食品なら食することになりますが、ここでは自分が代価を払って得たその価値について、**冷静に**、**かつ理性的に評価**がなされます。

この来店から購買までの時間に比べれば圧倒的に長い時間に、本当にその価値に満足してもらえれば、お客様は必ず再来店してくれます。これがサイクルの形になり、お客様が外側にこぼれ落ちることのないようにすれば、新規に認知して来店してくれるお客様がいる限り、このサイクルの矢印はどんどん太くなる、つまり客数は増えていくことになります。

例えば私がかつて在籍した、デパ地下で総菜店を展開するロック・フィールドのブランド、RF1を例に挙げてRVAPSサイクルを描いてみると、図表02のようになります。その展開の初期の段階において、顧客を進化させるための強みを持っていたことがわかります。

このRVAPSサイクルに当てはめて、売上を取るために販促の腕ばかりを極端に磨いたケースを考えてみましょう。

本来は、製品、サービスや店を、まだ見たこともない経験したこともない方々に知らしめるために、広告、販促が行われます。

図表02　デパ地下で展開している「RF1」のRVAPSサイクル

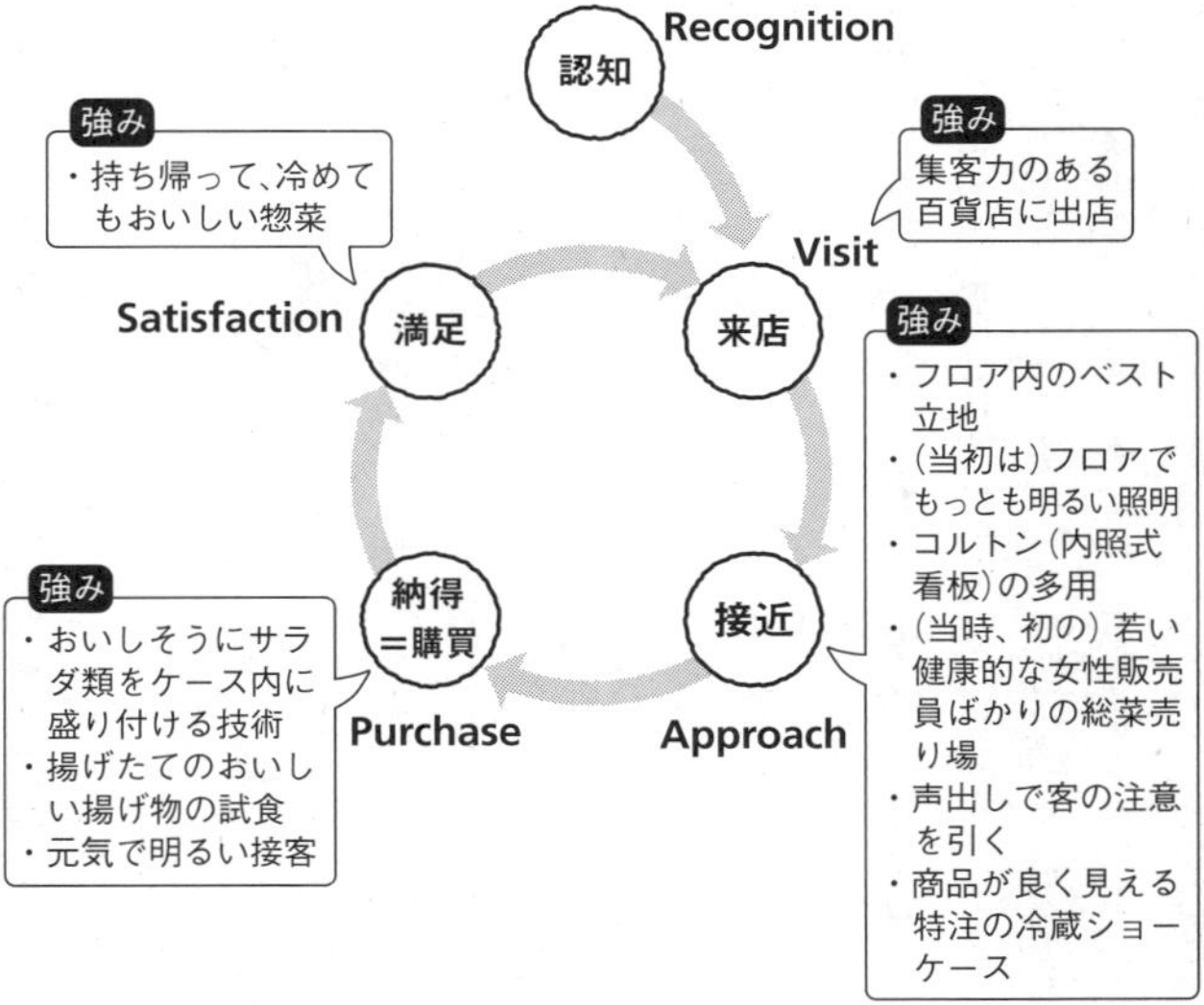

「チラシなどの販促の企画の腕の良かった小売業は、十数年後には、その8割が消えていた」と日本リテイリングセンターの故渥美俊一先生から伺ったことがあります。

目玉となる特価商品や、お値打ち商品などを魅力的に訴える、新聞の折り込みチラシは、郊外のロードサイド店にとっては重要な集客ツールでした。

「限定着数、1000円でスーツをご奉仕」

このチラシのコピーを見て店に出かけてみると、店頭のハンガーラックに10着ほどかかっているだけ。それも奇抜すぎる柄の生地の、見るからに売れ残り商品ばかりで、結局、普段のビジネスシーンで使えるスーツは通常価格でしか買えない。これは二十数年前には郊外型のスーツ店舗で、当たり前のように行われていたことです。

「知恵を絞った販促で集客ができても、欲しくもない商品、魅力のない売り場を見せるだけで、かえって逆効果である」

確かに渥美先生が言われた通り、チラシに惹かれて店に行ってみたものの、現物を見てがっかりするという経験を、自分自身がしたこともありました。そしてその後は、その店からどんなに安さを訴求した折り込みチラシが入っても、もう二度と行こうとは思いませんでした。

結局は『王道』ともいえる、商品や接客サービスなどの価値を提供できる力をつけない限りは、刹那的に数字が取れたとしても、お客様からの本当の支持は得られないということです。

経営の目線で考えると、どうしても収益性を意識し、営業利益を増やしていきたいと考えます。特に事業が低迷状態に陥ると、上場企業であれば、その年度の業績を開示し、株主に配当を出すことになりますから、経費を切り詰めても収益の確保に走りがちです。

しかしながら、ここに落とし穴があります。

もし、その企業が上場企業だとすると、**その会社の事業が上場できるまでに成長できた大**

元にある理由は、先述の、製品やサービス、ビジネスモデルなどに、爆発力や成長力を持たせる、事業展開における成功則を見出したからです。

時として、背に腹はかえられずに、やむを得ずにとった『あざとい手』もあったかもしれません。しかしそれはあくまで枝葉《えだは》の話であり、正しくは、それは成功や生き残りのための『執念』によるものと解釈すべきでしょう。あくまで幹にあるのは、ビジネスモデルとその成功則の研鑽以外の何物でもありません。

これらを見出し、かつ成長力をつけるまでに要した黎明期は、決して1年ではなかったはずなのです。さらに、ほとんどの『成功した創業者』は、自ら語ることはあまりありませんが、**そのビジネスの成功までの間には、その前に行っていた別事業も含めて、数え切れないほどの失敗を経験されています。**

もし今が低迷期にあり、そこで単年度の収益の帳尻合わせだけを毎年続けているならば、その組織では『点数稼ぎと保身の思惑』が蔓延している可能性があります。そのような状態では、事業運営における、ことの因果も、本当に正しく説明されているのかが疑わしくなります。そのような状態では、次の成長力の大元になる成功のネタがあったとしても、それを単年度内に開花させることなど、まず不可能です。

株主がおとなしい日本においては、企業が発表する決算は、いわば経営者にとっての通信簿の成績のようにとらえられがちです。

もし今は、かつての見栄えのする成績を取ることができなくなり、もしその克服に2年、あるいは3年が必要だと考えるならば、なぜ、それを堂々と宣言して取り組まないのでしょうか？　もし宣言しにくい環境にあるならば、少なくとも、その仕込みを水面下で確実に進めること、そしてその仕込みが開花した時に、しっかりと大輪の花にまで育て上げることができる体制づくりが、低迷期にやるべき、何よりも重要なことなのです。

また、**経費を有効に、かつ効果的に使うための方法論を導入することはとても重要です。ただの経費節減、コストカットを行い、さらに昇給を止めたりして人件費を上げないようにすることを毎年繰り返しているだけでは、何の抜本的な解決にはなりません。企業としての学習の幅を狭め、当座の成績表の見栄えのためだけに、ただ問題の先送りをしているだけです。**お客様に支持される状態を作り、売上を伸ばすという、本来、当たり前のことを最優先課題にするべきです。

こういう話をすると「そんなことは言われなくてもわかっている。ちゃんと次の成長のネタの仕込みは、毎年行っている。残念ながらそれらが、なかなか開花しないだけだ」という声も返ってきそうです。

もし、そうならば、なぜ延々と事業のネタが開花しない状態が続くのか、そこの原因を考えるべきです。

つまりPDCAのAに当たる、業務プロセス、業務手順の『カイゼン』を真剣に考えるべき話です。

例えば、このようなことは起きていないでしょうか？

担当部門側は、上から「ネタを出せ」と言われたから案を提出する。

経営企画や管理側も、目標の数の新規事業ネタが出ているから良しと経営側に報告し、トップは担当部門の責任者からプランのプレゼンテーションを受ける。

そして何年にもわたり、これが続いているが、とても新規事業の開花などといえる状況には至っていない。

そうこうしているうちに、二期四年がたち、新社長に交代となる……。

それぞれは、言われた通りには動いているものの、「双方他責、組織全体で見れば無責任」。

そのような「丸投げ」が続く「人任せ」状態では、事業開花の確率など上がるわけはありません。

経営側が企画資料を受け取るだけではなく、開発担当者の話を直接聞いて、成功への道筋のイメージを湧かせることができ、これなら「うまくいく」「やる価値がある」と腹から思えなければ、それは『借り物』とも言える状態です。

言語化され、チャート化された資料は、言ってみれば、そのプランをある側面からとらえて表現しただけのものです。資料づくりに長《た》けた者が作れば、いかにも「らしく」見えるプランは出来上がりますが、それはリアリティに乏しく、あくまで『綴り方教室』レベルの話です。

その書面化されたもの以外の情報も含めて、いかに責任者や担当者が成功に執念を燃やしているのかを、そして成功の確率やこの取り組みから自社は何を得られるかを、経営側がイメージできるかどうか……。

全てはここにかかっていると言っていいでしょう。

継続は力なり。初年度はうまくいかなくても、そのイメージを抱く能力は徐々に進化し、リアルなものになっていくはずです。また、社長が交代しても、そのイメージと熱量が経営層とその周りに受け継がれていかなければ、せっかくの積み上げも、ガラガラポンよろしく失われてしまうことになります。これも、重要な『経営のＰＤＣＡ』の体制づくりの一つと言えるでしょう。

もし、国内市場が本当に飽和しているならば、海外も検討すべきでしょう。

「難易度の高い話を、無責任に言うな」

その通りかもしれません。実施が易しい話であれば、すでに行われているでしょう。

しかしそれでは、競合他社には、海外展開に成功していた企業は一社もないのですか？

あるいは将来も、その難易度の高い取り組みを行う同業企業は現れそうもないのですね？

ひょっとして、『羹《あつもの》に懲《こ》りてなますを吹いて』いませんか？

これまでにトライした結果を正しくＰＤＣＡを廻して、何が悪かったのかを明らかにしていますか？

いわゆる『どんぶりＰＤＣＡ』になっていませんか？

市場が本当に完全に飽和している、あるいは最近の例で言えば、デジタルカメラの出現により銀塩のフィルム市場がほぼ消滅したというならば、富士フイルムが行ったように今、自社が持っている強みを活かして、事業構造をガラリと変え、それを運営できる力をつけることに挑戦せねばなりません。

営業利益増の源泉は、売上の増加であり、それによる粗利高の増加です。経費は前年よりも、より有効に使われるようにＰＤＣＡを廻すマネジメントをされるべきものであり、帳尻合わせのために、ただ削り取って喜ぶ対象ではありません。

第2章

市場が求めるものをプロファイリングせよ

▼夏希常務の思惑

「夏希さん、先週末の『ハニーディップ』は久々に好調だったかねえ。何かあったかね、え？」

『ハニーディップ』の前週の売上を見て上機嫌の田村社長は、夏希常務を社長室に呼んでたずねた。

「『ハニーディップ』のサマーセールの第一週だったね。よっぽどいい商品が残っていたのかね。それまで既存店前年比で80％くらいの推移だったのが、先週は一気に110％を超えている。30ポイントも上がっているじゃないか」

夏希常務は苦虫をかみつぶしたような顔でうつむいていたが、顔を上げる際に、瞬時にいつものように口角をあげた。

「みんな、頑張ってくれていますので……」

夏希常務は目いっぱいの笑顔を見せた。

「鬼頭君が頑張ってくれたのかねえ。それとも高山君が入った効果でもあったのかねえ。はっはっはっ」

「どうなんでしょうか、うふふ」夏希常務も社長と一緒に笑った。

「鬼頭くんは、仕事はできるんですが、ちょっと……問題もありますので」

夏希常務の言葉に、田村社長のとなりの席で書類を眺めていた副社長が、上目遣《づか》いに顔を上げた。

「あら、あたし、あの子って仕事ができるしね。いい男だし、いいなって思っていたのだけれど……。何かあるのぉ？」

老眼鏡を外しながら、副社長が身を乗り出してきた。

「まあ、ちょっと……。でも、あたしが対応しておきますので」

ご心配なく、と言わんばかりに、再び口角を上げた笑顔で首を傾けた。

「そうなのぉ？　それならそれでいいけど」

副社長は怪訝そうな表情だったが、では失礼します、と夏希常務は、軽く会釈をして社長室から出ていった。

▼事業不振の真因

高山は、千駄ケ谷の坂の途中にある居酒屋『路地駒《ろじこま》』で鬼頭と飲んでいた。船橋ショッピングセンター店店長の福山洋子も遅れて合流してきた。

「あの風船大作戦は良かったなあ。既存店舗の前年比で、１１０％以上だもの。それまでの推移に比べてプラス30ポイントだもんな。こんな数字はしばらくなかったよな」

鬼頭がジョッキを片手に言った。

「この春夏は本当にずっと不調だったからさ、少なくとも品質については良い商品が、売り場に山ほどあったのは事実だな。お母さんがセールで買うにはちょうどいい商品が多かったよな」

相変わらずの男口調の福山洋子は、勢いよくビールのジョッキを空けた。

「まさに『売るほどある』からな」鬼頭も笑った。「あの案って、あざといんだけど、理にはかなってるんだよな」

「あたしゃ、あんたのことを、またぞろ常務が連れてきた、どこの馬の骨か、訳のわからない野郎かと思ったよ。あんなプラン思いつくなんてさ。やるじゃんよ」

福山の発言を聞いて高山は、プランそのものではなく、あくまでその結果を認めての言葉であると感じ取った。

「とにかく、いい結果が出て、春夏物の商品の消化が進んだから良かったです」

「でさ。高山さんは、なんでうちの会社に来たのよ?」

鬼頭の問いに、高山はここまでの経緯をかいつまんで説明した。

「なるほどな。社長はさ、いつも青い鳥を探してるんだよ。まあ、この『ハニーディップ』がうまくいってないのは事実だけどな。でまた、常務は常務でさ、自分に都合のいいのを探して連れてくるんだよ。今回、高山さんには常務がどんな役割を期待しているかはわからないけどな」

　鬼頭は枝豆のさやをつまみ上げながら言った。

「それで高山さんは、うちにずっといるつもりあるの？」

「えっ？」高山は一瞬、聞かれている質問の意味が理解できなかった。

「いやね、結局、ちょこっとだけいて、いい条件の会社があったら、また移っちゃうようなことを考えているのかなって思ってね」

「そんなつもりはないです。ぼくは自分のやるべきことをやりに……というか、やるべきことがあると思ったので、この会社に来た。それだけです」

　高山はきっぱりと言った。

「そうだろうな、と思って聞いたんだけどね」鬼頭は笑った。

「あんたは、そういうタイプなんだろうな」福山もジョッキを片手に言った。

「鬼頭さん、なぜ『ハニーディィップ』は数字がこんなに悪化したんですか？」

　鬼頭は福山と顔を見合わせた。

「もともと、このブランドの発案は社長なんだけど、初代のブランド長だった人が、売れ筋商品を見極めて追いかける能力が高くて、この『ハニーディィップ』が爆発的に伸び、店舗数も増えたんだよ」

「今、その方はどうしているんですか？」

「その人、一度、客層を広げるためにブランドのポジショニングをずらしたんだ。その時に少しばかり売上を落とした。そして経営会議の場で、嫌《いや》みを言ってきた夏希常務に、『客層を広げるための実験はファッションでは不可欠だ。あんた、この会社の役員なのにそんなこともわからないのか』って、真っ向から言っちまったんだ。それで夏希常務が黙っちまって、唇をかんでたのを覚えているな。その後、夏希常務に目をつけられてね。それでも頑張っていたんだけど、あの嫌がらせは執拗だったな。結局、その人はブランドから外されて、しばらくして自分から会社を辞めた」

鬼頭はジョッキを片手に話を続けた。

「『ハニーディップ』はその時に、既にうちの会社では第3位の売上規模まで大きくなっていたからさ、重要なポジションだってことで常務がブランド長に就任したんだよ。それ以来、常務の思いつきと、常務が連れてくる中途採用の連中に振り回されてね。それでも数字の落ちは止まることなく、悪化し続けているんだ」

「でも社長、副社長が、その初代の責任者を外すという最終的な判断をしたのですよね？」

高山は聞いた。

「あの二人は本物の善人なんだけど、身内の言うことを信じ過ぎるんだな。多分常務にあの人はダメですとか言われて、裏も取らずに『あら、そうなの』って決めたんだと思うな。それに二人とも実際の現場から遠いんだよな。現場に行っても、上っ面のキレイごとだけ聞いて満足して帰ってくるから、本当に現場で何が起こっているかを知らないんだよ。現場からすれば、めったに顔を合わすことのないトップが来れば、他所《よそ》行きの笑顔で一所懸命に対応するにきまってる。それをそのまま額面通りにとらえて帰ってくるんだ」

鬼頭が答えた。

「そうなんだな。で、あたしみたいに、現場で起こっている本当のことをはっきり言うと、今度は、かえって煙たがられるんだよ。特に副社長からはね」

「理想主義で平和主義者だからなあ、副社長は。そしてさらにまずいのは、慈悲の心で、出来の悪いのばっかりを、かばいにいっちまうからなあ。俺たちから見れば、結果的に社内でえこひいきが、大手を振ってまかり通っちまってる状態ってことになるんだよなあ」

溜息交じりに鬼頭が言った。

「表立った論争とか、争いみたいなのは好まないんだよねえ、あの人は」

「俺が思うに、副社長は自分を菩薩に見立てているんだな」

「で、常務はその副社長を抱え込んで、目の前で涙を流したりしながら、社長たちを自分の思うように動かす技に長けているんだ。ほんとに、どうしようもないねえ」

福山は二杯目のジョッキを空けた。

「副社長は、夏希常務の能力を買っているんですか？」

「評価しているのではなくて、むしろ不憫《ふびん》に思っているんじゃないか。なんせ菩薩のようにありたいと思っている人だから」鬼頭は答えた。

「だからって、いくら一族だって、ああいうのをブランド長に持ってこられても、現場を持っているこっちゃあ、たまんねえよな」

アルコールも回り、調子づいてきた福山は、男口調にさらに拍車がかかった。

「身内に甘いだけじゃなくて、亡くなられた会長と違って、二人とも、商売以外のところに意識と興味が行きすぎているよな。数字だけできてりゃいいって感じだもんなあ。社長は勉強大好きで、本とかよく読んでるみたいだけど、なんだか座学の人って感じなんだよな。会長は、現場が大好きだったし、商品の企画や、ものづくりにもとても熱心だったけどなあ……」

「あたしもペーペーの販売スタッフだった頃、よく店に来た会長と話をしたよ。あたしらが聞いてても面白い話をしてくれる人だったよ」

「多分、今の社長は面倒くさいことへの対応に、便利に常務を使っているだけなんだと思うな。常務も、とにかく社長に好かれたい、評価されたいといろいろやって、湯水のごとく金を使うんだけど、どれもうまくいった例《ためし》がない。やったら、やりっぱなし。ケツを拭かずに、次から次へ、新しいことに手を付ける。いくら一族だからって、社員の努力で稼いだ金をあんなふうに使われたら、俺たちの給料が上がるわけねえよなあ」

　鬼頭は視線を高山に向けた。

「とにかく、自分の思いつきを連れてきた奴にやらせる。で、まず、うまくいかない。もし誰かが失敗の原因の分析などしようものなら、そんな分析は握りつぶされ、そいつは、物流倉庫とかに飛ばされる。だから中途で入ってきた奴で骨のあるのは、誰ひとり残っちゃいねえ。都合の悪い人間は、全て社内からいなくなっていくからな。古くからいる幹部も、常務と横並びだった、できる人間も順番にな。ここまでで、何人やられたことか」

「そうだったんですか……」

「だから一般社員はみんな、関わるとうざいし怖いから、常務の言うことには逆らわない。おもねっていく奴もいる。そいつらにとっては、賢い処世術のつもりなんだろうがな。なにせ、壁に耳あり障子に目あり。おっそろしいから、飲み屋でも一言たりとも常務の陰口なんて言わない。俺たち二人くらいだ。こんな話をするのは」

「あたしたちも、飲んでる席だけだけどね」福山は横目で鬼頭を見て、ガハハと笑った。

「でもね、高山さんよ。この鬼頭様だけは、少々常務に盾突《たてつ》いても大丈夫なんだ」

「どうしてですか？」

「体育大出の肉体派だしさ。それに、いい男を好きだもん、常務は」

うっせえぞ、おめえはよ、鬼頭は吐き捨てるように言った。

「ただ鬼頭様よ、あんたも気を付けなよ。いくら常務の『お気に』だってさ、そんな感じで筋論ばっかりでいると、いずれ常務にやられるよ」

「これでも全部が全部、言いたいことを口に出しているわけじゃねえよ。でも、あの風船大作戦は、『やり』だったろ。このブランド、こんな数字が続いたら遅かれ早かれ、お取りつぶしだぜ」鬼頭は言った。

「高山さん、この間のあんたの問いには、すっとぼけて悪かったな。俺、あんたが、常務が連れてきた、ややこしいほうの奴かもしれないと思ってたんだよ。そういうのに下手な話をすると、常務にそのまま筒抜けになるからさ。今のブランドの低迷は、確かに俺たちが突破口を見出せてないってこともあるけど、いろいろと事がうまく進まない原因のいくつかは、常務がその根っこだもの。うざいけど、みんな自分の生活も守らなきゃいけないから言わないけどな」

「そうですか」高山は言った。

「で、その突破口を見出すためにですが、市場調査をして、お客様が何を欲しているのかを明確にしようと思っているんです。社長の許可も得ています」

「それ、マーケティングってやつか？　このブランドの突破口が見えるなら何でもいい。社長の許可が下りているんなら、早速やってみようぜ」

鬼頭が言うと、福山は、あのさあ、と口を挟んできた。

「高山さんさ。商品企画をやるって今度来た中丸って子、社長の姪って言ったね。でも、あの言動からすると、あの子は、常務の『お見初《みそ》め』ラインじゃないみたいだねえ」

「ならば、少なくとも目も当てられないほどひどい奴ってことはないな。おい高山さんよ、その市場調査ってのを早くやろうぜ」

「あたしも、知りたいよ。お客さんがうちのブランドのことを、本音ではどう思っているのかさ」

結局、この日、三人は終電まで『路地駒』で飲み続けた。

▼見えない市場

翌日、高山は荻窪の安部野の事務所を訪れ、風船大作戦を仕掛け、試みが成功したことを報告した。

「まさにRVAPSサイクルの上に、現場で着想したアイデアが加わって生まれたプランだな」

「結局、このサマーセール商戦は既存店前年比で＋30ポイント、約１１０％の推移で、まさに今季のセール品については、売るものがなくなりそうな推移です」

「ならば、社長から言われた期限の半年というのは、まさしく今年の秋冬商戦で結果を出す、ということになるな」

「今回のアイデアは、今後も『ハニーディップ』の集客手段として有効ですよね？」

「それはそうだが、他の店も同じことをやってきたら効果は薄れるだろう」

「それはそうですね」

「結局、**戦略、戦術と呼ばれるプランは、基本的には、相対的な優位性によって、競合よりも優位に立つためのシナリオ**だ。仮にその施策が真似しやすくて、他の店が同じことをやってきたら、その優位性は瞬時に消え失せてしまう。しょせん、組織の力が、真の永続性のある競合優位性の源泉になるということだ。その場面場面において、的確なプランを生み出し、必要な方向修正を素早く適切にできる能力を組織として持てるか、ということに尽きる」

「なるほど、そうですね」改めて理解した高山だった。

「安部野さん、はじめに聞きたいんですけど、スティーブ・ジョブズが言った『**マーケティングなんて不要だ』は正しいんですか？**　それとも間違っているんですか？」

「ふむ、その話か」

ソファにもたれかかっていた安部野が上体を起こした。

図表03　市場を既存市場と新規市場に分ける

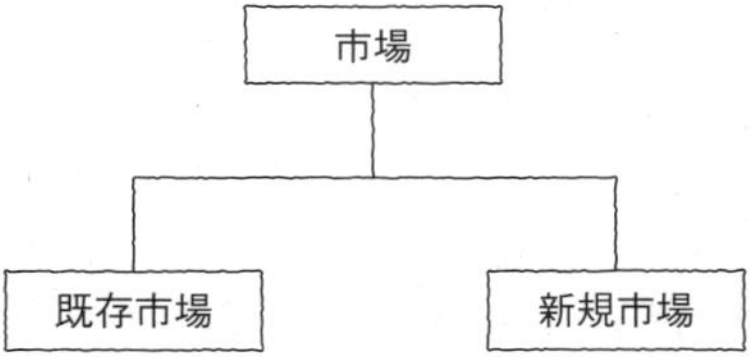

「正しいともいえるし、違うともいえるな」

安部野は眉をひそめながら、高山を見た。

「**全ての方法論や打ち手には、その適用のための前提がある、**ということはこれまで何度も言ってきたな？」

「はい、覚えています」

「その前提から話をする。まず、全ての事業には市場があり、それは既存市場と新規市場の二つに分けることができる」

高山は鞄から5ミリ方眼のA4ノートを出し、メモをとり始めた。

「そして事業にも既存と新規がある。既存事業には現在、自社、そして多くの場合は競合他社も参入して商売をしている市場がある。すでにビジネスが成立しているので、そこに市場があることは、皆がわかっている。そのため、顕在市場とも呼ばれる」

安部野もノートパッドに描きながら話を続けた。

「まず、基本中の基本となるのが、この既存事業において、その事業力を高める、つまり自社の競争力を高め、事業と共に市場を『育てる』ことによって優位に立つという方法だ」

「その、事業力を高める、『育てる』というのは、具体的にはどういうことを指すのですか?」

「事業力を高めるとは、つまり自社内の業務のレベルを高めることにより、既存事業のレベルをあげることだ。それによって、市場に機能、品質面でより優れた製品、サービスを提供することができるようになる。つまり、事業も市場も『育てる』努力を行うことだ。わかりやすい実例となるのが、トヨタ自動車や花王といった、誰もが知る優良企業だ。彼らの強みは組織力といってもいい。外部から客観的に見れば、卓越したプラニング力から始まり、その実践力、そして環境や状況変化への極めて柔軟な対応力といえる。しかし、これらを企業側の努力という、内部からの視点でとらえるならば、優れた個人の能力ばかりに依存するのではなく、企業が組織として謙虚に学習をして、業務の行い方についての工夫と改善を重ねる文化を持ち、結果としてビジネスプロセスとして、柔軟かつ競争力のある価値を提供できるように進化させ続けている……、と堅く表現するとこうなる」

安部野は一息ついて、手元にあった珈琲に口をつけた。

「言ってみれば、優秀な個人が卓越した能力で引っ張る組織に対し、それと同じような卓越したパフォーマンスを、安定的に組織で発揮できるようにするマネジメントによる努力がなされている組織だ。そういう状態にしない限り、事業のレベルをあげ続けて、事業と市場を『育て』続けることなどかなわない。そのために業務フローで表現される業務手順、つまり事業運営手順の最適化を推進するために、自社の方法論の改善を続ける。ま、具体的には

『見える化』の工夫を施した帳票、ものづくりの工程など全ての方法論を、組織全体で今より良い状態に持っていく知恵を追求している企業、ということかな」

高山は安部野の描く絵を見ながら、ひたすら話のメモをとっていた。

「これは企業にとって取り組むべき、最も重要なテーマであり、これができたところがほんとうの優良企業化の道を歩む。まあ、この話はこの件の本題ではない。とにかく業務フローの最適化を目指し、それを磨き続ける文化を持った、組織として優秀なレベルにある企業は、この『育てる』ことに真摯に取り組んできた、と、今はそれだけ覚えておいたらいい」

「はあ……」高山の間抜けな合いの手を流して、安部野は話を続けた。

「そして次が、市場が満ち足りていないと感じている部分をいち早く見つけて、差別化されたポジショニングを狙い、より求められる価値を提供して、市場を『奪う』という攻め方だ。俗に言われる『戦略論』が、その既存市場を『奪う』ための方法論だ」

「えっ、『戦略』って、市場を『奪う』ためのものなのですか？」

「ああ。『奪う』ためには、差別化された、より優れた製品やサービスの価値を武器にして、既に存在していた市場を、新しい価値で塗り替えて取りに行くことになる。差別化された価値で『上書き』し、新しい市場にしてしまうともいえるな。攻める側の視点で見れば、自分たちにとっての新しい市場を開拓することになる」

「すみません。もう少し具体的に話してもらえますか」

そうか、と言い、安部野はノートパッドに描き足しはじめた。

「例えば米国アトランタに本社があるザ・コカ・コーラ・カンパニーは、まさに今も、まだ未展開の国に積極的に飲料を売ろうと考えている。これは既存の商品やサービスの展開エリアを広げていくという意味で、『面』を広げるという未展開の市場への参入だ。既に確立されたものを売りに行くから簡単かというと、そんな話でもない。国によって文化や嗜好性も違うし、何より所得水準が違う」

「そうでしょうね」

「はじめてコカ・コーラを口にした時、どう感じたかな？　僕が子供の頃に、日本に入ってきたコカ・コーラをはじめて口にした時は、本当に驚いた。何なんだ、この飲み物は、と。当時はリボンシトロンなどの、水で溶かして飲む渡辺の粉末ジュースの素などがあり、子供たちはそういうのをおやつに飲んでいた。コカ・コーラは、そういう既存の飲料の文化を、より強い個性で『上書き』し、あの妙な飲み物の文化をつくりあげるビジネスなんだ」

「文化をつくるってことですか……」

「また、日本に初めてマクドナルドが入ってきた時も、銀座の中央通りから始まった。当時1ドル＝360円という為替レートだったこともあり、タクシーの初乗り130円の時代にハンバーガー1個80円で発売された。当時としては、決して安いとはいえない価格からビジネスを始めたわけだ」

「そういえば、マクドナルドは銀座の三越の一階が1号店だったと聞いたことがあります」

「当時日本には、日常生活の中にハンバーガーを食べるという文化はなかった。これも文化つくりから着手して、今や皆が、駅の『立ち食い蕎麦』と同様か、それ以上に、普通に利用するまでに普及した。簡単ではなかったはずだが、見事な事業展開だったと思う」

「『上書き』して『奪う』というふうに考えると、当時ならばその『立ち食い蕎麦』の市場を奪ったことになるんですね?」

「結果的にはそうだが、はじめはおしゃれな銀座で食べるファッションという切り口から入ったわけだ。その後、日本のビジネスマンはどんどん忙しくなり、その時流に乗って、牛丼なども含めたファストフードの市場そのものが大きくなっていった。だから街中の『蕎麦屋』には、市場を盗られたという認識はなかっただろうな」

安部野は珈琲を口に運んだ。

「コカ・コーラにしろ、マクドナルドにしろ、彼らにとって事業の本当の肝となるノウハウは、新しい国で彼らの食文化を根付かせ、そしてその後は未来永劫に、システムとして高粗利率で回収できる状態を作りあげる能力。いわば『キャッシュ・ジェネレーティング・マシーン』、金を生み出す機械とも呼べる状態をその国にインストールする方法論と、その経験則を持っていることなのだろうな」

このくだりにいたっては、安部野は高山が話についてこれているかどうかは、さして意に介さぬ様子だった。

「コカ・コーラに関しては、地場の有力な企業をボトラーとし、確実な面をおさえる展開を行い、そのボトラーにも上場できるほどの十分な利益を渡す。そして強固な地盤固めを行った上で、最後にそれらのボトラー機能を統合し、傘下に収めていく。努力してくれた者には十分に報い、オーナー側には安定して利益が上がってくる状態を作る。そこまでに人の人生も跨《また》ぐほどの何十年という長さをかけるという見事なスキームだ」

安部野は、高山のメモを取っている様子を見ながら、話をさらに進めた。

「一方、新しいチャネル、つまり販路を広げるという事業の展開もある。これによって企業側から見れば、新しい市場が開拓されていくことにもなる。1960年代には主に百貨店で展開されていた衣料品は、その価格帯を下げることで、イオンやイトーヨーカドーのような、総合スーパー、日本ではGMS（ゼネラル・マーチャンダイジング・ストア）とも呼ばれるが、この、より小商圏に対応できるビジネスが主流になった。さらに『しまむら』のような専門的な品揃えを行う業態も出てきたことで、低価格化と小商圏化がさらに進み、ビジネスも大きくなった」

「お菓子でも、コンビニで売る時には容量を小さくして一袋の単価を下げ、来店頻度を上げることを狙いますものね」

「その通り。いまや大企業となったユニクロを有するファーストリテイリングやニトリも、従来の製品よりも価格帯を下側に持っていくことにより、新たな市場を切り開いたことになる。これらも『より気楽に買える』ようにとお客様の購買動機を変化させるという意味では、新しい市場を開拓したと言ってもいいだろう」

「価格帯を変えることで『上書き』して、新たな市場ができあがると捉《とら》えて良いということですね」

「懐《ふところ》具合を考えると『欲しいけど気軽に買うには高い』と思っている層も、『懐具合を気にせずに買える』と思える値段にまで下がれば、動き始める。それまであまり動いていなかった市場が、新しく現れた低価格帯のビジネスに『上書き』されて、結果として『奪われ』たことになるな」

こういう『理』を伴った表現で説明すると、『安ければ、もっと売れる』という単純な話も、説得力が高まるものだな……、高山は思った。

「かつて庶民にとっては、非日常の食事であり、特別な日にしか口にすることのなかった寿司が、誰が考えだしたのか、ある日、皿に乗ってベルトコンベヤの上を回り始めた。これにより寿司は日常食となり、高所得者ではなくても日常食として食べることができるようになり、市場規模は拡大した」

「あ、回転寿司もそうか」

「そして同様に、従来、非日常のご馳走の代表格であったステーキは、今や、立って食べても良いということになった。文明の進化と共に、人は徐々に自身の使える時間の価値に気が付き始める。時間をかけずに食事を済ますことができるようにして、かつ、粗利幅を大幅に削って上質の肉を気軽に食べれるようにした。つまり価格帯を下げることで、未開拓であった市場ニーズを具現化させた。これが『いきなり！ステーキ』だ」

「でも粗利幅、つまり粗利率を大きく下げたら、よりたくさん売らなければ、利益は減ってしまいますよね」

安部野は話を止め、腕を組んだ。

「うーん、そういう発想がはじめに頭によぎるうちは、新規事業を創り上げるのは無理だな……」

「え。それ、どういうことですか？」

「粗利率を大幅に下げて当てに行くビジネスをやろうと思ったら、その分、売上を増やさなければならないなど、当たり前だ。粗利幅を半分にするならば、売上は、倍以上はとらなければならない。重要なのは、その目指している成功した状態。つまり**そのビジネスの『爆発力』を頭の中で、単なる妄想ではなくリアルなものとして描けるかどうかだ**」

「でも、売上が倍以上にならないと成立しないなんて……。考えるだけで怖いですよ、それ」

「数字の上の議論だけだと恐怖心が先に立って、やっぱり止めておこうという判断になりがちだ。それができるのは、顧客が『えっ、その値段で買えるの！』『そんな値段で食べれるのか！』と来店し、そして大満足してリピーターになりそうだとイメージできているかどうか。『立って食べてもらえば席の回転は速くなる』など、なんとか工夫をすれば、このサイクルが**現実化できそうだと頭の中にリアルにイメージできているか**どうかだ。収支の議論などは、そのイメージができた後に行って、はじめて意味のあるものだ」

今、安部野さんはRVAPSサイクルの話をしているんだ……、高山は気が付いた。

「でも、自分が経験のないビジネスだと、確信にまで至るのは……。ぼくには無理のような気がします」

「この話の深刻な点は、企業の規模にかかわらず、経営判断の際に、今、君が言ったことが起きてしまうことだ。**企業の経営層が、リアルな成功のイメージが持てないがゆえにスルーされてしまう案件やプランは、実に多い**。特にBtoCの場合は、お客様の喜ぶ顔がイメージできるかどうか。全てがこの一点にかかっている。トップマネジメントも市場を五感で理解し、その上で理にかなった考えを行ってはじめて、確信のようなものが得られるのだろうな」

「じゃ、ぼくのように、レディースアパレルの経験のないものには、事業のプランニングをしたり、方向性を決めることは無理なのですか？」

「一概にはそうとも言えない。市場調査の設計をうまく組み立てれば、市場を『見える化』していくことは不可能なことではない」そういって、安部野はノートパッドに書きはじめた。

「例えばだが、ネットを使った市場調査で、『もし300グラム6000円するステーキを

2000円で食べることのできる店ができたら、あなたは行ってみたいと思いますか』と設問を設定する。さらに『もし6000円のフレンチのコースを2500円で食べることのできる店ができたら、あなたは行きますか』などの、比較できるいくつかの質問を加え、500人とか1000人に聞いてみたらどうなる?」

「そりゃあ、いろいろな答えは返ってくるでしょうけど……、それで意味あるデータになるのですか?」

「では、その答えを、例えばこのように集計したらどうだ」

安部野は、ノートパッドに棒グラフを描き始めた。

「仮に、2000円のステーキの店に行ってみたいと答えた人が70%。フレンチのコースを選んだ人が40%という結果だったら、君はどう、その意味あいを読む?」

んー、高山は考え込んだ。

「もし、本当にそういう結果だったとするとですね……。フレンチのコースが2500円というのは魅力的ですが、非日常的な食事というイメージが残ります。でもステーキならば体にも良さそうに思いますから、行ってみたいと思いますね」

「そうか。そこに他にもイタリアンのコースや、三元豚のとんかつなど、比較的、非日常の食事であって手の出にくいものを質問に加えていくと、これらの選択肢に対する、顧客のアティチュード(Attitude)、つまり『どう思っているか』『どう感じているか』など、顧客の

図表04

「もし、このような店があったら、あなたは行ってみたいと思いますか」の問いに「はい」と答えた方の比率（％）

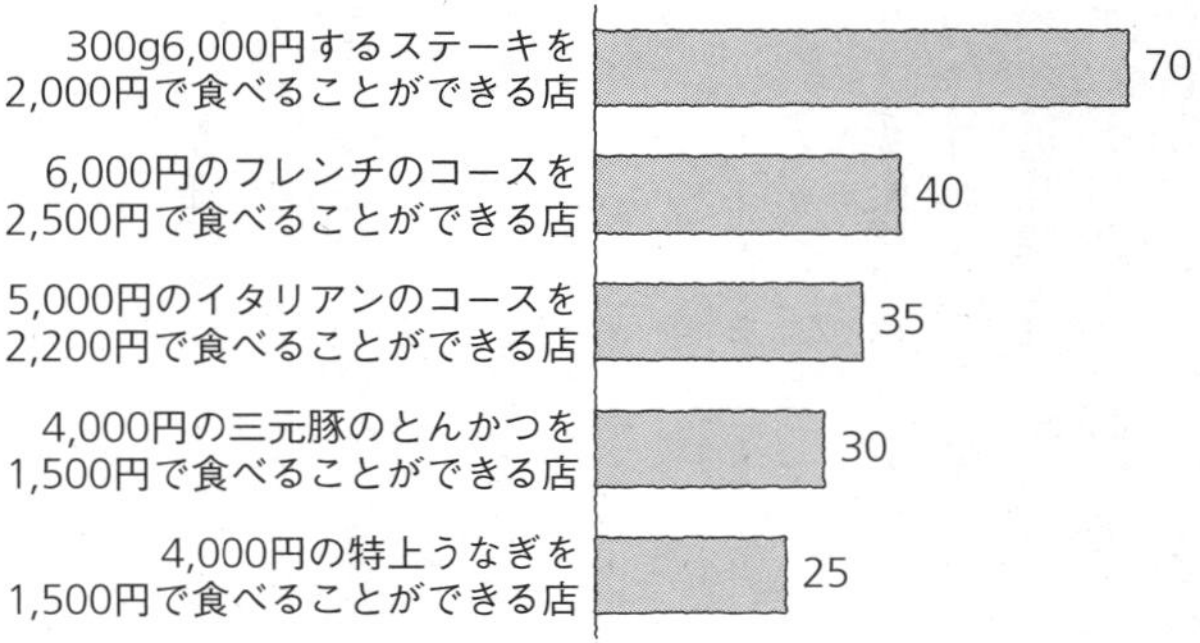

スタンスがわかってくるだろう？　今の例では調査によって、価格弾力性を数値化したことになる」

「なるほど、確かに……。で、その価格弾力性って、いったい何ですか？」

「英語で、プライス・エラスティシティ（Price Elasticity）とも言い、価格の変化率に対して、需要がどのくらい変化するかを数値化したものだ。価格を下げることで、需要が跳ね上がるものもあれば、さほど跳ねないものもある。価格が下がることによって、その製品の購買意向がどれだけ弾力をもった如《ごと》くに跳ね上がるのか、市場からの求められ具合を示す指標だな。例えば一般的に、日本市場ではコカ・コーラのほうがペプシコーラよりも価格弾力性が高いと言われている」

「ブランドの価値を『見える化』したようなも

のなんですね。そういう調査を行えば、ざっくりとでも市場の嗜好性のようなものは掴めますね」

「ざっくりか、では……」

そう言って、安部野は先ほどと似たグラフを描き始めた。

「同様に、『もし、このような店があったら、あなたは月に何回くらいの頻度で行ってみたいと思いますか』という問いへの答えの平均をとり、それをグラフ化するとこうなったとする」

安部野は棒グラフを見せた（図表05）。

「そうか。たしかに、フレンチのコースには、あこがれはありますが、バターが強く、口の中がくどい感じのイメージもありますから、行っても月一回かな。その一方で、ステーキならば、毎週行ってもいいかなと思いますね」

「クラシカルなフランス料理のイメージが強いようだな。これらを先程の結果と掛け算すると、期待できる売上規模の比較ができると思わないか？」

「……本当だ。確かにそうなりますねえ」

「もちろん、この状態では、相対的な規模感しかわからない。しかし、さらにそれぞれの回答者の属性として、男女の性別や年収、独身かどうか、食べ物の嗜好性や月当たりの自由に使える金額などのデータを紐付ける。立地の情報を加えてもいい。それらの属性でうまく考

図表05

「もし、このような店があったら、月に何度くらい行ってみたいと思いますか」への答えの平均（回／月）

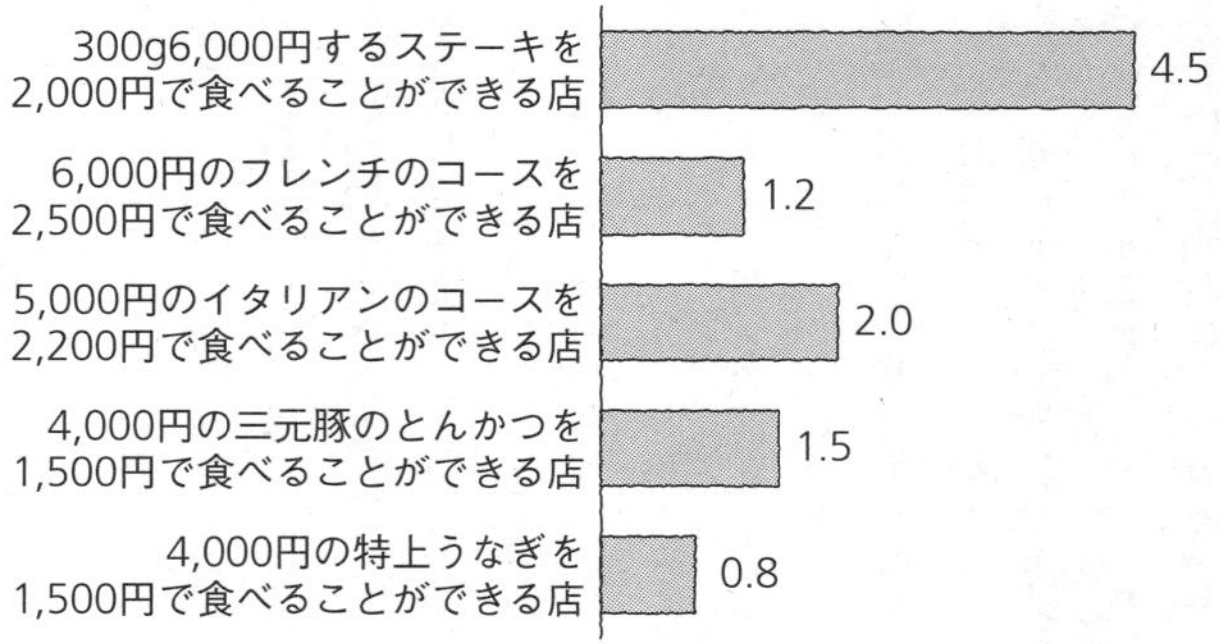

えてグルーピングした上で、そのグループの嗜好性を『見える化』すると？」

「ん……と。どういう層がメインターゲットになり、潜在顧客として存在しているか。そしてその事業の規模がかなり読めてきますね」

「そして、それぞれの顧客の属性を、厚生労働省の出す人口動態調査や総務省で毎年調査を行っている家計調査年報などとぶつけてやれば、事業のボリューム推計も精度はさらに上がる。こうやっていくと、どのくらいの潜在需要が見込めるかなども、さらに精度を上げて読むことができる」

「……そうか、この手の調査を上手に組み立てていけば、まだ見ぬ市場についても、見えていなかった、その様相が見えてくるのですね」

「その通り。こういう質問をさらにうまく考えてつくり、組み立てることで、見えていなかった市場の様子、つまりグループごとの嗜好性や消費意向、市場規模などの市場の貌《かたち》がかなりのレベルまで見えてくることになる。これが、本当の市場調査といえるし、そのデータを使って市場戦略の立案にまでつなげることができるんだ」

なるほどな……、高山は思った。「そういうやり方を駆使できれば、確かに市場の様相は、かなり見えてきますね」

「ただしだ。真剣に事業に向き合って、実務の現場で体験を通して考えて続けてきた方は、そんな調査などはせずとも、これらを頭の中でイメージするだけで、精度の高い仮説を思いつくものなんだ。言うなれば、300グラムのステーキを3000円で提供する場合と2500円で提供する時のお客さんの喜ぶ表情の違いを、自身の経験からかなり的確にイメージできるものだ……。今、世間で流行りのAI（人工知能）の基本にある『ニューラルネットワーク』の考え方は、言語化という手間のかかるステップを飛び越して、この学習プロセスを論理空間の上でシミュレートしようとしたものなんだ」

とたんに訳のわからない話にすっ飛んだ……、高山は文字通り、目が点になった。その様子を見て、安部野は微《かす》かに笑いをこらえるかのように、珈琲を口に含んだ。

「安部野さん、ITのことも……、話をされるのですか？」

「昔、勉強したことがあるだけだ。『ニューラルネットワーク』の理論なんて、何十年も前からあるものだが、当時は、プロセッサーやメモリーなどのハードウェアの能力がまったく追い付いていなかったので、それこそ机上だけの理論だった。それが今の処理能力のレベルに至り、これらのことが現実化したのだ。かつては『産業のコメ』とも言われた半導体は、90年代からは不採算の象徴のように扱われてしまった。折も折、単年度の収益性が問われる風潮となり、かつ金融機関からの資金の流れも従来のようにはいかなくなった日本企業は、プラットフォームとしてのハードウェア技術の重要性は脇において、半導体事業のリストラを進めてしまった歴史もある。集積度が本当に上がった時の、その先にある、ＡＩの実現により新たな世界が開けることを、リアルにイメージできなかったのだろうな。僕の友人に日本でも屈指の半導体の技術者がいるが、このリストラの波をまともに受け、事業の責任者として自ら企業を去った。彼のところには韓国、中国の企業から破格の待遇でオファーが来ているそうだ……」

全く新たな話の展開になってしまった……、高山は思った。

「今の部分は完全に脱線なので話を元に戻す。とにかく**全ての意思決定は、しょせん主観的なものだ。しかし、その意思決定の手前のところまでは、理にかなった『見える化』は可能だ**。これがまさに、実態把握のための市場調査と分析から意味合いを明確にする、醍醐味の部分と言えるな」

安部野の携帯が鳴った。

「失礼、ちょっと待っててくれ」

安部野が携帯で話をしている間、高山は自分のノートを見て、ここまでの話を頭の中で反《はん》芻《すう》していた。

もうないと言われ、思われながらも、やってみると具現化できる市場ってまだまだあるということか。そして、それらもうまく市場調査の設計を行うことで、自分が思っていた以上に、その様相はただ『見える』だけではなく、数字でも裏付けされて、具体性を帯びてわかってくるものなんだ……、高山は、おぼろげながらイメージが持てたように思った。

安部野の話が終わった。

「悪いが、今日はここまでだ。マーケティングの要、不要の話にまで行きついていないが、続きは次回だ。『育てる』と『奪う』話まではできたが、あと一つ残っている。その話で、マーケティングの要、不要の話が見通せるはずだ」

安部野は身支度のために席を立ったが、高山はその場に座ったまま、自分のノートをしばらく眺め続けていた。

▼ライバル出現

株式会社ワールドワークス会長の山田原重保は、強烈な貧乏ゆすりをしていた。

「なんだ、うちのサマーセールの数字は。この調子だと春夏商品の在庫が残っちまうじゃねえか！　あんな、とろっとろした『ハニーディップ』なんかに、なんで客をとられてるんだ。ええ？　まずうちが追いついて、追い抜くべき相手は、商品のテイストが一番近いこの『ハニーディップ』だって、口を酸っぱくして言ってるだろうが！」

山田原は、社長の石井康介を頭ごなしに怒鳴りつけた。

ワールドワークスは、郊外型の紳士服の製造販売業で上場を果たした業界最大手の山田原商事が、新規事業としてスタートさせた子会社だった。『モノクロ』や、フォワードの『E．V．A．』などが、低価格帯で市場ができつつあったファミリー衣料に新規参入し、成功していた。

山田原商事の創業者の山田原が会長を務め、レディースアパレル会社から連れてこられた石井が社長だったが、毎週開催されるこの会議の場を仕切っているのは、会長の山田原だった。

「だいたい、風船を山ほど店頭につけて子連れの客層を集客するなんてアイデアは、うちが真っ先に思いつくべきだろうが。あんな、あざとい集客の仕方は、本来、うちの十八番《おはこ》のはずじゃねえか！　石井、お前が思いつかなくてどうするんだ！」

ガハッ、ガハッ、あまりに大声で怒鳴り過ぎ、山田原は咳き込んだ。

「おい、リポDを持ってこい！」

会議室の隅に立っていた山田原の秘書兼鞄持ちの杵山功太が、素早く鞄の中からリポビタンDを取り出し、ははっとばかりに山田原に両手で差し出した。山田原はパリパリと大きな音をさせてスクリューを回し、瓶を逆さにして一気に喉の奥に流し込み、再び、ガハッと咳き込んだ。

山田原の立てる音と声、そして派手な動作に圧倒された社長の石井は、すみませんでしたと、まるで喉を締め上げられた鶏のような声で言った。

「ありゃあ、上品なアパレル卸業出のグローバルモードが思いつくようなやり方じゃねえ。新しく、どっかから品の無いコンサルタントでも雇ったのか！」

「会長」

会議に出席していた、やや場違いな感のあるロンハーマンのスーツを着た女性が手を挙げた。

「先日、人材紹介の会社から聞いたのですが、以前、私が勤めていた『しきがわ』にいた者が、グローバルモードに入社したようです」

「ほう、うちと同業の出身じゃねえか。そいつ、なんて名前だ」

「高山昇と言います」

「もしかして、あの集客策はその野郎が考えたのか？　やるじゃねえか。添谷野さん、あんた、そいつをこっちに引き抜くことはできないか」

「彼は頑固者なので、引き抜くのは難しいと思います」

「そうか。あんたは、人事の執行役員なんだからな。何か、いいアイデア出してくれ。そいつがうちの邪魔をしてこないようにな」

「何か手立てを考えてみます」

「おう、とにかく石井。向こうが風船でやってくるんだったら、こっちも同じ風船をやれ。すぐにやれ、いいか。以上！」

　山田原は大きな音を立てて平手で机をたたき、会議室を出て行った。鞄を脇に抱えた杵山が素早くその後を追った。

「ふえー……」石井は会議テーブルに突っ伏した。

「大変ね。石井さん」添谷野は石井に声をかけた。

「うちの店は、今年の春夏物は調子が良かったから、セール商材に充てられる在庫はそんなにないんですよ。だから風船とかで集客して、春夏の残りの商品を処分する必要なんてないんですけどね」

「あら。会長がそれを聞いたら、『ばかやろう、仕入れても売れ』って言いそうね」

「ああ……」石井はため息のまじった声を上げた。

「絶対にそう言いますよ。でも、そんなことしたら、折角きれいに売り切れていく春夏物の在庫を改めて抱えてしまうことになりますよ」

「これって、同じ衣料の販売業でも、メンズのビジネスウェアとレディースアパレルのビジネスの違いよね」

「そのところは、会長は絶対に理解してくれないんですよ。困っちゃうんです」

メンズのスーツを扱う山田原商事では、商品は期をまたいで持ち越しても翌期に問題なく接客によって売ることができたが、これに対してレディースアパレル業界では、トレンドのタイミングを逃し、商品を期跨《また》ぎさせてしまうとその後は、値下げしても店頭では販売することが難しくなる。常に在庫をいかにタイムリーにうまく現金化できるか、そこが勝負の分かれ目になるということは常識だった。

ところが山田原会長は、そのことを頭ではわかっていたとしても、山田原商事の右肩上がりの売上至上主義の感覚が抜け切らず、この点を主張した社員は皆、逆鱗に触れてことごとく外されてきたのだった。

「石井さんはワールドワークスに来て、まだ1年もたっていませんよね？」

「ええ。私、まだここに移って7か月目ですよ」

「石井さんは三人目の社長、でしたっけ？」

「山田原商事から来ていた最初の方を入れると4人目だと思います」

「この事業、始まってまだ4年でしょ？　毎年社長が変わっていたわよね」

「私も1年なのですかね？」

「さあ、どうなのかしら」添谷野は言葉を濁した。

「会長は、この事業も早々に上場させたいと考えてらっしゃるから、それまでいることができれば、ストックオプションなどで一財産、作れるかも。がんばってくださいね」

添谷野は踵を返して歩きはじめ、無理かもねえ……、と聞こえぬようにつぶやきながら会議室を出て行った。

添谷野令美は45歳。外資系人事畑を渡り歩き、かつて、山田原商事の競合企業である株式会社しきがわに、人事部長としてヘッドハントされた。しかし、高山がしきがわで行った改革のために居心地が悪くなり、創業4年ですでに100億円を超える事業規模になったこのワールドワークスに執行役員として転職していた。

添谷野は自席に戻り、株式会社グローバルモードのホームページを眺めていた。

「どうしてやろうかしらね……」

添谷野は手にしたスマートフォンで、電話をかけはじめた。

▼市場を『創る』

「マーケティング不要論は正しいのかという話だったな」

「はい」高山は答えた。

「スティーブ・ジョブズの率いるアップル社が世に出したｉＰａｄは、どんな新市場を創ったと思う？」

「今まで世の中になかったＰＣとは違う端末の市場ですね」

「そうだな。前回は既存事業による、市場を『育てる』と市場を『奪う』話だった。一方で、このｉＰａｄは新規の製品開発による、新しい用途の創造になる。これと類似しているものとして……、何が君の頭に浮かぶ？」

「えーと、大型液晶テレビとか、ＣＤとかＤＶＤ、ブルーレイ、ＨＤＤレコーダーとかでしょうか」

うむ……、想定通り過ぎたのか、面白くなさそうな表情の安部野だった。

「ＣＤやＤＶＤにはレコードやビデオテープといった、その前の世代の製品が存在している。機能的には、前の世代の製品の延長線上にある。ところがｉＰａｄには、その前の世代と言える製品がない」

「確かに、タブレット型の端末なんていうのは、ｉＰａｄの前は、一般市場向けには存在していなかったですね」

「業務用にはセブン‐イレブンなどで使われていた、商品補充のための店頭からの発注端末であるグラフィック・オーダー・ターミナル、通称ＧＯＴと呼ばれるものはあったが、これは一般市場向けではない。せいぜいタッチセンサー技術が使われた任天堂のゲーム端末という程度だったかな」

なるほど、技術の進歩によって起きる進化は、たとえ飛躍的ではあっても、俯瞰して見れば、過去からあるものの機能を高めていることになるのか……。

「では、ｉＰｈｏｎｅはどうだ？」

「確かにｉＰｈｏｎｅは、それまでのガラケーの延長線上のものではないですね。そうか……。かつてのソニーのウォークマンの現れ方が、ｉＰａｄ、ｉＰｏｄと近いのじゃないでしょうか？」

「その見方なら、僕も同意できるな」

「新用途の創造は、新規市場の創造と言っていいのですか？」

「いいだろうな。ｉＰａｄなど、別にＰＣの用途を完全に『上書き』してしまうものではない。まったく新しい世界を出現させた。これは、『育てる』『奪う』に続く、『創る』だと言っていいだろう」

安部野は淹《い》れたての珈琲の入ったカップを手にした。

「そもそも、**一般的に戦略論と呼ばれる経営理論は、既存市場の取り合い、あるいは、現状、提供されている価値の枠組みの中で、まだ未着手の市場について議論をするものであり、全く新しい市場を創造できる方法論ではないんだ**。今、君が言った、ＣＤ、ＤＶＤ、大型平面テレビなどは、技術の進歩によって生まれた製品だ。しかしｉＰａｄやウォークマンに使われている技術は、既に世の中に存在していたものだが、今までにないまったく新しい市場を開拓した。それは、スティーブ・ジョブズや盛田昭夫の頭のなかの閃《ひらめ》き、そして実現するためのアイデアや判断力、そして執念で生まれてきたわけだ」

「じゃあ、新しい市場を創造するための戦略っていうのは存在しないのですか？」

「いや、そうは言ってない。**新しい市場を創造できる、そんな都合のいい戦略論のフレームワークは今のところは、存在しない**と言っているのだ」

高山は、明らかに戸惑った表情を見せた。

「ならば、もっとわかりやすく言おう。そもそも『市場の創造』などというものは、ほとんどの人が経験していないものを目に見える形で具現化して、商売として成立するようにすることだろう？」

「はい。そうです」

「当たるか、当たらないかわからないものを思い付きで市場に投入するわけじゃない。何らかの確信がそこにはあって投資を行い、事業化するわけだ。その着想や切り口をロジック、つまり論理から考えて得るのか、あるいは何らかの感性の閃きのようなもので得るのか、ということだ」

高山は、まだ、すっきりしない顔をしていた。

「では、もっとわかりやすい例で話をしよう。君も音楽を聴くだろう」

「もちろんです」

「好きなミュージシャンは？」

「パフューム、ゆず、ももクロとかですが……」

安部野はいかにも興味がなさそうに、ふーん、と言った。

「まあいい。長期間、第一線でやっているミュージシャン、僕の世代だと、サザンオールスターズ、松任谷由実とか井上陽水などになるな。この人たちは、理屈や理論だけではない『こういうことをすると、観る人、聴く人が喜んでくれる』というものをイメージでき、その楽曲にお金を払う人たちの市場を創造する能力をもっているわけだ。最近だと、秋元康がプロデューサーとしてAKB48をはじめとする新しい形のエンターテインメント市場を創造した」

「その話は、よくわかります」

「つまり新しくて市場が喜ぶもの、それを自身のイマジネーションで創造して、ビジネスとして成立させていくのがこういう人たちだ。そして、音楽の分野だけではなく、映画や舞台、美術も含めてアート、芸術と呼ばれる分野は、皆、そういう価値の創造をしていくビジネスだ」

「はい」

「結局、iPhoneもiPadも『こうやったら使うのが楽しいからいいじゃないか』という発想を、感性というか、いわゆる右脳発想でイメージをして考えるわけだ。ここで仮に、想定している新市場の価値や機微を実感できていない決裁権限者が上にいた場合には、『なぜ、それが楽しいんだ？　なぜ売れるんだ？』という質問が出るだろうな」

「それ、本当にありそうですね」

「その時、担当者はせいぜい『だってこのほうがいいでしょ？　楽しいじゃないですか』くらいの説明しかできないだろう。実際、企業の中で生まれたアイデアで、その問いにうまく答えられずに、『わからないものは止めておく』と判断されて、日の目を見ずにボツになったビジネスや製品のアイデアなんて、星の数ほどあるはずだ」

「そうなんでしょうね」

「そもそも、『言葉でその体感できる価値を、的確に説明できる』ということは、『すでに科学され』、再現性のある領域にあるということなのだ」

高山はこの話を、以前にも安部野から聞いたことがあった。

「芸術と科学、あるいはアートとサイエンスと言ったほうが、イメージが膨らみやすいかもしれない。この二つの概念の関係だが、科学とは世の中で起きている事象を、説明できるようにして法則性を持たせ、再現性を持たせるということだ。つまり、説明しようとする挑戦そのものが科学であり、言い換えれば、そのこと自体が、この世の中は言語で説明できていないことで満ちあふれているということを認めていることになる」

「あの……、安部野さん、やっぱり話が難し過ぎるんですけど」

「そうか、では言い直そう。**新規事業の企画においては、言葉で論理的に説明する努力を徹底的に行うべきだが、それでも言葉だけで伝えることには、限界がある価値も、多々あるということだ**」

「そんな時にはどうすればいいのですか？」

「うーん、その決裁責任者、あるいは起案責任者に体感させて、納得させるしかないかなあ」

「例えば上司の部長をＡＫＢ48や欅坂46のコンサートに連れて行けばいいわけですか？」

「そういうことになるな」

「そこで、『これ、楽しいでしょ？』って聞くわけですよね」

「そうだな」

「それでも『俺にはわからん』とか『でもなあ……』って言われたらどうするんですか？」

「ふむ。ならばその上司に後を向かせてステージではなく客席を見させて、これだけ喜んでいる、この観客の表情と数を見ろ、とでも言うか」

うん……、その手もあるなと高山は思った。

「そもそもだ、もしそれが本当に進める事業価値のあるビジネスだとして、ＡＫＢ48のような、言語化されたロジックだけでは説明しにくい、五感、感性に訴えるビジネスについての決裁、起案責任を負わなければいけない部署に、その良し悪しを理解できない上長や、そのリスクを恐れるような人材を配置しているとするなら、その会社の人事のマネジメントが間抜けであるということだ」

「間抜けって……。そういう場合は、どうしたらいいのですか？」

「会社だってまちがいは犯すものさ。一度や二度ならば大目に見てやったらどうだ。『仏の顔も三度まで』なんていう言葉も、要は『人の学習に必要な失敗については、三回くらいは認めてやれ』と言っているようなものだろう？」

あ、そういうことか……、高山は思った。

「ただ、そういうまちがいから学習して修正行動を起こす気配がなかったり、隠ぺい体質があったり、あるいは、そもそも挑戦そのものを認めないような会社ならば……、そんな会社はさっさと辞めてしまったほうがいい」

「あっさりと、そういう結論なのですか？　えらく乱暴じゃないですか」

「もちろん自分の人生をどう描こうと本人の自由だ。でも人生は短い。『あの壁の向こうには何があるのだろう』と憧れを心に抱いたまま一生を終わるのと、実際に向こう側に行って確かめてみるのと、どっちがいいか、という話だ」

「『辞める』なんてことを考えるならば、その前に社長と直談判というのもあるんでしょうね」

「その通りだと思うな」

安部野は手に持っていた珈琲を口にして、ふーっと息を吐いた。

「話を戻すと、もちろんミュージシャンだって、市場調査を行っていないわけじゃない。あの矢沢永吉もソロになった時には絶対にヒットさせたくて、当時売れていた井上陽水の『氷の世界』というアルバムを買い、何度も聴いたという」

高山は引用されるミュージシャンの名に自分との世代の違いを感じた。だいたい『氷の世界』なんて聴いたことないものなあ、そう思いながら、安倍野の話を聞いていた。

「彼らは調査会社を使って市場調査を行い、そこで出た与件に基づいて曲を作ったりするわけじゃない。彼ら自身がマーケットリーダーであり、すなわち自分たちの創造物、創作物である楽曲によって金を払ってもらえる、マーケットにおけるクリエイターなわけだ。つまり、自身と市場の間で『これがいい』と共感を生み出す作品を作り出せるイメージ力とそれを形にできる能力、そして執念を持った人たちなんだ」

「それって、スティーブ・ジョブズと同じですね」

「そうなんだ。**ここではジョブズが思い描く世界を気に入った者たち、賛同する者たちがアップルファンとなり、その対価を払う市場が出来上がる。iPod、iPadなどを生み出す考え方の具現化に共感する。こういう市場は、マーケットリーダーたる創造者が具現化する世界観に、市場が喜んでついてきている状態だ**」

ふーん……、高山は何かに引っかかった様子だった。

「**だからジョブズは、『アップルたるもの、市場を調査して答えを出さねばならないという**

状態になど、そもそもなってはいけない』と言っているのだろうな。市場は、アップルらしさというか、ジョブズらしさを求めているわけだ。だからジョブズは、マーケティングなんて不要だと言い切る。なぜならば自分たちが市場の創造者だからだ。これが、ジョブズが唱える『マーケティング不要論』にある前提部分ということになる」

あ、そうか……、高山は言った。

「今、マーケットリーダーたる創造者って言われましたよね。もし企業が低迷している状態であるならば、それはすでにリーダーにはなってはいないということになりますね」

「その通り。もし事業が低迷しているならば、市場とのかい離が起きていることになる。つまり、すでにマーケットリーダーではなくなっている、と考えるべきだ」

「そういう時は？」

「そういう時は、マーケットを知るためのアクションを取らざるを得ないだろう？」

あ、そうか、これがぼくの質問への答えになっているんだ。前提によって答えが違ってくるということか……。

「ただし、調査をすることにより、その市場の意向の片鱗を顕在化、すなわち『見える化』させることはできる。そしてこれが、プロファイリングの精度向上につながっていくことになる」

田村社長が使ったプロファイリングという言葉が安部野の口からも出た。

高山は質問をしようと思ったが、安部野は話を先に進めた。

「余談だが、大企業をクライアントとしている優秀なクリエイターの人たちを、僕も何人も知っているが、その人たちに共通しているのは、**自分の創造した価値を、言葉で説明して伝える能力に長けている**という点だ」

「そうすれば、企業側の担当者も上長に説明できますものね。そういえば、ジョブズもプレゼンテーションはうまかったですね」

「彼の場合は、論理性だけではなく、情緒にも訴えるプレゼンテーションにも長けていた。まあ、そもそもロジックの組み立ても、最終的には納得感という情緒のひとつを動かすのが目的となるわけだな」

安部野は再び、珈琲を口に運んだ。

「特にBtoCのビジネスは、市場の感性に訴える部分の比重が大きくなる。しかし、新しい価値を生み出す事業領域においては、市場調査で、『何が欲しいですか』などと間抜けな質問をしても、まだ見たことも体験したこともないものを『こんなものが欲しい』なんて、具体的に説明して答える回答者が、そういるわけがない」

「そりゃ、そうでしょうね」

「市場調査の扱い方を勘違いしている企業にありがちな事例だが、顧客の言うことを聞きすぎると商品企画においてオリジナリティが無くなる、そう思い込んでいるケースがある。これはアパレルなど、感性を重視するビジネスに起きがちな話だが、言われたらそれをそのまま作らねばならないという錯覚を起こしている例だ。そういう企業も、本当のマーケティングを知らないままに皮相的にとらえた『マーケティング不要論』を唱えることがある。そもそも市場調査は顧客に迎合するために行うものではない。そうだな……、言うなれば『顧客の頭の中を、うまく切り開いて覗《のぞ》き込む』ようなアプローチだ」

「頭の中を覗き込むのですか」

「質問によって顧客の頭の中を知るための『窓』を開け、さらに角度を変えて様々な質問で刺激を与え、反応を見ながら、どのような因果で行動につながっているのかを明らかにすることだな」

「医者の問診みたいですね」

「それが近いかもしれないな。対象が、処方箋や治療を望んでいる患者なのか、自分のニーズを満たす問題解決を望んでいる市場なのかの違いだな」

市場調査については、ライトを当てるという表現で田村社長に説明したが、頭に『窓』を開けて、刺激を与えて反応を見るという表現の方が良いな、そう高山は思った。

▼ねつ造されるマーケティングデータ

「まったくの余談だが、市場への投入前の新製品に市場性があるということ、要は『この商品は売れる』という裏付けをとりたいと、トップあるいは事業部長や外資系企業のカントリーマネジャー、つまりその国の法人の社長が考えることがある。こういう時に、企業の中にあるマーケティング部が事実の解釈を捻じ曲げたり、時には恣意的な事実のねつ造まで行って、求められた結果を出す場面を、僕は何度も見てきた」

「それって、全く意味がないじゃないですか」

「ある外資系企業でトップが、自分が一押しにしたい新製品を市場に投入する際に、その優位性を本国や国内の販売会社に説明するために、競合製品との比較を調査させたことがある。報告書には、その新製品が最も評価が高かったということが結論づけられているのだが……」

安部野は一息おいた。

「報告書の中に記載されていたパネラーを使った調査の時の条件を見ると、その新製品だけ、価格が安く提示されていたことに気が付いた」

「そんなことをしたら、価格のせいで、その新製品を選ぶと答える人が増えてしまうだけじゃないですか？」

「その通り。その会社では、マーケティング部も自分たちの評価を考えて動く。トップの指示が絶対という『人治』色の強い企業文化だから、事実のねつ造だろうが、報告書の改ざんだろうが恣意的な操作でもやる。臆することなく、それが自分たちの役目ですと公言するマーケティング部もあった」

「そんなことが実際にあるのですか？」

「もちろん、その商品はヒットしなかったし、何事もなかったかのように、その次の製品でも同じことが行われていた」

「ばかばかしい話ですね、まったく」

「まあ、マーケティング部と名がついていても、現実には世の中にこういう部署も存在するわけだ。今のは、ある外資系企業の例だが、日本のオフィスマネジャー、つまり日本法人の社長が、たとえ独裁的であっても、彼のパフォーマンスを上げるための下支えをする、という使命のもとに動いているわけだ。かなり『人治』色の強い組織の話ではある。そのマーケティング部を批判するよりも、むしろ本国側のマネジメントが結果としての数字を見ているだけで、これを放置、容認する状態になってしまっていることが問題であると言った方が良いな。権限委譲するにしても、うまく『しくみ』を作らないと健全な運営などなされないという学びが得られる格好の事例だ」

安部野は珈琲を口に運んだ。

▼市場とのかい離

「では次に、今の君のテーマとなる、既存市場における事業の活性化について考えてみるか」

と安部野は、ノートパッドに描かれていたチャートを指した。

「ここでは、既に市場が存在していることは皆が認識しており、参入障壁の低いビジネスであれば、複数の企業による競合状態となっている。当然、いかに他社より優位に立つかを皆が競い合っているはずだ」

安部野はノートパッドを指し示しながら高山を見た。

「その状況下、今の『ハニーディップ』のように低迷状態に陥っている場合、最初に考えられるのは、**市場の意向とのかい離**が起きていることだ」

「その場合、市場が飽和してしまっているということは、考えられないのですか？」

「100%ないとは言い切れないが、経験的にはあまりお目にかかったことはないな」

「どうしてですか？」

「まず大前提としてビジネスは、市場が認める価値を提供し、顧客がお金を払ってくれるから成立しているわけだろう？」

「その通りだと思います」

「では、実例で話をしよう。携帯電話でiPhoneがスマートフォンの市場を創造した。当初は、アンドロイドOSの製品が追随してもレスポンスが悪く、その製品を市場に出すことによって、かえってメーカーのブランド価値を毀損するような事例もあったと思う」

「確かにありましたね。ぼくも当時、iPhoneがなかったドコモで契約していたので、アンドロイド製品の中では一番いいからと聞いて、初期のソニー・エリクソンのエクスペリアを買いました。でも使い勝手が悪かったので、結局すぐに機種変更しました」

「そうか。ところが技術レベルが上がり、アンドロイド製品群のレスポンスも改善され、大判のギャラクシーノート端末のような製品も現れると、画面が大きいがゆえに、より見やすく操作しやすいという効能を求めて、iPhoneから離れる層が出てくる。あるいは、もしiPhoneの販売チャネルの店舗が顧客に不愉快な体験をさせることが出てくると、こちらもiPhoneから離れていってしまう」

「相対的に比べて、良さそうに思えるものに市場は移っていくということですね」

「iPhone側、すなわちアップル側が、何が理由で、市場で離反が起きているかを把握できていれば、仮に時間がかかっても手を打つことはできる。現に、しばらくするとiPhone Plusが市場に投入された。問題は、意思決定者がその理由を把握できていない場合や、あるいは打ち手を間違った担当者や責任者が自分の評価が下がらぬように『真の因果』を隠ぺいしてしまっている場合だ」

そうか、高山は安部野が言わんとすることがわかった。

「君のいるブランドは、前者のように長期低迷の理由がわかっていないのだろう？」

「わかっていなくて、困っている状態です」

「で、今は、どうしている？」

「今は、『やったらうまくいきそうだな』と偉い人が言った手を打ち続けている状態です」

まあ、そうだろうな、安部野は、高山の顔をまじまじと見た。

「でも、**そもそもなぜ低迷しているのかがわかっていないわけだろう？　わからない中で、思いつきで手を打つだけならば、時間と経費が無駄にかかるばかりだ。思いついたことを片っ端から実施するなんて、目隠ししてバットを振り回しているようなものだ。手持ちの現金なんてすぐに底を突くぞ**」

高山は、親子で争った大手の家具店が、結局、その後、手持ちの資金を大幅に減らしていったという記事を思い出した。

確かに、これまでの『ハニーディップ』では、夏希常務から、焦りのあまり指示される思いつきを片っ端から行っていると聞いていた。

「君はPDCAのことは理解しているな」

「はい。**プラン（企画）、ドゥ（実行）、チェック（結果の検証、振り返り）、アクション（業**

務手順やプロセスのカイゼン）を、繰り返して行い、仕事の精度を上げ、成功の因果と失敗の因果を明確にして、学習をしていく、ということです」

「今の『ハニーディップ』のように、思いつきばかりを実践し、『うまく行かないから、次を』と思いつきの実践を次々と繰り返すケースはとても多い。そういう会社に限って『うちはプラン、ドゥの繰り返しで、PD、PDの繰り返しばっかりなんです』と言う」

「実際、Cのチェック、振り返りを行うのが難しい状況です」

「なぜCができないのかわかるか？」

「Cをやろうと思っても、どうやっていいのかがわからない、という感じです」

「そのできない理由をよく考えていないことが問題なのだ。これができないのは、Pがちゃんとしたプランになっていないからなのだ」

「もう少し具体的に言ってもらえますか」

「ではPには、何が含まれるか言ってみてくれ」

「**まず現状を把握して、課題を明確にします。そして解の方向性を明らかにする。その方向性に沿ったやり方って、いくつもあるので、そのどれで行くのか、施策のメリットとデメリットを評価して選ぶ。あとは実行計画を描き、実施状況をいかに評価、確認していくのかを明確にする、**と理解していますけど」

「よろしい。それがあればCはできるはずだが、違うかな？」

「今言ったPの内容が揃っていれば、Cはできますね」

「つまり今の『ハニーディップ』は、Pができていないということだ。今、君が言ったように、P、すなわちプラニングをしっかり行うことは、Cを行うためには不可欠なことのはずだ」

「そうか。確かに、最初から自分が携わったものは今の作法にのっとってPを作るようにしていますが、他の人の企画書は、今言った作法に則っていないですね……」

「その施策が必要な背景や理由、そして、どのやり方をとるか、その想定できるメリットとデメリット、理由までも明確にしたうえで実施すれば、もし万が一、うまく行かなくても、そのどこに読み違いがあったかがわかる。また実施計画の中には、どこでどう検証するかを明記するから、必ずそこでCを行うタイミングも計画の中に入れ込むことになる。よって二回目のPの時は仮説の精度が高まる。こうして仮説と検証のサイクルを回し続けるのがPDCAサイクルだ」

「多くの会社では、Pにもなっていない状態、アイデア（Idea）だけで実行している、アイデアとドゥ、ID、ID……の状態だっていうことですね」

「もちろんP、プラニングにおいては、良いアイデアが重要なのは間違いない。良いアイデアならば成功確率は上がる。しかし思いつきばかりを力任せに実施している場合も多い。これこそ時間と金の浪費の状態だ」

「アイデアにもなっていない、思いつきということですか……」

「その通り。思いつきだから、ジャスト・アン・アイデアかな。いってみれば、IDにさえなっていない、いわば、JDを繰り返している状態だ」

「JD、JD……ってことですか」

思いつきばかりで事を進めてきた夏希常務はこのパターンか、高山は思った。

「元のアイデアが良くても、実行を任せた相手が真摯に考えながら進めることのできない者だった場合も結果は同じだ。本来、実施の際にもこまめなPDCAを廻しているはずだから、この能力を養っていない人には、重要な仕事は任せられないだろうな。日本企業の現場力、実践力の強さは、本来この自律的に考え、動ける能力の高さにあったと僕は思っている」

「あれ、今、過去形で言われましたね？」

「ああ。**日本のビジネスの土壌に合わない経営の方法論を安易に導入して、改悪してしまった事例も結構ある。例えば、数値責任をベースに責任範囲を明確にするということは、自分にふりかかる責任も回避しやすくできることにもつながるんだ**」

ふむ、そういうことですか……、高山は言った。

「確かに、思いつきとアイデアって違いますよね」

「**ただの思いつきではだめなんだ。その市場環境を、五感も含めて理解したうえで出てくるアイデアでなければ。**例えばミュージシャンが、ふと頭に浮かんだメロディを、これ『いけてるかも』と思う。これは、『いけてる』と思う感性が正しく、市場とも同じだから、市場、すなわちリスナーの共感を呼ぶわけだ」

「そうか、聴く側を理解して、そして感性の同期ができているわけですね。だから、ミュージシャンって単なる思いつきではなく、多くの人が、かっこいい、素敵だ、と思えるメロディを思いつき、曲として組み立てる能力を持っているんだ」

安部野はまた、珈琲に口をつけた。

「今の話はビジネスの世界でも同様だ。市場を感性レベルでも理解できているから、ヒットする製品やサービス、あるいはプロモーションを思いつくことができるわけだ。これは単なる思いつきとは似て非なるものだな」

結局、今の『ハニーディップ』は、ずっとそんな思いつきが横行する状態が続いていたわけだ。高山は思った。

「で、どうしたらいいんですか？」

安部野は一瞬、白けたように高山をしみじみと見た。

「何を言っているんだ、君は。今は**市場のことがわかっていないのだろう？　ならば、まず市場のことを理解しなければ何も先に進まないだろうが**」

そりゃそうだな、高山は思った。

「つまり、**『長期低迷状態でどうしていいのかわからない』『市場の状況が把握できていない』**、

こういう状態でならば、市場の意見を聴くことから始める、つまりマーケティング調査を行うなんて、当たり前じゃないか。闇夜にカラスを落とそうと、めったやたらに鉄砲を撃ち続けるつもりなのか。市場調査の場で『どうすれば他の会社に勝てますか？』と聞いて、『こうやったらいいですよ』なんて正解を返してくれるなんてことなどありえない。よって、ここで重要なのが**プロファイリング**という概念だ」

またこの言葉が出た……。すかさず高山は、安部野の話を遮《さえぎ》った。「あの、プロファイリングっていう言葉を説明してください」

「その人、あるいはあるグループに属する人たちが『どういう店や製品が好き』で『何に一番興味を持って』いて『何に一番時間を使うか』など、**属性と行動をつなげる法則性を類推して、その特性をモデリングする**ということだな」

「あの、最後の部分が、全くわかりません」

「例えば、『ハニーディップ』の顧客層でいえば、大きく分けて、手頃な値段でファッションを楽しみたいＯＬ、子供のいる主婦がメインの客層だろう？」

「はい、そうです」

「さらに主婦でも、専業主婦と仕事を持っている主婦では、ファッションに使えるお金、ファッションの嗜好性も大きく変わる。仕事をしている主婦の場合は、お金もある程度回っているし、外でも人に見られるわけだから、当然、服にも神経と金を使う。よって、その顧客としてのプロファイルはおのずと変わってくる」

確かに、複数の特徴を持つ客層が『ハニーディップ』の店には来ているし、店の立地によってもその比率が大きく変わる、高山は店に来ていた顧客を思い返していた。

「結局、マーケティングにおけるプロファイリングは、うまく市場を細分化、つまりグルーピングして立案する戦略の精度の向上につながる。適切にグループに分けた市場の行動特性、つまりプロファイリングができれば、その人たちの欲している商品、サービスをイメージして開発することはたやすくなるはずだ。今回のケースで考えるならば、小さいお子さんのいる主婦、お子さんが大きくなり手離れした主婦、お子さんのいない主婦、そして独身者と分ける軸がある。そしてもう一つの軸である就労と非就労、つまり仕事を持つOLと主に専業主婦の分類軸とのマトリクスがグルーピングの基本になるだろうな」

「あの、ペルソナっていうのを聞いたことがありますが、それもプロファイリングと同じですか？」

「最近、ターゲットの顧客像をペルソナとしてモデルを作り、それをイメージして商品開発などを行う手法をとる企業がある。これもプロファイリングの一つだ。ペルソナ作成の前提にあるのも、やはりファクトから導かれるプロファイリング、つまりターゲット客層の特性を明らかにするということだ。ただし、らしく見えて受けのいいペルソナを描くのではなく、ファクトを反映させた精度の高いペルソナが描けるかどうかが成否を分けるだろうな」

安部野は一呼吸おいた。

「そもそも、**マーケティングには二つのステップがある。まず一つ目は、プロファイルを把握したうえで、何が好まれるかの与件を明確にする、いわば課題定義、イシューデフィニションとなる論理的なステップ。そして二つ目がその与件をもとに、その人たちを喜ばせる創造性を、製品や店、販促物などで形にするステップだ。**先ほどのジョブズのように、市場におけるリーダーとしてのポジション、マーケットクリエイターの立ち位置でいる限りは、この一つ目のステップは、ほぼ不要と言ってもいい」

「それはわかります」

「ただし、ビジネスが不振、低迷状態にある場合は、市場とのかい離が起きているのだから、まず、何とかして市場の現状を把握せねばならない」

「それが、マーケティング調査ですね」

「**問題解決や企画ごとにおける最初のステップは、事実に基づく現状把握だろう？**」

「そうでした」

「**つまり、マーケティング調査によって得られるのは、『こんな商品を作ったらいい』ではなく、『ここが喜ばれている』『今、こういうところにお客様は困っている、お客様が嫌がっている』などの与件だ**」

「うちのブランドは、まずその現状把握が必要な段階ですね」

「そうだ。そして、お客さんの意向が体感として理解できるようになってきたら、それから自分たちでマーケットをリードできるポジションを目指せばいい」

「なるほど」

「マーケティング不要論とはどういうことなのか、わかったかな」

「わかったと思います。前回の話に、今日の話を加えてまとめてみました」

ちょっと待ってくださいね……、高山は自分のA4サイズの5ミリ方眼ノートに書き足し、見開きにして見せた（図表06）。

「まず、前回の話は、既存と新規、そして事業と市場のマトリクスでまとめると『育てる』『奪う』『創る』がうまくここにはまります。市場が新規か既存なのかは、自社視点で見るのか、競合企業の視点で見るのかで変わりますが、ここでは自社視点として描きました」

安部野は高山の描いたチャートを、満足げに眺めていた。

「そして既存事業が低迷状態になった場合は、市場とのかい離が考えられます。そのような時は、マーケティング調査も必要になります。でもマーケットを創造するトッププランナーとして道を切り開いてきた企業の場合は、マーケティングなど不要な状態を保ちなさいという話です」

ここまで話をして、高山はノートをテーブルに置いた。

図表06　「既存＋新規」×「事業＋市場」の攻め方

事業＼市場	既存	新規	
既存	『育てる』： 市場を進化させ、より競争力を高める	『奪う』： 既存事業により、競合事業の既存事業を「上書き」する。海外展開、飛躍的な技術進化、チャネル拡大など	▶ 市場とのかい離が起きている時は、実態把握のための市場調査（マーケティング調査）も必要となる
新規	―	『創る』： iPad、iPhone、ウォークマンなど、新用途の開発	▶ 「マーケットリーダーであれ。マーケティング調査など不要の状態を維持せよ」

「ジョブズが言っているのは、そもそも事業者たるもの、マーケットをリードし、創造できるようにあるべきだということ。そして、そうは言っても現実的には、市場からかい離して低迷している企業が数多《あまた》ある。その場合、低迷状態から脱するためには、まず市場を理解することから始めるべきであると、こういうことですよね」

上出来だ、安部野は高山に向けてパチパチパチと拍手をした。

「いずれにせよ、最終的に製品やビジネスを成功させるためには、いかにお客様に喜んでもらうか、その方法とその時の反応をイメージする力、イマジネーションが重要になるのは間違いない。今回は、君の会社の場合は、クリエイターであるデザイナーはいるわけだ。その人たちに渡せる与件を明確にしていくということだろうな」

それから、と安部野は言った。

「君は先ほど、事業低迷時には市場が飽和しているのでは、と言ったが……」

はい、と高山は答えた。

「本当に今のままでは手の打ちようのなくなるケースも現実としてはある。市場が変化してしまった場合だな。かつての銀塩フィルムは、コストと利便性の面で大幅にまさるデジタルデータの事業に置き換わってしまった。また、DVDの普及で、ビデオテープもほぼ消えてしまった。市場が変化して、なくなってしまうのは、言ってみれば、こんなケースだ。銀塩フィルムは、市場規模そのものは小さくなったが、その味のある画像に一部のファンはついている。また一度は製造が大幅に減ったアナログレコードも、実は上手に休ませながら使えば、その溝に刻まれた音がほぼ半永久的に聴けるということで、再び復活してきたことをもとても面白い。このように、どの部分の価値にスポットライトが当たるかで、市場は様々な形に変化するということだな」

安部野は一呼吸入れた。

「そしてもうひとつ。新しい市場を創造するための経営技術としての方法論も、あるといえばある」

「そうなんですか、どういうものか教えてください」

「花王、P&G、ライオンなどのトイレタリー業界を見ると、研究職として新卒採用される学生数が圧倒的に多い。彼らのキャリアは、ざっくり言うと、基礎研究、応用研究、製品開発、といった役割になり、彼らの研究活動で、収益源となる製品、事業が生まれてくるわけだ」

安部野はノートパッドに同心円を描いた。

「簡単に言うと、その会社が持つ基礎技術から応用技術が生まれ、その応用技術から製品が生まれるという関係だ。ここでのポイントは、ある新製品を市場に投入したいと思った時、それに必要な応用技術を持っているかどうかをまず考える」

「はい」

「もし、ある市場機会が存在していて、それを製品化するために必要な応用技術がまだ存在しないならば基礎技術から応用技術を研究開発する。また、今ある応用技術から新製品を開発する。そして先々の市場という世の中を見通せるならば、必要な基礎技術の研究開発にも着手するというような関係だな」

「こういう同心円のような考え方で製品や技術が管理されているのですね」

「花王のエコナは、もともと持っていた洗剤の界面活性の技術を使ったと言われている。他にも、この技術から、かつてのフロッピーディスクなども製品化したということだ」

「あの、安部野さん、そういう業界って粗利率が、ぼくらの業界には考えられないほど高い

図表07　基礎技術、応用研究、製品の同心円マップ

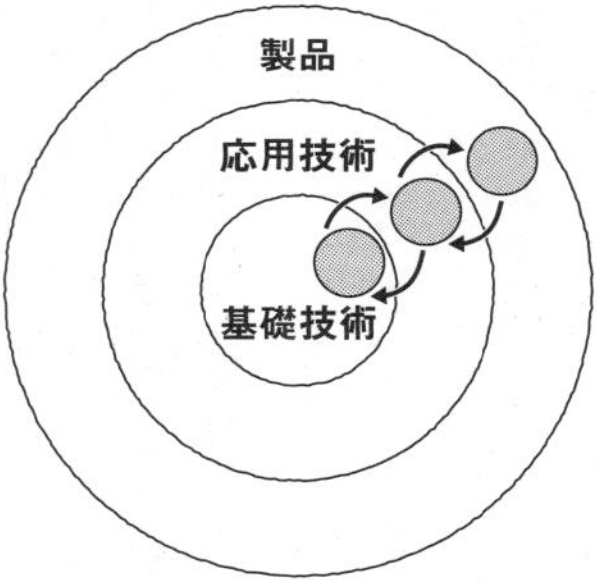

と聞いたことがあります」

「確かに粗利率は高いが、研究開発が命だから研究職を大量に抱えることになる。そして、いかに売れる製品、というか当たる製品を効率的に創造するかという点について日々様々な知恵を凝らして取り組んでいるわけだ」

「当たる製品が生まれる確率を上げる……ということですか？」

「可能性を上げるということだな。研究者が問題解決に取り組む方向性をそろえるために、与件を明らかにする方法だな」

「この製品には、この応用技術が必要だ。その応用技術のためには、この基礎技術が欠けている。だからこの基礎技術の研究開発に着手しよう、こうなるわけですね」

「研究開発部門の責任者、そして事業責任者もそこで明らかになった課題の進捗状況を見ていればいいことになる」

なるほど……、確かにこのやり方であれば、時間のかかる技術開発をマネジメントできるのだろうな、高山は思った。

「これは、『強みを活かす』『必要な強みは時間をかけてでも作る』『それらを〝見える化〟して管理する』っていう考え方ですね」

「その通りだな。今の例は、基礎技術、応用技術、製品という、比較的わかりやすい技術軸の話だ。これを事業という視点に置き換えて自社の強みや弱みをとらえることも必要になるのはわかるな」

「確かに、技術だけではなく事業全体でもとらえるべき話ですね」

「強みには販売力や技術開発力、PDCAの文化なんていうものもある。これらを適切に棚卸しして、自社の固有の強み、弱みをしっかりと押さえた上での事業展開というのは、意外にやられていないことなんだ」

へー、もしそれが本当ならば、経営って意外に粗っぽくなされているものなのだな、高山はそんな印象を抱いた。

「洗剤などを扱っているある大手の消費財メーカーに勤める友人から聞いた話だが、その会社の売上のトップ5の製品のうちの三つは、一人の人間が開発したそうだ」

ほえー、それはすごいですね、高山は目を丸くした。

「ほんとうに、ものすごい創造性を発揮する人材って、そういうものかもしれないな」

「多分、その会社の毎年、何千億円分の売上を創ったわけですよね。製品開発のコツのようなものを、わかっている方なんでしょうね」

「コツか……、いい表現だな。だが、そういう人に限って、自分が体得しているそのコツを、自分ではうまく説明できていないものだ。つまり、まだ充分に『科学』しきれていないわけだな」

これ、さっきのアートとサイエンスの話だ……、科学って言葉、他の人でも再現できるようにすることだ、高山は改めて思った。

「その人も最初から、そういう能力を持っていたわけじゃない。**誰でも最初は初心者だ。常に自分で考えて試す、そしてその結果から学ぶ。これを繰り返した蓄積によって、得られた能力なのだろう**」

「会社がそういう教育体系を持っていたのですか」

「それは考えにくいな。そこまで気の利いた、本質的な教育体系を持った企業なんて、そうあるものじゃない。時代背景からも考えると、その人がもともと、筋が良い人材だったという前提があり、そのうえで、本人が自分を信じて、トライアンドエラーを繰り返し続けたのだろうな」

「それって……、ＰＤＣＡですよね」

「そうだな」

「そして、今の話の、自分を信じるっていうことは『自信』のことですよね」

「その通り。正しく『自信』を積み上げるのがPDCAということになるな」

今の話のカギは『正しく』という部分だ、高山は思った。

「さて、今回の場合、顧客とのかい離がなぜ、どこで起きているかがわかっていない。よって、顧客の頭の中がどうなっているかを明確にするために、グループインタビューから行う。僕のほうで調査会社を手配するので、グローバルモードの名前は出さずに人を集めて意見を聞く。君たちはインタビュー会場の隣のモニタールームでマジックミラーを通して、その様子を見るわけだ」

「その質問の設計とか、今回はどう進めたらいいですか？」高山は聞いた。

「通常は妹が企業側に出向いて、君たちプロジェクトチームの指導をするのだが……」

安部野は高山をちらりと見た。

「君も既に知っている通り、今、彼女は米国の大学院に留学中だ。ニューヨークにいるから、今回は君の仕事を手伝うことはできないな」

「そうですよね……。どうしたらいいですか？」

「今回については、君たちに必要な指導を調査会社の人に依頼しておく。まずは質問を練るためのブレストメンバーを選んで集めておいてくれ」

「わかりました」

高山は頭の中で、グループインタビューの質問項目を検討するメンバーのリストアップを始めた。

▼市場調査の進め方

インスタットビルにある『ハニーディップ』本部に、背の低い、ずんぐりした相撲取り体型、いわゆる『あんこ型』の50代後半くらいのおやじが現れた。

「こんにちは。調査会社のアイソップ社から参りました、私《わたくし》、寺山貫太郎と申します」

「高山です。よろしくお願いします」

高山の出した名刺を寺山は見た。

「ああ、あなたが、高山様でございますか。高い山に昇るお方なのですね。がははは っ」

はあ……、高山が戸惑っていると横にいた鬼頭が耳元で言った。

「おやじのギャグに付き合ってると日が暮れるぞ。勝手にやらせとけ」

「本来ならば、高山様もよーくご存じの安部野彩《あや》様が、このご指導をされるところでございますが、あいにく今はニューヨークにおられるため、私めが担当させていただきます」

「ふーん」中丸は高山の顔を覗き込んだ。「ニューヨークによーく知っている女の人がいるんだ。へーっ」

「え？　ああ。そう」と言いながら、高山は機嫌が悪くなった中丸のことを、特に気に掛ける様子もなかった。

寺山は資料を出して、調査のプランの説明を始めた。

「今回はじめに行うグループインタビューは、ＯＬグループとお子様のいる既婚グループの二つに分け、さらにお子様のいる既婚グループは34歳までと35歳以上のベテランお母様のグループに分け、全部で３グループとしたいと思います。ここでは、第一子の年齢をたとえば７歳以上などで線引きする考え方もあると思いますので、ここが本日の議論のポイントのひとつになると思います。このグループインタビューでの答えの精度を上げるために、直前に『ハニーディップ』とその競合店に実際に訪問していただきます」

「寺山さん」高山が言った。

「今回、そのグループインタビューを行ってから、その後でインターネットの調査を行うと伺っています。そもそもなぜこの二つを行わなければならないのか、それぞれの意味合いを我々に説明してもらえませんか？」

「俺たち素人なんで、お願いします」

鬼頭が言った。

「かしこまりました！」

寺山は、非常識なくらいの大きな声を張り上げた。

「寺山さん、耳遠いのかね」中丸が鬼頭の耳元でささやいた。

「さあなあ……、無駄に元気がいいだけじゃねえのか？」

本当に無駄に元気がいいだけの寺山が、ホワイトボードの前に立った。

「まず一般論なのですが、今回の御社のようにBtoC事業において事業戦略を立てるための市場調査が必要とされている時は、ほとんどの場合、そもそもお客様が、何に不満を感じているのかなどが、よくわかっていないのです」

「まあ、そうだよねえ……」中丸が言った。

「だいたい、BtoBのビジネスの場合は、一般的には、得られる効果、効能、それに対する対価という経済的な価値を評価して購買の意思決定がなされます。そこに、品質や安定性、そして納期といった論理的な判断基準で購買可否が決まっていくわけです」

「求める効果とかに対して、価格、品質、納期で決まるか。確かに、ビジネスでの意思決定って、そういうふうに決まるよな」

「そうです。だから会社の稟議書などを用いて、投資や購買の申請書を書くことが出来るわけです。ところがですね、これがBtoCになると、そうはいかなくなってくるんです」

「あたし、むしゃくしゃしている時って、買い物で発散させるんだ。いっぱい買っちゃったりするもん」

「今、中丸様がおっしゃったところがポイントなんですね。一般消費者の買い物って、必ずしも理性的なものじゃないんです。例えばですね、ある日、一日かけていろいろな店を回って買い物をして帰ってきたとします」

「あたしも、丸一日、買い物してる日ってあるよ」

「俺も服を選ぶ時は何か所か、まわるなあ」

「鬼頭様はファッション業界の方なので、服はこだわって選ばれるはずなのですが、一般的に男性の場合、買い物にはあまり興味はない方が多いです」

「ぼく、この間一日出かけて文房具とか、ペンとか本とか買い物をしたけど、いろいろな店を回って疲れたなあ」

「へええ、誰と行ったのぉ？」

「ひとりだよ」

顔を覗き込み、からんできた中丸に高山は真顔で答えた。

「たとえば高山様が、その日一日かけて買って来たものを全部、包装も取ってテーブルの上に並べたとします。その日の買い物は全部が全部、本当に欲しいものばかりを買えているでしょうか。あるいは、必要な度合いや、欲しさは均一でしょうか？」

「あたし、いらないものを買っちゃってたってこと、結構あるんだよねえ」

「例えば、高山様。その日に買ったペンは、その日に全ての店、全ての売り場で見たペンの中で一番欲しいものでしたか？」

「そういうことか……。その前の店で見たもののほうが良かったり、買ったあとに寄った店でもっといいものを見つけたりすることもあるものな」鬼頭は言った。

「じゃあ、なぜ、その時に、その店で、そのペンを買われたのですか？」

「なんか、今買おう、買うべきだなっていう気になりましたね、その時は」

「なんか、嬉しくなって、勢いで買っちゃうってことってあるよな」鬼頭が言った。

「あたしなんか、いつもそう」

「それなのです。BtoCの場合は、感情的に買い物がなされている場合が多いのです」

「俺、アマゾンでも『ノリ』で買っちゃうことがあるなあ」鬼頭が言った。

「まあ、それがBtoCのビジネスでである小売りを仕掛ける側の醍醐味でもあるわけです。BtoCのビジネスにおいて、買い手の方は必ずしも理性的には動いていないのですが、実際には、あるステップを踏んで購買まで進んでいるんです。これを解明して行くわけです」

「なるほどね」

「言うまでもなく、売り場における商品の編集や提案の仕方次第で、売り場においてお客様が感じる高揚感は大幅に変わります。実際に、各競合店に行っていただき、具体的に、どの部分が良かったのか、良くなかったのかをリアルにイメージしてもらい、言語化して表現する努力をしていただく。これが今回のグループインタビューの肝《きも》の部分の一つというところでしょうかね」

あっそうか、高山は小さく声を上げた。

「この間、安部野さんのところで、RVAPS《アールバップス》サイクルっていうのを教わってね」

高山は、皆にRVAPSサイクルの説明をした。

「そうです。購買の意思決定には必ず、そういったステップがあるのです。でも、お買い物をなされる方ご自身は、普通は自覚をしていないと思いますが」

「購買に至る段取り、再来店につながる段取りを明らかにしていく、ということですね」高山は言った。

「でも、そんなのを、直接聞いて答えてくれるわけ？」鬼頭は言った。

「いいえ。ですから、質問の設計が肝になってくるので、そこに徹底的に時間をかけます。基本的には行動実績そのものを聞きます。そしてなぜ、その行動を取ったのかを聞いていきます。例えば『どのショッピングセンターをよく使いますか。それはなぜですか』から始まり、『この1年間でどの店に行きましたか』『何度くらい行っているのですか？』『そのうち何回買いましたか』『直近では、何を買いましたか』という具合に進みます」

「だんだん、微に入り細にわたって聞いていくんだな」鬼頭が確認した。

「そうです。そして、『なぜ、そうしたのですか』『なぜ、それを選んだのですか』『なぜ、それを選ばなかったのですか』といった具合に、どういう意思決定を続けて、購入、そして再来店に至るのか、あるいは至らないのかを明確にしていくのです」

「でもさ、そんなのってさ、人によって行動パターンが違うよね」

「よって、どういう人がその行動パターンを取っているのか。つまり、その人の属性をうまく明らかにしておくことが必要になります」

「属性って、何のことですか？」鬼頭が尋ねた。

「今回のケースで言えば、購買行動パターンに強く影響を与えていそうな与件を想定して属性とするわけです。男女の性差、年齢、年収レベルとかは基本になりますし、既婚・未婚、子供の有無、住宅ローンの有無なども調べますね」

「そうか。買い物の話だから収入と、子育てとかの避けられない出費を明確にして、自由に使えるお金を聞いて属性にするわけだ」

「そうです。1か月に自由に使えるお金がどれくらいかを聞いて属性にすることもあります。そのうえで、どういうものにお金を使いたいと思っているのかなど、購買行動の特性を明確にしていくわけです」

「確かに、そういうものがわかっていれば、商品企画はしやすいよねえ」

「今言われた、『そういうもの』っていうのが、いわゆる**プロファイリング**と呼ばれます」

またプロファイリングが出た、高山は思った。

「結局ですね、事業が低迷状態にある時は、このプロファイリングもうまくできていないのです。つまり市場を攻める仮説さえ、的確に立てることができていないような状態になっているわけです」

「その仮説を作っていくのが、グループインタビューということですか？」高山は言った。

「そうなんです。例えば『ハニーディップ』が行うインタビューということにしてお集まりいただくと、参加者には参加のお礼をお渡しする手前、どうしても好意的な発言が出がちです。つまりバイアス、偏りが発生してしまいますので、弊社アイソップが座談会形式で調査を行っているということにいたします」

「なるほどねえ」

「属性別の6人程度のグループで行うのが一般的です」

「でも、六人中三人がそう言ったから50％の人がそう考えている、とはいえないよねえ」

「もちろんです。ですので、その後にある程度のまとまった数を調査対象にした定量調査で、そこを明確にしてまいります。また、様々なクロス集計も行いますので、市場の像が明確になってまいります」

「数字で見ることができるわけだ」

「そうです。数字化されたフィルターを通して見ることになるわけです。ここで重要なのが、この定量調査のあとの分析です」

「ただの集計ではだめなの？」

「この**分析の進め方の巧拙で、調査結果から出せる意味合いが、天と地ほどの差が出ます。**

安部野先生にもご指導いただいて、ここをやりきることが今回、最も重要です。もちろん御用命があれば弊社のほうでも、この部分をお引き受けできますので」

「あ、寺山さん、営業している」中丸がちゃかして突っ込みを入れた。

「違いますよぉ、何をおっしゃってるんですかあ。あくまで、選択肢のひとつとしてお話ししているだけでございまして」

「でも、今の話は理にかなっているね。あたしでもよくわかった」中丸は言った。

▼ネット販売の影響

「寺山さん、ネットでの販売についてはどう考えたらいいんですかね。うちでもネット通販が課題ってずっと言われてるんですけど」鬼頭が切り出した。

「おっしゃる通りで、今はネットでの買い物の比率が世界的にすごい勢いで高まってきています。販売にかかる経費は、人手や場所を必要とするリアル店舗よりも低くなりますので、ネット販売の比率は、今後日本でも、欧米や中国並みにさらに高まっていくと予想できますね」

「そうだよね。あたしもアマゾンとか、価格ドットコムは普通に使うもんなあ」

「ネットの環境下では、価格の比較だけではなく、単品の比較が容易になってきます。それによって単品として商品が持つ強さがより重要になってきていると感じるのです。ゆえにネットにおいても、お客様が知りたい角度から、製品の良さがしっかりと見えることが、とても重要であると思われます」

「今はスマホから、普通に発注しちゃうもんねえ」

「ネット販売は、顧客にとってメリットのある、つまり利便性の高い新しいチャネルの出現であると捉えるのが適切だと思いますね。その新しいチャネルで、他の企業に自社の製品を流通されてしまうよりは、自分たちでイニシアティブをとって、ネット側に新販路を築き、自らチャネルシフトを起こさせてしまおう……。これが特に米国において、多くの小売業が既存のリアル店舗を閉めてでも顧客をネットにシフトさせようとする理由なのでしょうね」

「他の会社の流通チャネルに行かせずに、自社のネット環境内に顧客を囲い込もうっていう考え方か」鬼頭は、なるほどなあと言った。

中丸は、目をキラキラさせながら、寺山に尋ねた。

「ねえ、寺山さん。米国で始まったアマゾン・ゴーってどう思う？　ネットでビジネスをやっている世界で一番大きいところが、その流れとは反対にリアルの店舗の展開を始めたわけでしょ？」

「アマゾンが始めたリアル店舗のことですね。店内にあるカメラで顧客の購買行動を追いかけて、キャッシュレス、つまり店を出る時に自動精算してしまうというシステムの店ですよね」

「そう、自動化をしたいだけとも思えないし。アマゾン側にどういう動機があるんだろうと思っちゃうよね」

「かしこまりました。私の知っている限りの情報に基づいてお話しします」

寺山はエヘンと軽く、咳ばらいをした。

「アマゾンは利便性の追求を徹底して、これからの小売業のあり方、言い換えれば、特にBtoCにおける購買行動のあり方について、他の会社がまだやれていないことについて、先端を走る体感と実験を重ねて、道を見出していこうとしているのではないかと思うんです」

「体感ですか……」

「そうです。実験をしてみて、その意味合いをしっかりとリアルに観察してみて、その先にある可能性を白黒を含めて見出す。これを繰り返して、ネット環境だけに囚われずに、BtoCビジネスにおけるパイオニア、フロントランナーという位置づけになろうとしているのだと思います」

へー、中丸は感心した顔をしていた。

「例えば、アマゾン・ゴーのシアトル一号店のオープンの際には、物見高い顧客が殺到して、店内顧客をトレースするシステムが想定の入場数を超えたのか、システムがミックストアップ、つまり機能しなくなってしまったと聞いています」

「あ、想定外ってやつだね」

「そしてその直後にオープンしたマンハッタンのコロンバスサークルにあるアマゾン・ブックスでは、今度は店内がガラガラなのに入場規制が行われるという、なんともおかしなことが起きました」

「その店でも、アマゾン・ゴーとおんなじシステムを使っていたのかな」

「さあ、そこのところはわかりませんが。そのアマゾン・ブックスの周りの店では、『今日は何人並ばせている』が笑い話として話題になっていたとか。とにかく傍目にはおかしなことをやらかしながらも、確実に自分たちの学びを重ねていく、まさに事業開拓型のビジネス展開を行っている会社ですね」

「そうかぁ」高山が言った。「結局、ネット環境がどうのこうのっていうのは、顧客にとって、そこに利便性があるのかどうかっていう話だけなんだ。より競争力のある打ち手を、積極的に見出そうという実験なんだな」

高山は頭の中に、ＰＤＣＡサイクルを描いていた。

「今の話を聞いて、俺もそう思ったな」

「そして顧客は、安さ、利便性、そしてそこに、より欲しいもの、良いものがあるのか。それを単純に求めていて、そこにＩＴ技術によって新しい可能性ができただけなんだよな」

「そのとらえ方が正しいと思います。よく、企業の経営層の方とお話しをしていると、ネット販売の比率を高めると今かかっている莫大な販促費が下がるはずだし、ネットの新規顧客も増やすことができると、自社都合のPL（損益）の話ばかりなされます。しかし現実には米国の小売業では、今、自社の店舗に来ている顧客に対して、費用を投下して、自社のネット通販の世界にシフトさせて囲い込むことから始めます。つまり一時的には費用構造として、経費が二重にかかってしまうのです。それでも他社に持っていかれるよりは、ネットにおける自社チャネルを立ち上げた方がよく、それによって店舗の集客が減るならば、収支のあわなくなった店は閉めればいい。こういう判断だと思います。日本の経営者が考えがちな、『ネットを拡大して、収益構造を改善する』のは、うまくいった後の結果の話であって、その自社内のチャネルシフトの過程ではダブルに経費が掛かってくるということは知らない、認めたくない、あるいは受け入れたくないのでしょうかねえ」

高山は、そっかあ、まず確実な囲い込みから進めるのか……と小声で言った。

「いずれにせよ、顧客がどういう面で不満を感じているのか、どこに改善の余地があるのか。これをチャネルと商品の両面から明らかにする。つまり、その視点から顧客のプロファイリングをすることになるんだ……」わかったぞお、高山は声をあげた。

「今、高山様がプロファイリングとおっしゃられましたが、アマゾンに限らず、ネットのビジネスでは、顧客がどのような購買にいたる行動をとったかを、閲覧した画面を追いかけることで、生データとして把握しています。おそらく、アマゾン側はすでに、自分たちがそこらの小売業よりも顧客実態を把握できているという自負もあるのではないかと思いますね」

「まあ、そうだろうけど、顧客が店頭でどう迷うのか、どんな表情で何に迷っているのかっていうところまでは、把握のしようがないよなあ」

「はい。かつては店頭の商品全てにICタグをつけ、それで物流や店頭での商品の動きを把握しようというアイデアもありました。かのウォルマートも他社に先駆けてICタグの実験に取り組んでいました。当時は読み取り精度を高めるために、強い電波が必要になり、人体への影響なども懸念されましたね。でも今は技術が進化し、価格も下がり実用化も進んでいます。このような技術の進歩は、やはり大きな影響をもたらします。一方でITのハード能力も飛躍的に向上し、昔では考えられなかった低価格で、高度な画像処理も可能になりました」

ここでもITのハードウェアの能力向上の話がでるのか、高山は思った。

「アマゾン・ゴーって、それを使っているんでしょ？」中丸が尋ねた。

「おそらく、店内で買い物をしている顧客の一挙手一投足まで、把握できているのではないかと思います。実際、すでに私どものような調査会社でも、購買行動の実態調査において、ビデオカメラからの画像認識のシステムを提供するレベルにまでなっていますので」

「へー、じゃあ、多分表情の動きまで読み込んで、購買プロセスを解析しようとしているんだ」

「そうなんです。だから、顧客の動きや表情までをカメラを使ったシステムでトレースできるリアル店舗の実験を行いたかったのではないかと思いますね」

その気持ちはわかるねえ……、中丸がオヤジのように顎を引きながら言った。

「まあ、結局、市場、つまりどこよりも顧客を理解したものが全てを制するというのは、ネットだろうが、ナットウだろうが何だろうが、いつの時代も同じということですな、ハハ……」

「いきなり、しょーもな」

中丸のあきれ顔と同期して、鬼頭も笑いをこらえていた。

「では、早速、まず今回のグループインタビューの質問の素案をご確認いただきたいと思います。たたき台を持参しましたので、よろしければこれから検討に入らせていただきますが」

寺山は、鞄から書類を出した。おやじギャグを挟みながらも寺山は、質問すべき項目を詰めていった。結局、この日の打ち合わせは3時間にわたった。

▼グループインタビュー

グループインタビューの初日、高山は鬼頭と二人で先に会場に到着し、モニタールームの外の控室で準備をしていた。

「グループインタビューの質問を詰めるの、ほんとに大変だったよな」鬼頭が言った。

「結局、延べで何時間くらいかけたんだろう？」

「10時間は、やったかな」高山が答えた。

「何を言ってる。ゆうに15時間はやったろうに。結局、打ち合わせを6回もやったもんなあ」鬼頭が言った。

「高山さんがさあ、すぐに『ちょっと待ってください』って言いだす、質問追加おやじに豹変するから、えらい時間かかったんだ」

「事前に、『ハニーディップ』の事業の分析をしてあったからね。そこで、明らかにしたいことが結構でてきたから。言ってみれば現状把握から、そこで起きている不自然なギャップの理由を明らかにしたかった。この場って、仮説の精度を上げる絶好の機会になるわけだよ。つまり適切な仮説を知りたかったってことで、次から次に知りたいポイントが出てきた結果、こうなったんだな」

「そう、あの事業分析の作業は、結構、手間がかかったよなあ……」

「事業を運営していくにあたって、本来知っておきたい数字って、案外押さえていないもんだなって、改めて思った」

「今の情報システムのせいにしたくはないが、かゆいところにぜんぜん手が届いていないいっていうか……。最初にシステムを作った人間が、実務上、必要になる分析を完全にはイメージできていなかったってことなんだろうな。ロジックとしては正しくても、俺たちにとって使いやすくは出来上がっていない。まあ、俺たちは言うばっかりで、システム担当者が主導でつくったから、無理もない話なんだが」

「本当は、システムのプロトタイピングを繰り返してから、プログラミングをすべき話なんでしょうけどね。とにかく、それらの実態数値をおさえたうえで、議論しながら顧客像をイメージしていくと、明らかにしたいことが次から次へでてくるから。せっかく調査するのだから、顧客像をしっかり明確にしたいじゃないですか」

「たしかにね。思っていたほどではないが、それでも今回、それなりに費用も使っているからな」

「基本的にはRVAPSサイクルの各ステップに沿って、客層ごとに、どのような動機で購買に向かうのか、サイクルから外れてしまうのかを明らかにしようとしたんですけどね」

「結局、1グループ2時間の中に相当な質問を詰め込んだからなあ。途中から寺山オヤジが青筋立てて、カリカリし始めたものな」

「司会役のモデレーターの方との打ち合わせも結構、入念にやったしね」

二人が話をしていると、「おはよおっ！」と中丸美香が『ハニーディップ』のデザイナーを引き連れて現れた。

「あのね、うちのデザイナーの子がさ、この秋冬に投入する商品の意見を聞きたいんだって。いいかなあ?」

中丸の後ろにいた女の子が前に出てきた。

「今日は、うちの店の常連のお客さんもインタビューに参加しているんですよね。秋冬の新作ブラウスのサンプルが出来上がっているので、見てもらって意見をもらっていいですか?」と紙袋を前に差しだした。

「今でもインタビュー時間、パッツパツなんだけどなあ」高山が言ったが、鬼頭は袋をさっと受け取り、中を覗いて商品サンプルを見た。

「やらせてよぉ。ね、お願い! 何でも言うこと聞いてあげるから。へへへ……」

中丸は高山の腕にしがみついてきた。

「あの……、別に言うこと聞かなくてもいいからね」

「なにじゃれてんだ。お前ら」

高山が中丸の手をほどこうとあがいているそばで、鬼頭は袋から商品を出して広げはじめた。

「この冬シーズンの商品、俺、発注数をまだ決めてないんだよな。Sランクの主力商品の候補だろ。ここら辺は、確かに事前に反応を見たい商品だな」

「そうでしょ? 高山さん、君も賛成してよ、ね?」中丸はさらに強くしがみついた。

「じゃ、俺の入れた質問をひとつか、ふたつ外そう。それで、7、8分ほど作って商品の意見を聞こう。商品の『ハニーディップ』ブランドのタグは外してあるな」鬼頭は進行表を見て言った。

「うん、比較できるように競合店の商品も持ってきてあるから」

「じゃあ、2、3枚、競合店の商品を選んで、それと一緒に出して意見をもらおう」

中丸が段取りの変更を伝えるために、寺山を引っ張ってきた。

「商品を見ていただくならば、コメントに偏り《バイアス》がかからないように、それらの襟のタグはとりましょうか？　どうします？」

寺山の問いに、鬼頭は少し考えていたが、

「いいんじゃねえかな、そのままで。こういうのは、ブランドのタグあっての商品だし、ブランドタグも見てコメントしてもらった方がいいと思うな。ブランド名を意識した意見だったとしても、それは偏りとはいえないはずだ」

と商品を袋の中に戻した。

「わかった。じゃ、モデレーターさんが来たら、ぼくが説明をします」

高山は進行表に赤ペンで修正を加えた。

夏希常務もいつもの笑顔で現れた。「おはよう。みんな、ご苦労様ね」

「おはようございます」

高山が今日のグループインタビューの修正後の進行表を夏希常務に渡した。

寺山オヤジが現れて説明を始めた。

「参加者の方が到着されましたので、インタビュールームにお通しします。インタビュールーム側から見えないようにモニタールーム（写真）の照明を暗くして、マジックミラーのカーテンを開けます。それからは皆さん、なるだけ音を立てないようにお願いします」

「常務、本日は既にお渡しした進行表に沿って質問を進めます。もし追加で聞きたいことがありましたら、ぼくに言ってください、追加質問のメモ書きを入れますので」

「はい、ありがと」夏希常務は口角を上げ、笑顔を返した。

カーテンが開くと、マイクのある円卓に今回の参加者である6人の主婦が座っていた。

寺山が言うと、ほぼ同じタイミングでモデレーターはインタビュー会場にある時計を確認して、予定通りにグループインタビューを開始した。

「では、お静かに。そろそろ始まります」

「皆さん、本日は、お忙しいところをお越しいただきましてありがとうございます。今日は、ファミリー衣料の店をご利用の方にお越しいただいて、いろいろと伺っていこうと思いますので、よろしくお願いいたします」

モデレーターは主催者であるグローバルモードや『ハニーディップ』の名前は一切出さずに、進行表に沿って、質問を始めた。

インタビュールームとモニタールーム(手前)

「常務。今回のインタビューは、参加者の発言にバイアスが入らないように、この調査をグローバルモードがやっていることは一切参加者には伝わっていません。あくまで今回の調査会社のアイソップ社が、クライアントの依頼で市場調査をしている、という形をとっています」

高山が小声で説明をした。

「あら、どうしてなの?」

横にいた寺山オヤジが乗り出してきた。

「あのでございますね、グローバルモードがやっている調査だとわかりますと、どうしてもその発言は好意的なものになりがちだからです。常務様のような、お綺麗な方が皆様の前でお話しになると、聞き手側が魅了されるのと同じようなものでございまして、がはは……」

はい、もういいですから……。高山は寺山のジャケットの裾を引っ張り、常務から遠ざけた。夏希常務の頭の上にはクエスチョンマークがいくつも飛んでいた。

最初は、参加者の家族構成の確認から始め、よく行く商業施設、よく使う店、どういう点が好きか嫌いかなど、だんだん細かく微に入る質問に進んでいった。時折、小声で「ほーっ」「なるほどねえ」というつぶやきは聞こえたが、基本的にはモニタールームにいる『ハニーディップ』のメンバーは、まさに固唾《かたず》をのんで参加者の発言に聞き入っていた。

▼酷評

2時間のグループインタビュー時間もあっという間に残り10分となり、最後にモデレーターが袋からブラウスをいくつかとり出した。

「皆さん、では最後の質問ですよ。これから実際の商品を見て、意見を言ってもらいたいと思いまーす」

モデレーターは最初に同業他社の商品を円卓の上に広げて見せた。

「どう、これ？　意見を言ってくださる？」

ひとりが商品に手を伸ばした。

「このラグラン袖のタイプ、私は嫌いじゃないです」

「あたし、この素材は好きだけど、前のところのフリルはもう少し大きくてもいいな」

参加者たちは、それぞれ商品を手に取り、雄弁に自身の好き嫌いを語った。

「では最後にもう一点、これはどうかしら？」

最後に『ハニーディップ』の秋冬の新作のサンプルが取り出された。

参加者の誰も、その商品には手を出さなかった。

「あれ、皆さん。どうしたのかな？　触ってみて、ほら」

モデレーターに促され、ひとりが手に取って眺め、言った。

「何これ……、型落ち？」

ガタタタッ、暗いモニタールームで何かが崩れ落ちたような音が響き、マジックミラーが微かに揺れ、インタビュー会場にいる参加者たちも、音のした方向を見た。

「何が起こったんだ、おい」鬼頭が小声で、音の聞こえたほうに声をかけた。

「大丈夫でございますか？」寺山が駆け寄ると、マジックミラーにかぶりつきでインタビューを見ていたブラウスのデザイナーと中丸が、二人一緒に椅子から転げ落ちていた。

「ショックですぅ……、自信があったのにぃ。立ち直れないですぅ」

蚊の鳴くようなデザイナーの声を聞いて、それでも静かにしていなければいけないモニタールームの中では何人もが笑いをこらえ、まさに『笑ってはいけないモニタールーム』状態となってしまった。

「やっぱ、うちのこれまでの商品企画のやり方には問題あるなあ……」

鬼頭のつぶやきを聴きながら、高山も同じことを感じていた。

解説 戦略論は『魔法の道具』ではない。経営理論という科学分野のひとつである

戦略やマーケティングという言葉が、まるで勝利にいざなう『魔法の道具《ツール》』のように使われる場面をいまだに見かけます。

ただし、その『魔法』を使いこなせる人が少ないとも思われていて、結局、ただ抽象的に『戦略』という言葉が使われている場面が多いのが現実です。

市場戦略論は、数ある経営理論の中のひとつの分野で、言うなれば『市場を年齢別、収入別などの軸で上手に『見える化』して定義し、そこでの競合状況から、ビジネスをうまく展開できる余地や、やり方を見出す』というのが基本的な考え方です。

経営活動を理論化する、つまり『科学する』という挑戦は『現代』になって始まりました。人類が経済活動、そしてそれが進歩して確立されてきた企業という事業単位の活動を、より効果的、効率的にしようという試みから生まれてきたひとつの理論体系化が進んだ分野といえます。

ここで考えていただきたいのは、そもそも世の中はまだ、森羅万象、訳のわからない不思議なものでいっぱいだということです。

はるか昔は、天変地異、風水害や火山の噴火も、神様の怒りやたたりとして説明されてい

ました。それを我々の先達が、いろいろな、調査、実験、検証を重ねて、物理、化学、地学などの様々な科学の分野で、世に起きている事象を説明できるようになってきて今があるわけです。それでも、今でも、この日本に大きな災害をもたらしかねない地震の予知はかなり難易度が高いこととされています。

この科学という『再現性を求めて言葉で説明できるようにする挑戦』に、『現代』になって本格的に挑み始めた対象のひとつが『経営』という分野です。科学が発達して、素晴らしい説明がなされるようになったことで人類が進歩してきたことは間違いありません。まさにそれが、今、経営の世界でも進み始めたわけです。

ただ、例えば医学の世界であっても、今でも、その科学はむしろ加速をしながら進化を続けています。かつてわからなかったことが解明され、ノーベル賞を受賞した山中伸弥氏のiPS細胞などが脚光を浴びるわけです。

よって、我々が認識しておかねばならないことは、**科学は常に未知の領域に挑戦しているわけであり、ゆえに経営においても、今、世の中にある経営理論が、経営の全ての事象を説明しきっているわけではない、**ということが前提にあるということです。**これは、今存在している経営理論が間違っているという意味ではなく、むしろ、『経営に関する一部の法則性については的確に説明している』という表現のほうが正しいと思います。**

またこれは、因果のルール付けをして説明しているわけですから、その因果の適用ができ

る前提が存在しています。地球上での現象が、宇宙空間においては必ずしも再現されないのと同じようなことが起きます。ゆえに、

●戦略論などの経営理論を、盲目的に信じることは絶対にしてはいけない
●経営理論が適用できる、その前提条件、つまり、ＷＨＹと背景を慎重によく考える

ということが必要になります。

また、戦略論はいわば、**『ビジネス展開の余地を見つけ、奪い取る』ための理論**です。まるで狩猟民族のような表現ですが、これは無から有を創造する魔法のようなものではありません。そもそも、戦略論に限らず経営理論は、たしかに画期的なものもありますが、経営の世界を包括的に全て説明できているかというと、まだまだ程遠い感があります。

もし、仮に経営理論が完璧に近いレベルに到達しているとなれば、その理論をプログラムしたロボット、あるいはコンピュータが、経営者やマネジャーに置き換わって、全ての判断をすればいいことになります。

もしそのようなことが現実にあったとして、その光景を想像すると、Ｓｃｉ－Ｆｉ（サイファイ＝サイエンスフィクション）映画だとしても、むしろコメディになってしまうほど滑稽なもののはずです。

しかし、ちょっと考えてみてください。あなたの会社、あるいはあなたのよく知っているどこかの会社の成果主義に偏重した人事評価システムが、それに近い状態になっていませんか？

現実に、多くの企業では数字に縛られた窮屈な環境ができあがっているように思います。「算式に従って計算すると、あなたの業績給、そして定期昇給は、〇〇円」さらに「算式に従い、あなたは今度、職階が上がり、課長に昇格できます……」

いかがでしょうか？

⬇経営論も日々進化する

今から1000年以上前の医療は、今と違って怪しいものととらえられていました。もちろん、そこには、驚愕すべき素晴らしい医術を展開していた人々がいた記録も残されています。

しかし、偉人が存在したその一方で、いい加減な、あるいは医者を名乗る怪しい輩がはびこっていたのも事実でしょう。今から何千年前の古代エジプトでは、恐るべきことに水銀が不死の薬として投与されたこともあったようです。

昔は大金を巻き上げることを目的として、医者を自称する者が、はったりをかましながら医療とは名ばかりの行為を行い、それでもわらにもすがる想いの者たちが、それに騙されて命を失う事例もあったのでしょう。

やがて、世の中がそのような失敗事例を通して学習し、不適切な処置を行う輩が淘汰され、正論が通る状態づくりの尽力が心ある者たちによってなされ、しっかりとした医学の世界が確立されてきたといえます。

経営理論という比較的新しい科学分野もまた、他の科学の分野と同様にまさに今、進化の過程にあります。

それを指導する立場の経営コンサルタントもやはり、様々な輩が存在するのが現実だと言えます。また本人たちには、まったく悪気はなくとも、売上責任を負わされると、売上獲得目的でどうしても自分たちの能力を超えた仕事や、適用のさせ方を十分熟知できていない手法を使ったコンサルティングの仕事を受注してしまうことも、現実にはあるでしょう。

数千年前に不死の薬として水銀を処方した者も、まさか、それで顧客を死に至らしめるとは考えていなかったのでしょう。

この経営理論の領域においても、進化の過程にあるという前提に立ち、企業側は、自らをよく知り、よく考えるという姿勢が必要です。自らよく考えてから行った判断は、しっかりとＰＤＣＡが廻りますから、仮に間違ったとしても、素早く修正が利きます。

なぜ、うまくいかなかったのかを隠ぺいや、他責にすることなく振り返ることによる学習で、企業のレベルが大きく一段上がるわけです。

第3章　市場を攻めるということ

高山は、鬼頭と中丸を連れて三人で、安部野のオフィスを訪ねた。

「どうだった、グループインタビューは？」安部野は三人に向かって尋ねた。

「なんだか体にこびりついていた余分なものを、シャワーを浴びて洗い流してすっきりしたような感じです」

高山の答えに、安部野は黙ってうなずいた。

従来は、顧客の考えていることだけではなく、その行動についても、「おそらく、こうなんだろう」という仮定や想像だけで、様々な判断を行っていたものが、実態となって姿が見えた印象を高山も感じていた。

あの……、鬼頭が話し始めた。

「俺、びっくりしました。お客さんって、本当によく店を見ているなあって。そしてそれぞれの店を比較して、うまく使い分けをしているってことを知りました。繁忙期にはいつも売り場に出ていましたけど、お客さんがあんなこと考えているってことは、わからなかったですね」

「私、ひとつ気が付いたことがあるんです」

中丸がいつものように早口で話を始めた。

「子供の服のことなんですけども、『ハニーディップ』は小学校低学年の女の子の服までを展開しているのですが、お母さんたちは、小学校高学年くらいになると、娘の服を買う店がなくなっているんです」

「それは俺も気が付いた」鬼頭が言った。

「中学生になると平日は制服になるから、こういうカジュアルな服を着る機会はある程度は減るのだが、小学校の中、高学年の層が着たい、気の利いた女の子の服を売っている店がないんだな」

「そうなの。だから、みんな『モノクロ』でそっけない服を買って着ているのよね」

「そろそろ、可愛い服が着たくなる年頃だもんな。もう少し、選べる店がないとかわいそうだよな」

中丸はひょっとこのような口をして、何かを考えている様子だった。

「安部野さん。質問があります」中丸が尋ねた。

「何かな?」

「私、この小学校3年生くらいから上の、女の子向けのブランドってやれそうな気がするんですけど。その場合、事業のフィージビリティスタディって、どうやったらいいですか?」

「おい、日本語でしゃべれよ。おめえよ」鬼頭が突っ込んだ。

図表08　戦略マップ①市場：年齢×テイスト

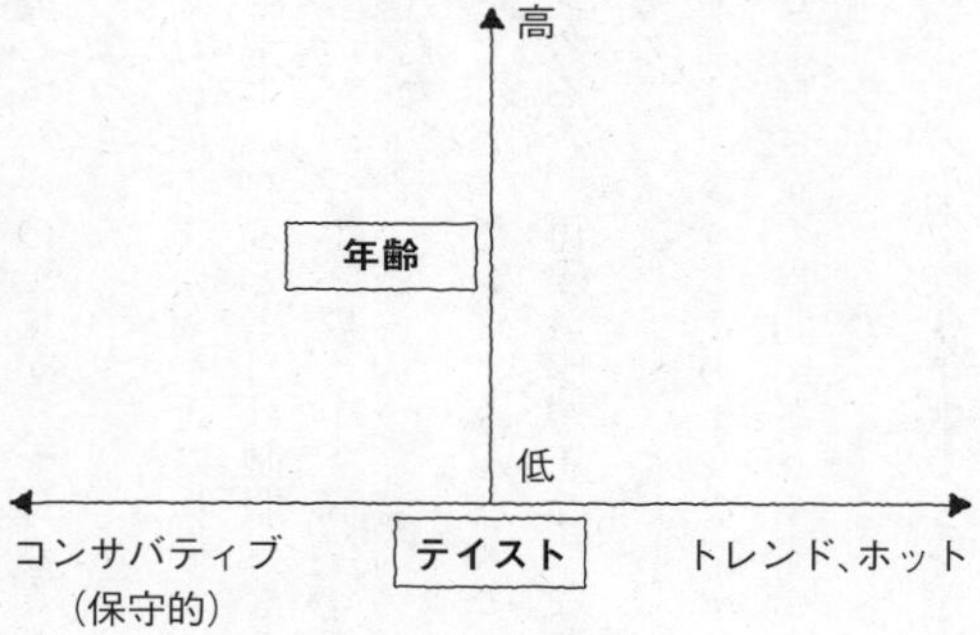

「あっ、ごめん。事業性の検証って、どうやって進めたらいいのかって質問」

うむ、安部野はノートパッドに描き始めた。

「新市場の発見、検証っていうのは、必ずしも、全てロジックだけで完結できるものではないのだが、君たちのようなファッションビジネスにおいては、このような検証の仕方がある」

安部野は、二つの軸を描き込んだ
「このチャートでは、縦軸が年齢で、上に行くほど年齢が高くなる。横軸をテイストとして、ここでは仮に、左に行くほどコンサバティブ、つまり保守的。そして右に行くほどホット、トレンドとしてみる」（図表08）

「安部野さん、それって、マーケットセグメンテーションですか？」中丸が聞いた。

「おめえ、日本語しゃべれって、言ってんじゃねえかよ」鬼頭が再び言った。

「彼女が言ったのは、一般的に言う市場細分化のことだ。その通り。ただ、ここで質問だ。ここに描いたのは、市場を表したものなのか、あるいは事業を表したものなのか、どちらだと思う？」

三人の頭の上には、明らかにクエスチョンマークが飛び交っていた。

「無理もない。まず今描いた軸の上に、『ハニーディップ』を含めて、日本の市場における周辺の主要ブランドを書き込んでいけばいいのだが」

当惑した顔の三人を見て、安部野は言った。

「ならば事業視点から、このポジショニングマップの使い方を、例を挙げて説明する。君たちは、米国でかつてアパレル小売業を席巻したリミテッド社によって買収後、メジャーになっていった『アバクロンビー＆フィッチ（A＆F）』、日本での通称、アバクロは知っているだろう？」

「もちろんです」

中丸が言い、鬼頭もうなずいた。

「今から二十数年前にリミテッド社が買収した時には、既にアウトドアカジュアルとして、ポジショニングは確立されていた。当時は、米国のエディー・バウアーの少し上の価格帯のポジショニングだったな。彼らはまず、中丸さんが今、言ったようなジュニア向けの別業態、『アバクロンビー』を作ったが、大して店舗数は増えなかった」

「あたし、それ、アメリカのショッピングセンターでよく行きました。あたしにはちょうど

図表09　戦略マップ①市場：年齢×テイスト（A&F、アバクロンビー）

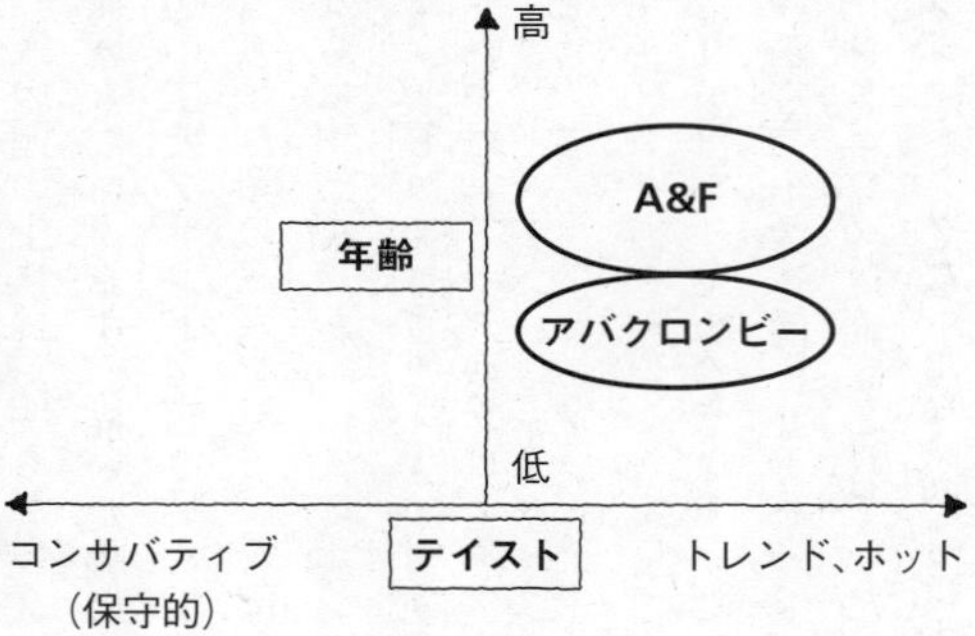

いいサイズだったんで。えへへ」中丸は言った。

「でも、どうして、店舗数が増えなかったのですか？」

高山が聞いた。

「アバクロはそもそも、当時からチェーンストアとしては高めの価格帯で展開していた。そのデザイン、価格帯を踏襲した『アバクロンビー』は、ジュニア市場向けにはやや高めだったからだろうな。成長過程にある子供向けのジュニア服は、すぐに着られなくなってしまうわけだから」

中丸は「あっそうか。だからこのマーケット、価格帯って重要なんだ」と言った。

安部野は、ノートパッドに、『A&F』と『アバクロンビー』を書き込んだ（図表09）。

「アバクロは、その独自のポジショニングゆえに米国の大型商圏型のショッピングセンターにどんどん展開することができた。存在感もあった」

安部野はノートパッドをめくり、今度は縦軸を価格

図表10　戦略マップ②事業：価格×テイスト（A&F、AEO）

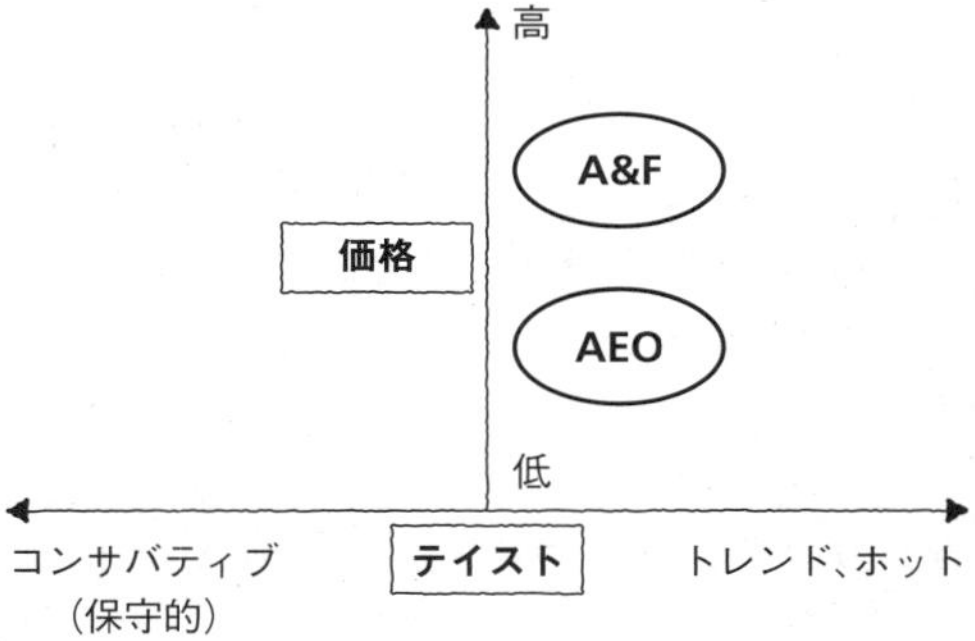

に変えて新たな軸を描いた。

「ところが、ここで『アメリカン・イーグル・アウトフィッターズ（AEO）』が、勝ちパターンを模索する過程を経て、ある時、明らかにアバクロに追随するポジションをとってきた」

安部野は、下側の円の中に『AEO』と書いた（図表10）。

「AEOは、アバクロの企画路線の商品をアバクロよりも、シャツならば20ドルほど安く、いわゆる価格をくぐって展開し始めた。そして、アバクロが成功している立地、例えばサンフランシスコショッピングセンターの、まさに真向かいなどに出店を進めた」

「そりゃまた、えらく攻撃的ですね」鬼頭が言った。

「もちろん価格が高い分、アバクロの商品のほうが素材の良さなどは上だった。しかし価格の安さは強い。あっという間にアバクロはAEOにシェアを奪われ、既存店前年比は80％程度まで悪化して長期にわたり苦

図表11　戦略マップ②事業：価格×テイスト（A&F、AEO（改））

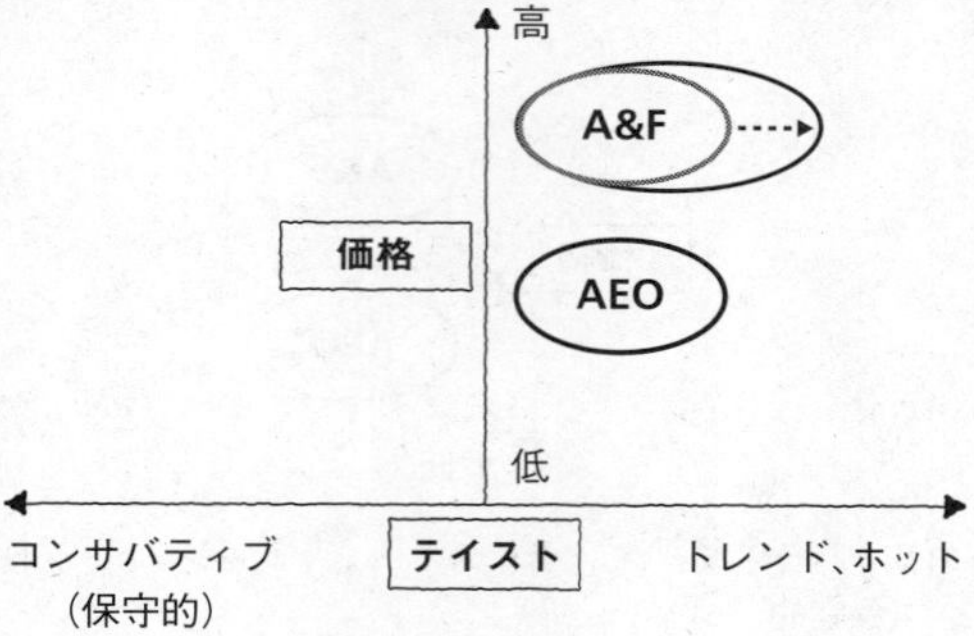

しんだ」

「既存店前年比の数字はこの間までのうちと一緒じゃん」中丸は言った。

「で、アバクロは、どうやって戦ったのですか？」

鬼頭は尋ねた。

「うん。彼らは、いわゆる商品の差別化に取り組んだ。西海岸のカレッジの若者たちのチームを作り、サウンディングボード、つまり**商品企画に対して意見を言ってくれるチームを作って、商品サンプルに対しての意見を反映させた商品を作り上げていった**と言われている」

安部野は右側に拡げた円を描き込んだ（図表11）。

「言ってみれば、それもマーケティングの手法のひとつっていえますよね。お客さんの意見を聴こうっていうのはうちの会社でも以前やったことありますけど、なんかうまくやれないんですよね」

「ただやればいいっていうものではない。だいたい、

ビジネスにおける施策というものは、それをやったか否かではなく、調整も施しながら、精度高く行えたかで成否が決まるものだ」

それ、全ての成功の真相っていえるかも……、中丸がぼそっと言った。

「この場合は、彼ら若者の発する言葉の意味合いを、的確に掴みとれる能力をアバクロが持っていたということだ」

「具体的には何が違うんですか」高山が聞いた。

「発された言葉からの、適切な意味合いの抽出力なのだが。むしろ、その意味合いの読み取り方を方法論として組み立てて、そして改善していく力を持っている、と言うべきかな」

あ、ＰＤＣＡのことだ、高山は思った。

「でも、発言の解釈って、人によってかなり変わったりするでしょ？」

「その通り。発言からの意味合い抽出そのものの精度を上げ続けていかねばならないわけだ」

「その『精度を上げる』っていうのは、どういうことなんですかね？」

鬼頭は皆が聴きたい点を突いた。

「たとえば、もっとクールに格好良く、と言われても、具体的に素材、色、デザインをどうしてほしいのかを明らかにしなければいけない。聞きたい与件を聞き出す技術。そしてそれを翻訳して具体的な商品に落とし込んでいく技術なんだろうな。そこの部分のレベルを上げていくことだな。ちなみに最近は万事において、このプロセスの精度を上げることに注力せずに、『やっといて、それ』と丸投げ状態になっている日本企業が増えたように思う。『業務精度を上げる』ためには、実施しながらもPDCAを廻す、ということかな」

やっぱりPDCAだ、高山は一人でしたり顔だった。

「PDCAって、あたし、習ったことがある。TQCのエドワーズ・デミング博士が言ってたやつでしょ。日本でデミングサイクルって言うんじゃなかったっけ？」中丸が嬉しそうに言った。

「よく知っているね、その通り。**マネジメントサイクル**と言う人もいる。このような『組織を正しく機能させるための手順論であり方法論』、トヨタ系の企業では、大きくとらえて『しくみ』とも呼ばれることがあるが、**多くの企業は、まだこの重要さを十分にはわかっていない。いわば『理にかなった実践の組み立て』を軽視している、というところかな。アパレル企業だけではなく、企業が成功するかどうかは、ここが明暗を分けていると思うな**」

「そうなんですか？　俺、優れた会社っていうのは、戦略がいいから成功しているんだと思ってました」

「**戦略とかマーケティングなんていうのは、なんだか魔法の経営手法のように聞こえるし、ファンタジー、つまり幻想を含んだマジックワードのように使われがちだが、戦略なんて、どんなにしっかり作っても、単に精度の高い初期仮説にすぎない**」

「大胆に言い切りますねえ。でも、そうかも」中丸は言った。

「世の中のトップクラスの優良企業を見てみたらいい。米国のウォルマートはどの小売業よりも実践力が優れていると主要取引先企業から評価されている。日本ではトヨタ自動車もそうだろう？」

「安部野さん、ここで言う実践力って、具体的には何ですか？」高山が尋ねた。

「いい質問だ。**ただ、がむしゃらに実行する馬力のことを実践力だと取り違えてはいけない**」

「えっ、違うんですか？」鬼頭が言った。

「明らかに違う。ただ『やる』だけであれば、強いて言うならば『行動力』とか『突進力』という言葉だな。だいたい、当初考えたプラン通りにそのまま実施してうまくいくなんてことは、そもそもあり得ないだろう」

「そういうもんですか？　そもそも俺たちのプラニングがいい加減なせいかと思っていましたが」

「君は今、いいポイントを言っている。初めのプラニングの精度はとても重要だ。この良し悪しで、その後に大きな差が出るのは間違いない。その上で、きちっと実践できるということは、結果に向かっての舵取りもできているはずだ。つまり実行しながらも、常にＰＤＣＡが廻っている、つまりより大きな成功に向けての方向修正がなされていると捉えるべきだ」

「ってことは、実践力はＰＤＣＡ力ってことですか？」

鬼頭は顎を突き出し、首を傾げた。

「PDCAによって精度が上がる組織の智恵、すなわち、『自信』を伴った、ことの因果の集積が実践力という表現が適切かな。ま、言い方を換えれば、**PDCAの能力、つまり、結果を検証して学習する能力なくして、成功に向けた実践は不可能だと思うが、どうだ?**」

「あたしもその通りだと思います」

ほんとにわかってんのか、鬼頭がしたり顔の中丸を肘でつついた。

「仮に、**当初のプランが精緻にできているとしてもだ、状況を見ながらの調整がないならば、危険極まりないものだ。言ってみれば、トラックの運転手がハンドルを固定し、さらに目隠しをして、アクセルを思いっきり踏み込んでいるようなものだろう?**」

「安部野さん、今の表現は極端ですけど、俺にもよくわかりますよ」

「アバクロの場合も、ターゲットユーザーの意見を取り入れるための、精度の高い『しくみ』をつくろうという意思があったのだと思う。やり方を改善するPDCAを廻して、若者たちの意見を取り込みながら商品の企画精度を高めていったのだろう。アバクロでも、それなりのレベルの人材が、この方法論を築き上げたのだと思うな」

「安部野さんが言われた、『しくみ』ってやつですね」

「ああ。そして、大胆な施策を次々と当てていった。結果、ぼくの知っている限り、アメリカの大手のチェーン店舗で初めて破れたデニムを大々的に店頭に並べて売ったのはアバクロだ」

「でもこんな大きなチェーン店が、最初に破れたデニムを店頭に並べる時は、勇気が要ったでしょうね」鬼頭は笑った。

「結果として、みんなが知っている今の『アバクロンビー＆フィッチ』が確立されたわけだ。当時は、彼らの商品をカレッジの学生モデルが着た写真集、『A&F Quaterly』を定期的に店頭に置き、これが300ページほどのボリュームながら、価格も6ドルと手頃で、よく売れていた。いわばライフスタイルブックだな」

「へー、それって、本の販売で儲けようとはしてませんね」

「そうだな。代金を払ってでも欲しくなる、カタログ機能もあるスタイルブック、という感じかな」

「本当に格好よかったんだろうな。でも、すごいですね。そういう展開って」鬼頭が言った。

「そしてその後、今から十数年前だが、彼らはアバクロよりさらに上の価格帯の『ルールナンバー925（Ruehl No.925）』、通称、ルール。そして下の価格帯の『ホリスター・カンパニー（Hollister Co.）』通称、ホリスターを立ち上げた。かつてGAPが価格帯の上下に、アメリカンテイストのシティカジュアルのバナナ・リパブリックとオールド・ネイビーを展開したのと同じ、価格帯の上下へ拡げる考え方だな。結局、ルールのほうはうまくいかなかったけれども、今は、ホリスターはアバクロよりも元気がいいくらいだし、これによって、AEOを下側に押さえつけ、その成長の頭を叩くことにも成功した」

図表12　戦略マップ②事業：価格×テイスト（A&Fの業態展開）

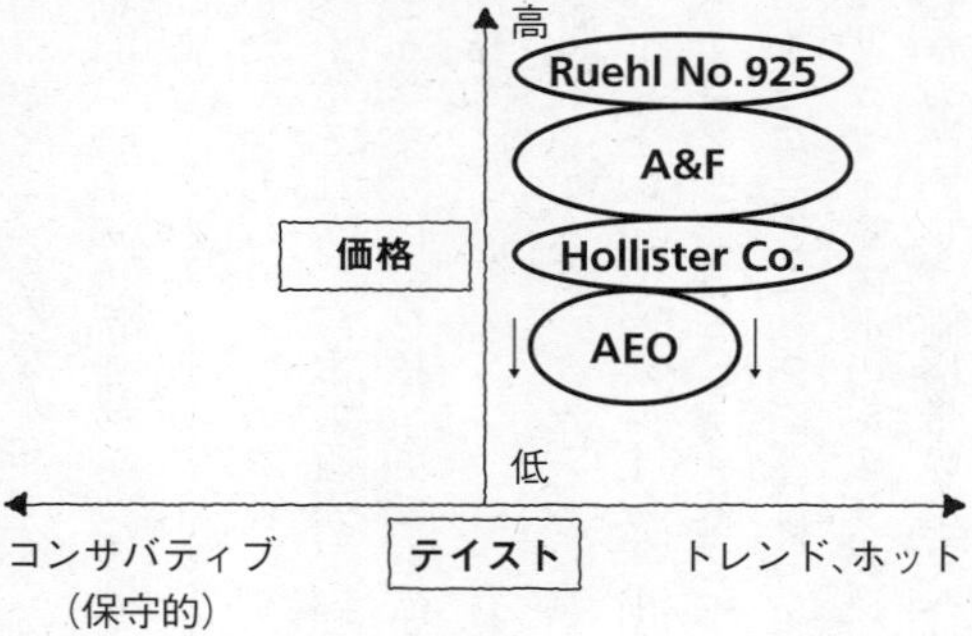

「そのルールっていうブランドは、なぜうまく行かなかったのですか？」

高山が好奇心いっぱいに聞いた。

「うむ。『より品質の高い、ひとつ格上のアバクロ』を目指したのだが、うまくポジショニングが取れなかった。ひとつ格上のアバクロを顧客に訴求する形をつくろうとしたのだが、どうするのかを模索している時に２００８年のリーマンショックがあり、実験を続けることを断念したようだ」

「市場が喜ぶ形に至るまで、ＰＤＣＡを廻し続けられなかったのですね」

「素材や仕様をひとつ格上にしようとしていたが、僕が手にしたルールの商品はどれもやけに重かったなあ」

安部野は言った。

「どういうことですか？」高山は聞いた。

「多分、単純にいい素材にしたんだろう。アウターなども厚い、いい中綿素材を使ったのだろうな」

鬼頭が、あーっと言って口を挟んできた。

「一般的に、いい素材って、目の詰まった織りをするから重くなるんだ。いくら、ものを良くして風合いや防寒機能が向上しても、衣料が極端に重くなったら、意味ねえよな」

「そういうことなんだ。エコノミック・ヴァリュー・フォー・カスタマーズ、ＥＶＣ(Economic Value for Customers)という概念がある。簡単に言えば、お客さんが認める価値、ここでは経済的な価値と言っているわけだが、これを市場が喜ぶ形にしっかり具現化させないと、成功とはいかないわけだ」

「でも、今の話ってダイナミックな戦いですねえ」鬼頭が言った。

「確かに、ダイナミックな攻防であるし……」中丸が話しはじめた。

「これって、安部野さんが言われたＰＤＣＡを廻しながら、ポジショニングも変化させているわけですよね」

ほう、安部野は中丸の発言に感心したようだった。

「そもそも、**全ての事業において、ＰＤＣＡの精度とスピードが重要なのは間違いない。それによって、事業の戦略的な位置づけも変わっていくものだ。特に、小売業、ファッション業の場合は、戦略として定義されるものが業態、つまり店という形で具現化されることになる。必要に応じて、いかに素早く、戦略、つまり業態を変化、最適化させられたかどうかで、より優位な位置に立てたかという成否が分かれることになる**」

なるほど……、三人はうなずいた。

「今、このマップを使ってアバクロの攻防を説明したわけだ。ファッションビジネスのように、感性という要素が重視されるビジネスにおいては、どうしても、全てを数値化したデータでの議論は難しい。でも、このように、軸を定めたマップの上に描くと、少なくとも『自分たちの事業はどの市場でビジネスをしているのか』『競合他社との関係はどうなっているのか』を議論することができる」

「これも『見える化』ですね」高山が言った。

「ここまでの話は、事業のポジショニングだが、次にその事業でどれだけの売上、つまり市場規模をとれているかを見る必要がある」

「それが、安部野さんが先ほど言われた、市場か事業かという話ですか？」高山が聞いた。

「そうだ。同じような軸で、今度は市場、つまり購買客がどこにいるのかを描くことができる」

「そうか、提供する側を事業と考えれば、お金を払う側の市場があるものね」

中丸が言った。

「例えば、年齢×テイストの市場を表すマップに、どういう客層がいるかを描くことはできる。これが市場のセグメントになるのだが、ここに実際の年齢分布や経済力を加味すれば、潜在的に取れる売上、つまり市場規模が、ある程度わかる」

「そうやって考えればいいんだ」高山はつぶやいた。

「ああ、このように考えれば、本来は市場があるはずのところにぶつけるブランドがきちっと存在しているかどうかを確認することができる」

「あのお、これを見ていて気が付いたんですが、このポジショニングの認識って、個人によって微妙にずれがあるような気がします」

安部野の話を聞いていた中丸が言った。

「俺もそう思うな。ちょっと中丸さんさ、『ハニーディップ』のポジショニングを描いてみて」

鬼頭に促されて中丸は円を描き入れた。

「やっぱりな。今、中丸さんが描いた『ハニーディップ』のポジショニングは、俺の思っていたのとも少し違う」

「この円のポジショニングがもし、商品企画者、デザイナーやバイヤーごとにずれていたら、そりゃあ、商品の企画意図も食い違ってくるよね」

「その通りだな」

「ぼく、これ作ってみます」高山は答えた。

「君たちは、会社に戻って中丸さんの言った新しいポジショニングのブランドの議論をするのだろうし、今回のグループインタビューの結果をまとめながら、戦略の議論を始めると思うが」

三人は安部野の話に集中して聞き入っていた。

「戦略というのは、言ってみれば、この道をたどれば、こんな宝物、つまりゴールにたどり着ける、というシナリオだ。選ぶ道、つまり戦略によって、道を進む難易度が変わり、得られる宝物の大きさも価値も、大きく変わる」

「その表現はわかります」中丸が言った。

「でも、それはあくまでプランと呼ばれる仮説だ。自分たちがその道を進む能力と技術を持っていなければ、進むことさえままならぬ。また、その道は君たちには未知のものでもある。君たちが想定していなかったことが起きるのは当たり前だ。その、いわゆる『想定外』のことに対応できる能力を持っていないならば、その道を進むに値しないわけだ」

「事業の話だけとは思えないですね。何か『想定外』っていう言葉を連発していたところもありましたよね」

鬼頭のコメントに安部野は声を出さずに笑った。

▼ロジカルな表現は、実態をある角度から見たもの

「もうひとつ、ここで重要なのは、PDCAを廻しながら、誰が執念を燃やしてその戦略を実践するのかということだ。一見、論理的に組み立てられている戦略も、実行してみると様々な読み外しが明らかになっていくという現実がある。僕に言わせれば、**グラフ化されたチャートしかり、言葉なり、ロジックツリーで表現された戦略と称するものは、『市場や事業の実態』をある角度から眺めて、論理的に人に伝わる状態にして表現したものにすぎない**ということだ」

「といいますと?」

「ロジックやチャートにより『見える化』され、それを通して実体化された市場や事業。つまり、ロジックという作法によって『見ることができるようになったもの』であり、その向こう側にある実像を見透して、その先にある実態をとらえているか、ということだ」

んー、なんだか難しいな、鬼頭と中丸は声をあわせるように言った。

「まあ、簡単に言えば、レントゲンで体を見たようなものかな」

あ、それならわかる、と中丸は嬉しそうに言った。

「ただし、そこにあるのは静的なものではない。自社の組織や競合が作用しあう連鎖もおきる。特に打ち手を検討する時に、それらも含めたイメージをできるかということだ」

「イメージ……ですか」鬼頭はつぶやくように言った。

「ああ。的確にイメージを持てた者のみが、正しく舵取りの判断ができることになる」

「誰が、そのリアルな舵取りを行う責任者なのかってことですか」

「そうだな。その責任者は、自分の言葉で、動いてくれる部下や予算の責任者である上長に語れねばならない。特に実践における担当者は、それについて、因果も含めて理解をしていなければ『何がどう作用するのか』を読んだ上での、その場その場での自律的な舵取りの際の判断などできるものではない」

んー、鬼頭は天を仰ぎ、そうかぁ、なるほどなあと言った。

「つまり、誰がやるんだ！　って、ことだ」

「あんたでしょ！　ってことだよ。きゃはっ」

鬼頭と中丸は、掛け合いをしてじゃれていた。

「誰かが知力と気力の限りを尽くして、勝ち抜くやり方を考え続け、因果の筋を通し、実行しながら修正もしていかねばならないということだ。『成功した創業者』のように」

なるほど、高山は思っていた。

「もう一度言っておく。初期仮説である戦略を実行して成功させるためには、PDCAを精度高く、スピードを上げて廻す実践力を高めることがいかに重要かということを十分に認識するように」

三人は神妙に、テーブルの上に散らばっている、安部野の描いた何枚かのチャートを見続けていた。

安部野のオフィスからの帰途、もう辺りが暗くなったJR荻窪駅のホームで電車を待ちながら、三人は話を続けていた。

「さっきの安部野さんの話でさ、PDCAを廻すべきというのは、本当にその通りだよな」

鬼頭が言った。

「そう。うちの商品部の今の週次のMD（マーチャンダイザー）会議って、一所懸命に発表してはくれるんだけど、聞いていてそれが正しい判断なのかが、いまいちよくわからないんだよね」

中丸も同感という様子だった。

▼MD会議の改善

「週次のMD会議は、カテゴリーごとに色や形、スタイルのバランスを見た店舗の在庫状況の過不足を、きちっと発表してもらって、追加発注と売り切りの判断を発表してもらうのが基本でいいんですよね？」

「基本はそういう話だが、それだけじゃない。レディースファッションでは、それ以上の判断が必要になる。外した商品については商品の消化の状況を見て、タイムリーに売り切りの判断をすることは必須だが、これはリスクをとって仕入れをしている小売業ならばどこでも同じだ。俺たちの勝負は、見えていなかった需要を、期中に掴《つか》みとれるかどうか……。つまり、その季節の始まる前に読んでいたキーワード以外に、期中に現れたキーワードをいち早く把握できるかどうかなんだ」

これ、安部野さんと話をしたマーケティングの話と同じだ、高山は思った。

「その、期中に現れるキーワードって、どういうものなのですか」

「例えば、この間の『きれいめカジュアル』ってのは、季節の前から、すでにトレンドとしてわかっていたキーワードだ。このキーワードに沿って、デザイナーはデザインを起こして、コレクションを完成させる。ところが期中に、実際の上位にある売れ筋商品を見ていくと、そこに俺たちが読んでいなかった、売れ筋商品に共通するキーワードが見つかるものなんだ」

「例えば、どういうものですか」高山はさらに聞いた。

「最近だと、『チュニック丈』のワンピース。ショートブーツにつける『ラインストーンベンソン』なんていうのがあったな」

「今年の夏のキャミソールでさ。『エロキャミ』ってのもあったよ」

「何それ?」高山は眉をひそめて中丸を見た。

「このキーワードはネーミングが男目線なんだけど、すこーしだけセクシーに見せる感じのキャミソールでね。結構流行ったんだよ。あたしだったら、セクキャミって名付けるけど、いひひ……」中丸は高山を見返した。

「今出たキーワードは、期の初めにはボリュームになるとは読めていなかったアイデアだ。

もちろん、こういうのは面白い、当たるのではないかっていうアイデアをデザイナーたちが形にするんだけど、実際にそれにどのくらい市場が反応するかなんて、やってみなければわからない。『エロキャミ』なんかは、早い段階でわかったから、早めに手が打てた。つまり期中に新しいキーワードがわかれば、そのキーワードを入れた商品を期中に企画したり、あるいは仕入れて店に投入できる。だから、大きな売上をつくっていくために、これはすごく重要なんだ」

「でもさ、当たるかどうか自信が持てていないなら、期初に決めた発注量はおさえているはずでしょ？　そしたら、もし当たっても一瞬で売り場から無くなって終わりになるから、下手したら見逃すこともありうるんじゃないの？」

「そうなんだ。さっきも中丸が言った、バイヤー本人以外には『よく見えない』怖さが、ここにある。そもそも今の週次のMD会議で使っている発表資料は、キーワード抽出を行うために、わからなければならない商品の売れる力、つまり『単品の強さ』がわかりやすく見えるものにはなっていないんだな」

「あたしたちの見る帳票って週単位だけど、『単品の強さ』って週の売上だけ見ててもダメだよね。週の途中で在庫がなくなれば、売上が立たないし」

「そう。例えば店で欠品が起きはじめたら、もう売上はにぶってくる。そういう意味じゃ、店に投入したその週に、日単位で売れていく勢いを見なければいけない」

そうか……、鬼頭と中丸のやり取りを聞いていた高山が言った。「商品を投入してからの『売れる角度』を日単位で見なければいけないんだ」

「ああ、商品が店に並んでから、1日あたり何枚売れているか。この角度の強さの上位にある商品を明らかにした上で、単品を写真か現物でなぜ売れているのかを確認しなければ、キーワードなんて拾えないってことだ」

うーん、高山は考えていた。「今の週次の商品部の発表帳票は、その角度がわかるようにはなっていませんよね……」

「この数値はバイヤー任せにするだけではなく、客観的にも確認できるようにしたほうがいいな」

「データベースに情報はありますから、帳票さえ用意できればいいわけですよね」

「ああ、うちのデータベースは、プラットフォームとしては使いやすくなっているので、そこは大丈夫だ」

この話ってさ……、中丸が口を尖らせながら言った。「マーケティングの話だよね？」

「ぼくもそう思うんだ。日々のマーケティングって、うちのビジネスでは商品部が行うことになるはずなんだ」

「確かに日々のMD業務って、顧客のニーズを明らかにすることだし、それを深掘りすることだから、その基本にあるのはマーケティングの基本動作だよね」

「で、高山さんが、さっきの安部野さんの話にあった、組織をきちっと動かすイメージをする責任者を買って出るってことか」

「安部野さんの話に沿って言えば、そうなりますかね」

なるほど、具体的にはこういうことか……、鬼頭は感心したように言った。

「今の商品部が使っている報告帳票を踏まえて、ぼくがたたき台になるプランをまとめてみます。明日の朝、見てもらえませんか？」

「プランを作ってくれるのか、そりゃ、ありがたいな」鬼頭が言った。

「じゃあ、これから作業をするので、ぼくは総武線で千駄ケ谷に戻ります」

高山は二人をホームに残して、入線してきた総武線に乗り込んだ。

∨営業会議の問題点

翌朝三人は、ＭＤの週次会議の会議体の組み立てなおしの打ち合わせのために集まっていた。

「一応、これを考えてきました。話の叩き台になると思うのですが……」高山は、帳票の説明を始めた。

「基本的には、毎週の実施事項について、『前週は何をやったか』『その結果はどうであったか』『それを踏まえて今週は何をするのか』の判断を各商品担当が発表するようにしました」

「これは前週から今週に跨《また》ぐPDCAをわかりやすくする工夫だな。なるほどな」

「それから『キーワード』の抽出のための、単品の力を見る新しい帳票です。布帛《ふはく》シャツとかのアイテム単位で、『売れる角度』として、1日あたり何枚売れているかを多い順に単品を並べて、その横にデザインの時の『豆絵』をそれぞれ添えます」

「うむ、こんな感じの帳票があれば、単品の強さがわかって、キーワードは拾いやすいな」

鬼頭は言った。

「この帳票を考えながら、バイヤーの作業する時間と段取りをイメージしていくと、やはり、会議体とそこで使う帳票全ての基本骨格、そして少なくとも、週次の業務フローは定めないといけないと思うんです」

「今は、それぞれのアイテムのバイヤーが、月曜日の朝一番から前週末の数字を分析して、火曜日の会議に臨む、か。今でも大体そうだけど、みんなバラバラに我流のエクセルのシートを使って、先週の振り返りと今週の対応を発表しているだけだから、わかりにくいよな」

鬼頭が高山の資料を見ながら言った。

「あと、業務フローの案も考えなければ。鬼頭さん、知恵を貸してもらえませんか」

「おう、俺も手伝う」

そう言ってから鬼頭は、少し考えるそぶりを見せた。

「ここまでやるんだから……、悪化してきている製品の値入れについても今、見直したほうがいいな」

「値入れって何？」

中丸が無邪気な表情で尋ねた。

「おめえ、商品企画をやってるくせに、値入れを知らねえのか。最初の段階でどれだけ粗利益を仕入れ価格に乗せるかってことだけど。ま、今のは、簡単に言うと、売値をつける時の最初の粗利益率をもっと改善できるんじゃないかってことだ」

「それならわかる。でもさ、うちって、仕入れ先がやたらに多くない？」

「ぼくも、そのことは気になっていたのですが」高山も、中丸に向かって言った。

「この間、商品部の人と話をしていたんだけど、以前、常務から『とにかくもっと粗利益が取れる取引先を探しなさい』って指示が出て、仕入れ担当が利益の取れる新しい取引先を探し、結果、取引先の数が増えてしまったっていう話を聞きました」

「そう。新しい取引先が増えて、実は品質問題の発生も収拾がつかない状況が常態化しているんだ。今となっては、粗利益率を改善するためにも取引先を集約して発注量をまとめたほうが、いい条件を引き出せるはずだ」

「それって、絶対にやるべきだよね」

「俺、取引先を1社ずつ洗ってみる」

鬼頭は、ノートに書き留めた。

「あのさ、あたし気になっているんだけど」中丸が口を挟んだ。

「確かにMDも課題があるんだけど、この間ね、営業の会議に出てみたのだけどね……」

「おう、その話か」鬼頭がすかさず言った。

「とにかく、ひどいんだわ。営業マネジャーが、現場や店頭で聞いてきたような話を、羅列して書いたものを読み上げるだけ。その週に何の課題に取り組んだのかが全然わからないの」

「うちの営業って、ずっと、その調子なんだよな」

「なんかねえ、マネジャーによる『エッセイの朗読会』って感じなんだよねえ」

中丸は口を尖らした。

「なんだ、それ」鬼頭が興味津々という様子で聞いた。

「だって、自分のしゃべりたいことをしゃべっているだけだもの。面白いエピソードを差し込む人もいて、たまに笑いを取ったりするけど。マネジャーがその週にどのような価値のある仕事をしたのかはわからない発表ばかりだもの。せいぜい、指導しますとか、がんばりますって報告が結ばれれば、雰囲気良く締めくくれるって感じ」

そりゃあその通りだな、と鬼頭は頭を掻いた。

「なぜ、そんなことになってしまっているのですか？」高山が聞いた。

鬼頭がため息をついて、話をはじめた。

「実は何年か前までは、うちは全社的に営業に厳しい会社だったんだ。毎週の営業会議でマネジャーは席を成績順に座らされて、計画未達成の理由とかを発表させられていたんだ」

「へー、昔は、けっこう厳しかったんだね」中丸が言った。

「でもある時、副社長が『結果がどうあれ、みんな頑張ったんだから、全員褒めてあげようよ』って言い出した。そうしたら、当時営業全般を見ることになったばかりの夏希常務が、週次の数字についての発表を一切なくしてしまったんだ」

「夏希常務が？」高山が聞き返した。

そうなんだ、鬼頭が言うと、高山と中丸は顔を見合わせた。

「そもそも、副社長の言ったことと、数字が達成できなかった理由の追及をやめてしまうこととは話が別じゃん」中丸が言った。

「中丸先生のおっしゃる通りなんだけどさ。それ以来、うちの営業の会議って、毎週、何やってんのか、よくわからなくなっちまった。遊んでるわけじゃないと思うが、それ以来『こうすべき』『こうしたらどうだ』っていう、上からのディレクションやアドバイスもなくなって、各々が自己流のやり方をするようになって、放置状態になっちまったんだよな」

鬼頭はしかめっ面で言った。

「そこも直さないといけないんだな」

高山も改めて真剣な表情で考え込んだ。

ノックの音がして、夏希常務が入ってきた。

「三人とも頑張っているわね。ご苦労様」

三人があわてて場を取り繕っている中、中央の椅子に夏希常務は笑顔で座った。

「社長からね、今度の本社の経営会議で、今進めている市場調査の進捗状況について発表するようにって、お話があったの。それから、あの、なんて言ったかしら……、風船大作戦だったかしら、もう、忘れたけど。あの報告もしてほしいとおっしゃっていたので頼むわね」

さらにグループインタビューに関しては、結果の発表前に自分のところに来て説明するように指示をして、夏希常務は去っていった。

「社長は興味示してくれているんだ」

「まあ、それはいいんだけどな」鬼頭は、満足げな笑顔を見せる高山の単純な反応に、懸念を感じているようだった。

「常務、余計なことを画策していなければいいんだけどな」

「そうなんだよねえ。昔から、裏で何かをやりだすと加減がない人だからなあ」

中丸も不安そうな表情をしていた。

▼経営会議

経営会議には、社長、副社長をはじめとする全役員と、主要ブランドの責任者、総勢三十人ほどが出席していた。高山は、鬼頭と共に発表のためのPCのセッティングをしていた。高山の発表は、冒頭一番手だった。まず、風船大作戦の企画の趣旨、現場の写真、そしてその結果の推移などを折れ線で描いたスライドで示して発表を進めていった。

田村社長、副社長の二人とも、高山の発表内容を満足げに聞いていた。

社長の近くに座っていた専務の山川正憲も、「風船大作戦って面白いですねえ。ねえ、社長……」とぼそっと言った。

「風船大作戦では、今期の春夏の在庫の消化が進んだだけでなく、前期までの積み残していた在庫についても、消化を進めることができました」

「うん、いいねえ」社長はひとりで悦に入っていた。

「ちょっといいですか」ひとりの白髪で初老の出席者が手を挙げた。

「この風船大作戦で、集客が増えたと思うのですが、その増えたお客さんは、新規のお客さんなのですか。それとも既存のお客さんですか？」

あまりにまっとうな質問に、高山は気持ちが高揚した。

「今回の風船大作戦は、セール期間中に行っています。セール期間中は、プロパーの時期に対しては客層が変化します。今回は風船を欲しがるお子さん連れのお母さんが増えていますので、おそらく『ハニーディップ』を知っていても、入店したことのなかった新規のお客様も含まれていると思われます」

高山に続いて、鬼頭も話し始めた。

「ショッピングセンターは、比較的最寄りのお客様が、頻度高く来ている商業施設ですから、全く入店されたことのないお客様は少ないと思うんです。でも、しばらく店からは遠ざかっていたお客様が、風船大作戦がきっかけになって入店され、頻度顧客化、つまり、より多く来店してもらえるようになることは十分考えられると思います。また、特に夕方は、仕事帰りのOLも、店がにぎわっている様子を見て、入店されていました。この客層には完全な新規顧客も多かったと思います」

なるほどね、ありがとう、白髪の男性は、満足した顔で質問を終えた。

「でも、いくら客数が増えても、バーゲンハンターばかり来ても、しょうがないでしょ」

この夏希常務の発言には、えーっとですねぇ、と高山が答えはじめた。

「単独店舗の場合、そういうのもあるかもしれません。でもショッピングセンターに出店している『ハニーディップ』の場合、店の前を歩いている主婦、OLは、ほとんど全てが対象顧客になっていると思うんです。異様に高い価格帯の商品を展開しているわけでもありませんし。なので、仮に疎遠になっていたお客様が、店に入るきっかけを作るというのは意味があると思うんです」

「バーゲンハンターかどうかなんてことは考えなくてもいいんじゃないか、ということですねえ」白髪の男性はうなずいた。

このやり取りに、田村社長は満足そうだった。

会議進行の事務局から、5分間の休憩が告げられた。

「鬼頭さん。今、質問されたのはどなた？」

「あの人は、亡くなられた会長の時からずっと経営陣にいる、大石相談役だ。うちにしちゃ、珍しくまっとうな人で、純粋に会社を良くしたいと思っている数少ない善人だな。穏やかな人だけどさ。結構、鋭いんだ。好奇心も強くてね」

ふーん、そんな人もいるんだ、高山にとっては一服の清涼剤のようなやりとりだった。

会議の再開が告げられて、高山は立ち上がった。

「では次に、先日行った顧客調査のグループインタビューの結果を発表させていただきます」

高山は、グループインタビューの発言から言えることと、わかったことを十数枚のスライドを使って報告した。

「今、報告しましたのは、『ハニーディップ』ブランドで気づいていなかった顧客の認識ですが、この後に予定しているインターネットを利用した定量調査にて、市場の全貌が明確になります。その結果をまとめて、『ハニーディップ』のV字回復戦略として発表させていただきます」

高山は、さらにスライドを進めた。

「それから今回のグループインタビューで、これまで手付かずだった新規のビジネス機会が見えてきました」

高山が言うと、社長、副社長は身を乗り出してスライドを注視した。

「現在『ハニーディップ』は、小学校2、3年生くらいまでの女児を対象とした衣料、雑貨を展開していますが、顧客からは、その上の年代になると買う店がなく、今の『モノクロ』やGMS（総合スーパー）で購入せざるを得ないという声がありました」

高山はスライドをさらに進めた。

「『モノクロ』やGMSで扱っている女児の衣料は、コモディティ衣料です。ここにファッション要素を加えた店と商品を展開すれば、差別化された新しい業態ができると考えられます」

高山は、新業態の与件についての話を続けた。

パチ、パチ、パチ、高山が全てのプレゼンテーションを終えると、社長はゆっくりと拍手を始めた。

「高山君。いや、すばらしい。風船大作戦なんて、アイデアも面白いし、今の新しい業態のポジショニングも面白い」

社長につられ、後を追うように他の役員も拍手を始めた。

「新業態のアイデアは、当社としても実にありがたい」社長が話を始めた。

「これは直ちに詰めて、早急にスタートさせましょう」

わかりました、と高山が答えると、夏希常務は不機嫌そうに立ち上がった。

「新業態についてですが、今の段階ではまだ、明確にしなければいけない部分が多いです。私のほうで検証をして提案をまとめて発表するようにします」

夏希常務の、自分がこのプロジェクトの仕切りをするという意思表示だった。

「そうね、それがいいわね。じゃあ、夏希さんが頑張ってくださいね」すぐに副社長が一言添えた。

「うん、じゃあ、頼みます」

結局、社長が夏希常務への一任を認めた形になった。

▼鬼頭の懸念

続いて山川専務が、海外事業についての報告を始めた。

「山川専務は、一族以外では社長に一番近い人だ。もともと営業全般を見ていたのだけど、夏希常務が台頭してきてからは、海外事業担当に移ったんだが」高山の耳元で鬼頭がささやいた。

山川の発表は、論理の流れが不明瞭なものだった。高山は専務から配布された資料を前に後ろにと何度もめくり、なんとか内容を理解しようとしていた。

「高山さん」

唐突に夏希常務が高山に声をかけ、出席者全員の視線は高山に注がれた。

「この資料に、どこかおかしいところがあるの？」

「え、いえ。よくわからなかったところがあって、前のほうを読み返していただけです」

「ああ、そうですか。それは、すみませんでしたね」

山川専務は少し困ったように笑い、社長の顔をちらりと上目遣いで見た。

会議終了後、夏希常務が寄ってきた。

「二人とも、ご苦労様」

常務には、いつもの笑顔はなかった。

「新業態については、このあとの進捗を、細かく私に報告してね。店舗デザイナーは重要だから、私のほうで知っている人がいるので当たります」

はい、鬼頭は感情を押し殺したように答えた。

「それから、高山くん。ちょっとだけいいかしら。鬼頭くん、少し席を外してくれる？」

鬼頭が退席すると、夏希常務は高山をミーティングテーブルの自分の前に座らせた。

「高山くん、今日もありがと。本当は山川専務のやってらっしゃるところも、高山くんに見てもらいたいのだけど」

「えっ、海外事業をですか？」

「そう。もちろん今の高山くんに見てもらうわけにいかないのだけどね。今のままでは先も見えないし、難しいのかなって思っていて」

「確かに、今日の発表資料はわかりにくかったですけど」

高山の答えに、そう、ふーん、と言って、夏希常務は首を曲げながらうなずいた。

「もし高山くんがやってくれれば、もっとうちの海外事業もうまく進むと思うんだけど」

必要ならばお手伝いしますけど、と高山が言うと、そうよね、ありがと、と夏希常務は言った。

「山川専務には、いろいろと指摘をして差し上げてね。前向きな方でいらっしゃるから、高山くんの指摘は、とてもありがたがられると思うわ」

夏希常務は、高山の目を見ながら、よろしくお願いしますね、と付け加えた。

「それから、あなた、だんだん忙しくなってきているでしょ。良さそうな人を探してきて、人を補充していいから。これから、もっと忙しくなるでしょうからね」

言いたいことだけ言うと、いつものように口角を上げた笑顔を残し、さっさと会議室から出て行った。


夏希常務が出て行くと、その入れ替わりに鬼頭が現れた。

「おい、大丈夫だったか？」

「何が？」

「常務が前面に出張り始めたけど、まぁた、いつもの嫉妬心が鎌首をもたげてくる気がしたからさ」

鬼頭は、常務が出て行ったドアをちらりと見て言った。

「嫉妬心？」

「そう、嫉妬心。他の人の仕事がうまくいき出すと、面白くなくなるんだ」

「そんなこと言われてもねえ」

「そうなんだな、やることはやらなきゃならねえんだけどさあ」

鬼頭は顔をゆがめた。

「夏希常務に花を持たせればいいんじゃないんですか？」

「それが難しいんだ。事情を理解すると、今度は細かいところまで指示し始めるから。そうなるとむきになって人の意見なんて一切聞き入れやしない」

「それでうまく行けばいいですけど」

「それがな。その……、まずまちがいなく、うまく行かなくなる」

「どうしてですか。グローバルモードの新しいプロジェクトの多くは常務がやってきているんでしょう?」

「そうなんだけど、少しでもうまく行かなくなってくると、とたんに自分は知らん顔して逃げるんだ」

高山は一瞬、目を伏せて考え込み、そして顔を上げた。

うーん、困ったな、高山は会議室の窓から空を見上げた。

快晴の夏空に、くっきりとした白く大きな入道雲が浮かんでいた。

▼添谷野の策略

『ワールドワークス』の週次営業会議では、山田原会長がいつにも増して猛犬さながらに吠えていた。

「どういうことだ! 秋の立ち上がりからずーっと前年を割っているじゃねえか。『ハニーディップ』に大きく数字で負けているぞ。何やってんだ!」

山田原は渾身の力を込めて会議室の机をたたいた。

「あの、ですね」毎週怒鳴られ続けている社長の石井は、既に顔色も悪く、ミーティングテーブルの下では、胃のあたりに手を当てていた。

「『ハニーディップ』は、この秋の立ち上がりの商品の企画精度が上がっているように思います。デザインソースが変わってきたような感じがありまして……」

「ソースも醤油もねえ！　だったら、どうするんだ」

山田原は石井にすごんだ。

「こちらもデザインの企画を再度見直して、11月以降にぶつけていきますので、そこで勝負をすることになるかと」

「この、おたんこなす！　小売りってのはな、日々の売上が勝負なんだ。わかってんのか。仕入れでもなんでもして、商品を何とかしろ」

山田原は再び、机をたたいた。

「大体なあ、レディースってのはだな、こーんな小さい布っきれで、こーんなに大きな粗利益が取れるんだ」

山田原は、両手の指で小さな四角形を作り、そして両手を大きく広げた。

「メンズならばどれだけの用尺が必要だってんだ。こんないいビジネスをグローバルモードとかのレディースアパレルだけに独占させておくのは、世の中のためにはならねえんだ！」

山田原は心行《こころゆ》くまで吠え、そして本人だけが満足して退席した。

「用尺って……、使う生地の大きさだけで語られてもねえ。レディースはデザインなどの付加価値で勝負しているんですから。直接製造原価の低さだけで参入してきたわけでもないのでしょうに」

蚊の鳴くような声で、会議室に残った石井は言った。

「異業種からの事業参入も、良し悪しってところよね」

憔悴《しょうすい》しきった表情の石井に、添谷野が慰めるかのように声をかけた。

でも山田原会長って、ひょっとしたら、今、石井さんの言ったように粗利率の高さだけでこのビジネスへの参入を決めた可能性も十分あるわね……添谷野の頭をそんな考えがよぎった。

「これ、レディースアパレルのマネジメントじゃないですよ。損益計算書しか見ていなくて、商品の消化、換金のことなんて考えていない。今、上り調子だから翌期に持ち越す在庫の量の問題とかが見えにくくなっているだけです。あのトイザらスだってそうじゃないですか。米国、日本ともに成長が止まったところで、不良在庫の問題が表面化して、一気に収支が悪化しました」

そうよね……、石井の話を聞いているようで、実は全く興味のない添谷野は、そのまま聞き流して山田原のあとを追って会議室を出ていった。

「会長、少しお時間よろしいですか?」

添谷野は『ワールドワークス』の入っている建物を出て本社に戻る社用車に乗り込もうとする山田原に駆け寄り、声をかけた。

「なんだ、添谷野?」

「先日のグローバルモードへの対応で、考えられる策の件ですが」

「おう、何かうまいやり方があるのか?」

「はい、ちょっとアイデアがありまして」

「そうか、まあ乗れ」

添谷野は車に乗り込み、山田原の隣に座った。

「で、なんだ、それは」

添谷野は山田原の耳元に顔を近づけ、運転手に聞こえないように話を始めた。

「ほお、なるほど」

話に聞き入りながら山田原は、ほお、ほおと、喜んでいるのか、怒っているのかが定かではない顔で、笑みらしき表情を浮かべていた。

「よし、いいぞ。早速、進めろ」

「はい、了解しました」

「うまくいけば、一泡吹かせられるかもしれねえな」

山田原は、下卑た笑いを浮かべた。

「つきましてはご相談が……」

添谷野は、山田原の耳元にさらに口を近づけた。

▼新メンバー加わる

やせ型だが頭は大きく、そして大きくえらのはった30代後半のスーツ姿の男が、『ハニーディップ』本部のミーティングルームで、鬼頭と中丸の前に座っていた。

「あの、西川只男と……、言います。よろしく、お願いします」

高山が追加人員候補として連れてきた西川の、滑舌が悪いあいさつの一言だった。

「ぼくが就職活動中にお世話になった人材紹介業者のひとつから連絡があって、ぼくと一緒に仕事をしたら良さそうな人がいるからどうかって。もともと法人売買の仲介コンサルタントをしていたっていう人です」

横に座っていた高山が紹介すると、西川はファスナーのような歯を見せて笑った。西川本人による、一通りの自己紹介の後に、鬼頭が、威嚇しているようにも思える低い声で質問をした。

「独立して自分でコンサルタントをやっていたんでしょ？　それも法人売買を？」

「ええ、直近は医療法人の売買が中心でした、ええ……」

「それって、なんか、利権とか思惑とかが絡みそうな、ややこしそうなことをやっていたんだね」小声で中丸が高山にささやいた。

「なんでそんな方が就職活動をしていたんですか？」

鬼頭は上目遣いで西川の全身を眺めた。

「いやあ、ひとりでやっているといろいろとありまして、ええ……。でも今は、グローバルモードの仕事を全力でやらせていただきたいと思っています」

「うちは今、ＰＤＣＡの徹底を始めたばかりですが、そのためのシステムなど、もちろん組めていなくて、手作業の分析の作業量が多いんです。帳票の設計も結構あるので、まずはそこをやってもらえればいいんですけど」高山が言った。

「大丈夫です。私、そこら辺は……、なんでもできますので」

「この人、ちょっと調子いいね」中丸が、小声で鬼頭に言った。

「西川さんは、プレゼンテーションの資料をまとめたりするのは得意だそうです。話をしていても、そつがない感じだし大丈夫だと思いますけど」高山が言った。

「まあ、高山さんが使えるって言うならば、いいけどさ」

「あたしも別にいいや。猫の手も借りたいしさ」中丸が小さな声で付け加えた。

「常務はなんて言ってんの？」

「履歴書はすでに回してあって、話はしてあります。この後に、汐留にいる常務のところに行ってもらうことにしています」

「わかった。まあ、常務がいいって言ったらいいんじゃない？　よろしく頼むな」

西川は再びファスナーのような歯を見せて、全員に愛想を振りまいた。

▼二回目の経営会議への出席：店舗活性化プロジェクト

二回目の経営会議には、高山と鬼頭は、西川を伴って出席した。

「なんで西川を経営会議に同席させるわけ？　中丸だってここには出てないのに」

鬼頭は小声で、高山に尋ねた。

「今回の発表内容を常務に確認してもらいに行った時に、西川さんを出席させるようにって言われてね。この営業改革プロジェクトの担当にさせたいんだって」

「こいつにねぇ。わかんねえな」

鬼頭は首をひねり、高山の左隣に座っている西川をちらりと見た。

高山はこの場で、MDの週次PDCAを廻し始めた状況の報告を行い、これから着手する営業の改革プランを発表した。

「営業マネジャーの方々には、担当の店の中から、課題店舗を毎週決めて、その店の活性化に取り組んでいただき、先週の結果と今週の取り組みを発表してもらおうと思います」

「活性化というのは、何をすることを言うのですか？」

早速、大石相談役が質問をしてきた。

「はい」高山は、待ってましたとばかりに説明を始めた。

「どの営業マネジャーにも、担当店舗の中に、課題のある店があります。売上が落ちてきている店や、赤字の店などになります。そこで毎週、取り組む課題店舗を決めて、まず数字から現状把握を行い、集客、つまり入店が減っているのか、成約率が減っているのか、買い上げ客数が減っているのか、あるいは買い上げ点数が減っているのか、偏っていないかなどを事実として把握します」

映しているスライドを指しながら、高山は話を続けた。

「そのうえで店に行き、具体的な対策を明確にする。例えば、レイアウトがうまくなくて関連販売がしにくかったり、ある売り場は導線上の問題で人が通りにくくなっているとか、入店促進のための店頭の商品訴求がうまくなかったりと、いろいろなことが考えられますので、実際に何を修正するのかを現場で特定します。そして売り場の変更などは、金曜日までに済ませ、週末の土日の結果を見て、読み通りだったかどうかを確認します」

「なるほどですねえ」

大石相談役は話に納得しているようだった。

「もちろん全て、読み通りに行くとは思えません。うまくいかなくても、読み外しがどこかを特定できれば、その翌週に再チャレンジしてもらうことになります」

「もし、それでもうまくいかなかったら？」

「正しく、ＰＤＣＡが廻っている前提で考えれば、これを繰り返せば、必ず、問題点に行きつくはずです。もし、それでも成果が出ないならば……」

「ならば？」

大石相談役は、さらに踏みこんで聞いた。

「ここに描いたロジックツリーに表現されていないところに原因があるということになります。例えば立地の悪さは、この店にとってのそもそもの与件ということになりますし」

「いやー、その通りだな」

田村社長が口を出してきた。

「たしかに、そこまでやり切った上であれば、そのツリーに表現できていないところに問題がある、つまり店の立地に問題があることになる。我々としても、諦めがつくってものだな。はっはっはっ」

田村社長は上機嫌だった。

「その店で、なすべき手はないのか、今週はどの店で活動をするのかなどは、毎週の会議の場、仮称『店舗活性化ミーティング』のリーダーと握ることにしたいと思います」

「必ず翌週に、その結果を発表させるのですか?」大石相談役が聞いた。

「その通りです」

「それは、とてもいいですね。ちゃんと上長と握るPDCAになりますね」

大石相談役も満面の笑顔だった。

「単純に店舗の前年比だけを比較しても、外的な要件もあるので店舗の本当の力は見えにくいことがあります。そこで個店の管理に加えて、毎週各店舗の数字をこちらの二軸のグラフにプロットして、管理していきたいと思います」

高山は一枚のスライドを映し出した。

「『ハニーディップ』の店は、全てショッピングセンターや駅ビルなどの商業施設の中にあります。その週に商業施設の集客が悪ければ、どうしてもその影響は受けます。また、その時のブランドとして投入した商品の強さ、弱さにも影響は受けます。よって、縦軸に『(その店舗の対前年比)÷(その商業施設の対前年比)』、横軸に『(その店舗の対前年比)÷(『ハニーディップ』全体の対前年比)』を計算して、各店をプロットします。こうお話しするとややこしく聞こえるかもしれませんが……」

図表13　各店舗の対館×対ブランド平均の２軸管理

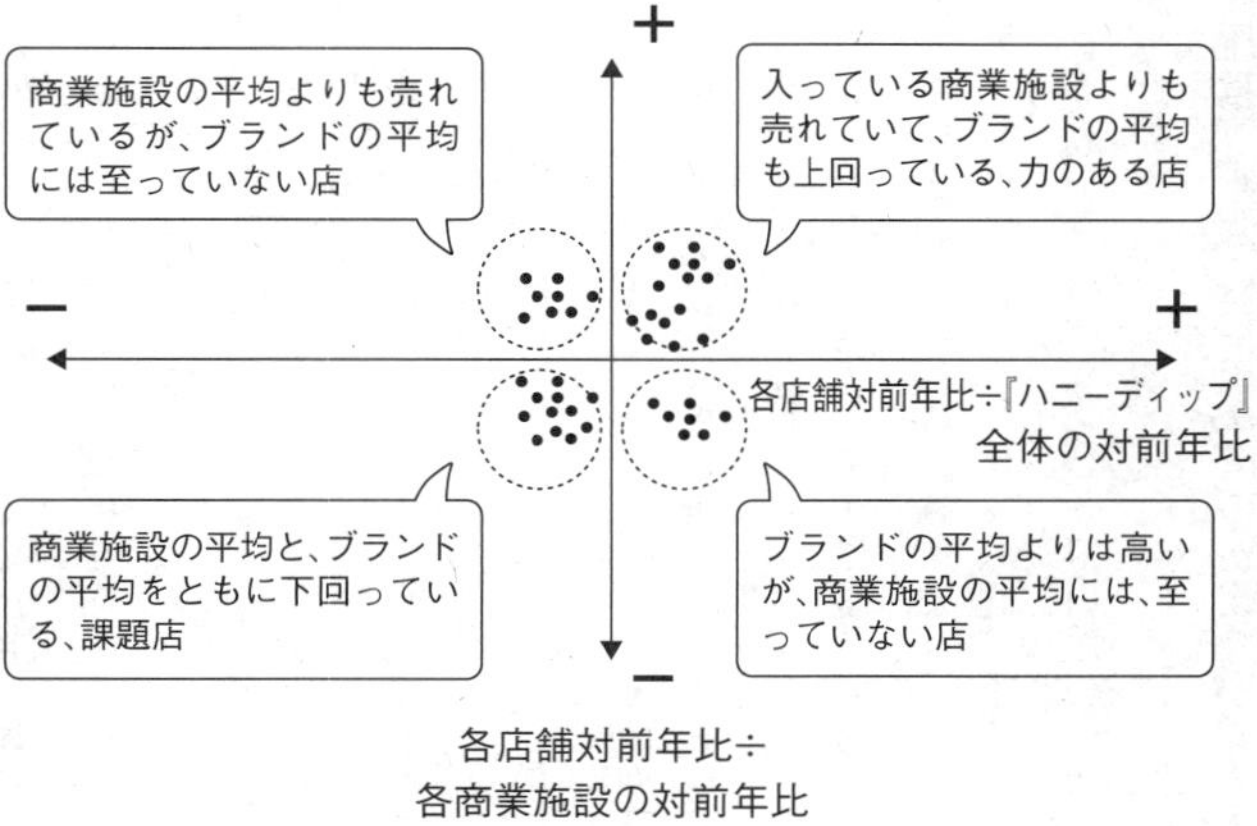

高山は、スライドを指した。

「話は簡単です。右上にあるのは、入っている商業施設よりも売れていて、ブランドの平均を上回っている店、左下は商業施設の平均とブランドの平均の両方を下回っている店で、その理由を追いかける必要があります」

「では、その左上と右下は、どう考えればいいのですか？」

大石相談役が真剣に聞いてきた。

「はい。あくまで可能性の議論だけしかできませんが、まず右下はブランドの平均よりは高いのですが、商業施設の平均には、至っていません。可能性としては、品揃えは他の店よりも優れているが、本来はもっと売ることができたかもしれない。そして、左上は商業施設の平均よりも売れているが、ブランドの平均には至っていない。商業施設内の立地が良いとか、販売力はあるが施設全体の集客力が落ちているのかもしれません」

「なるほど。いろいろな要因を考えていくことができるということですね」

「はい。これは店の評価のためのグラフではありません。あくまで、よりフェアに状況を把握し、課題発見の手がかりにするためのものです」

「わかりました」

大石相談役が嬉しそうな笑顔を見せた。そしてこのやりとりの最中、社長は満足そうな表情だった。

高山の発表のあと、再び山川専務が海外事業展開の状況について発表を行った。専務の発表中、西川が高山の耳元に顔をよせてきた。

「あのぉ、あの山川専務ってダメですね」

えっ？　西川の近寄りすぎた顔に戸惑いながら「確かに何がポイントなのか、わかりにくい発表ですよね」と高山は言った。

そうですよね……、西川は突如、「あ、あの、いいでしょうか」と立ち上がった。

「いま、高山さんとも話をしていたのですが……、論旨がちょっとだけですが、不明瞭だと思うんです」

西川は、緊張のためか、つかえながらも山川の発表資料のわかりにくさ、矛盾点などについて、いくつか指摘をした。

「あ、すみませんでした。気を付けます」

山川専務は高山に向かって謝った。

「へへ……」

発言を終え、耳たぶを赤くした西川が高山の耳元に寄ってきた。

「私は、高山さんのために仕事をしているんですからね」

高山は西川の真意を測りかねて、その顔を見た。

「西川さん、別にぼくのために仕事をしなくていいんです。このブランドの改革を進めることだけに注力してくれればいいんですから」

西川は無言でうなずいた。

▼副社長の思惑

会議後、西川は夏希常務に呼ばれて先に会議室を出た。

残された高山に、鬼頭が話しかけてきた。

「なあ、さっきのは、西川に指示して、山川専務への指摘をさせたのか？」

「いや、彼が勝手に発言したんだけど」

鬼頭はしばし、高山の顔を見ていた。

「さっきの、あの西川の様子だと、みんなからは高山さんに言わされたように映っていたけど」

「そんなこと、ぼくは一切してないよ」

「要領の悪い山川専務を、高山さんが指示して、西川に攻撃させたように見えた」

西川が、独自に判断して勝手に動くことは、高山も気にはなっていた。

「彼の動きって、なにか考えがあるのか、ないのか。よくわからないことがあるんですよね」

ふーん、よくわかんねえな、と言いながら鬼頭は会議室を出て行った。

入れ替わりに、あふれんばかりの笑顔で副社長が、高山に向かって歩いてきた。

「高山さん、ちょっといいかしら」副社長が話しかけてきた。

「『ハニーディップ』の営業改革を始めるのね。だったら、営業マネジャーの久米田さんもプロジェクトの立ち上げメンバーに入れてほしいんだけど。いいかしら？」

はあ……、高山は、まだ営業メンバーとの接点が少ないために、そもそも、その久米田のことをよく知らなかった。

「プロジェクトのリーダー役に、ということでしょうか」

「それは、そちらで決めてもらったらいいわ。もちろんそうしてあげれば、久米田さんも張り合いがあって頑張ると思うけど。そこは任せるわ」

　わかりました……、とりあえずの生返事だった。

「いいわね？　ありがとう。じゃあ、あたしから夏希さんに言っておくから。よろしくお願いしますね」

　副社長は会議室から出て行った。

『ハニーディップ』の改革が、経営層を巻き込んで事業部全体に広がっていっている、そのこと自体については、高山は手応えと充実感を感じていた。

解説　戦略マップ

市場戦略を策定する時には、適切なマーケットセグメンテーション、日本語で言うと市場細分化の話が必要になります。

ブランドのポジショニングマップの絵を描くかどうかは別にしても、『どの市場で商売をするのか』『そこにはどういう競合がいて、何が支持されているのか』『その競合と、どうすみ分けるのか』を、明確にする必要があり、そして最後に『果たしてそこは、市場として成立するのか』つまり『儲かるのか』というところを明確にする必要があります。

差別化の軸は**『価格』『利便性』『何か楽しいもの』の三つで、最後の『何か楽しいもの』には、いろいろなものが考えられます。**

例えば、マタニティからベビーまでの用品と衣料を展開するビジネスを考えてみます。このビジネスでは、もともと期間が限られている市場であるため、一般の顧客は、マタニティの期間は10か月だし、子供もすぐに大きくなるので、たくさんの費用をかけたくないと考えます。

よって、この期間の出費は少なく上げたほうが『賢い』と多くの消費者は認識しています。『赤ちゃん本舗』や『西松屋チェーン』は、この市場で成功した二両雄と言えます。

図表14　差別化の3要素

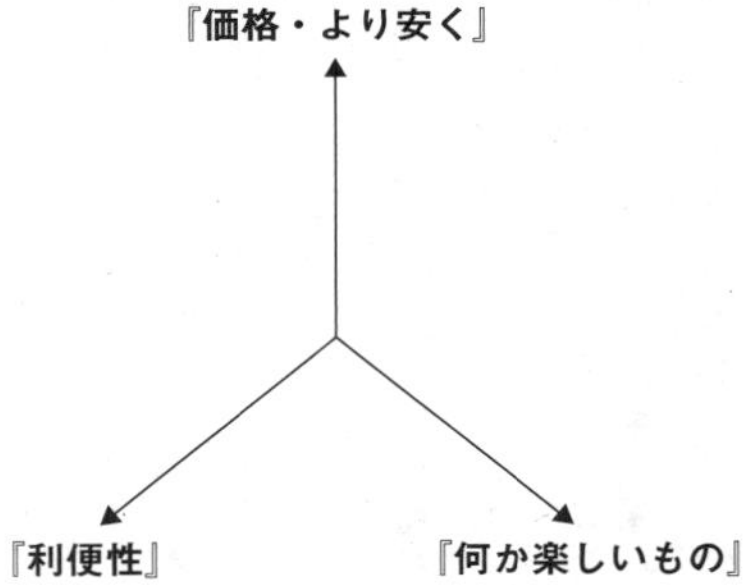

ではもし、この市場への新規参入を考えるならば、どういう手が考えられるでしょうか？

この両雄は、それぞれ『安さ』という優位性で勝負しています。

『赤ちゃん本舗』は大規模店舗で、そこに行けば何でも揃うという『利便性』。

それに対して『西松屋』は、より小型の店舗にして、絞り込んだ商品、つまり厳選した商品を展開することにより、家の近くにあるという『利便性』を提供しています。

もしここに新規参入をするという命題が与えられた場合は、どのような差別化の手が考えられるでしょうか？

何らかの理由で、衣料などを安く作れる生産の背景があるならば、さらに『安く』というのも考えられますが、現実的にはそう簡単な話でもありません。

『利便性』という視点で考えると、最初の子を持ったお母さんは、不安でいっぱいの子育ての初心者です。子育てや商品選択のための『賢い判断のための情報提供』と言う『利便性』を差別化のポイントにすることも可能でしょう。また市場調査などで、お客様の実態を知り、まだ満たされていないこと、こうあってほしいという改善のための切り口を把握することができれば、他にもシナリオが見出せる可能性もあるでしょう。

さらにもう一つの『何か楽しいもの』の軸では、まだやれることがありそうです。

例えば、よりファッション側に振った業態が考えられます。

第一子の出産に際しては、親だけではなくその両親、つまり子供のおじいさんおばあさんも、孫のために何かしてやりたいというシックス・ポケット（両親とその祖父母、計6人のポケットからお金が出てくるという意味）状態になります。ここでは、子供への将来の期待も膨らみます。中国市場を見れば、少子化政策の影響もあり、祖父母が孫にお金を使いたがり、あのアルマーニブランドの子供服の店も数多く展開されています。

また、マクラーレンなどのデザイン性に一歩秀でたベビーカーや、親のジョギング時にも使える（！）という3輪仕様のベビーカーなど、新しく生まれてくる子供との楽しい生活のイメージを抱かせる製品もあります。比較的、お金に余裕のある層への提案の余地は、まだまだ、いろいろとありそうです。

ただし、この議論は事業展開のアイデア、可能性があるという話であり、これを実践に移す際には、顧客の笑顔をイメージして、製品やサービスを形にできる力が必要になります。

図表15　市場と事業の二重構造

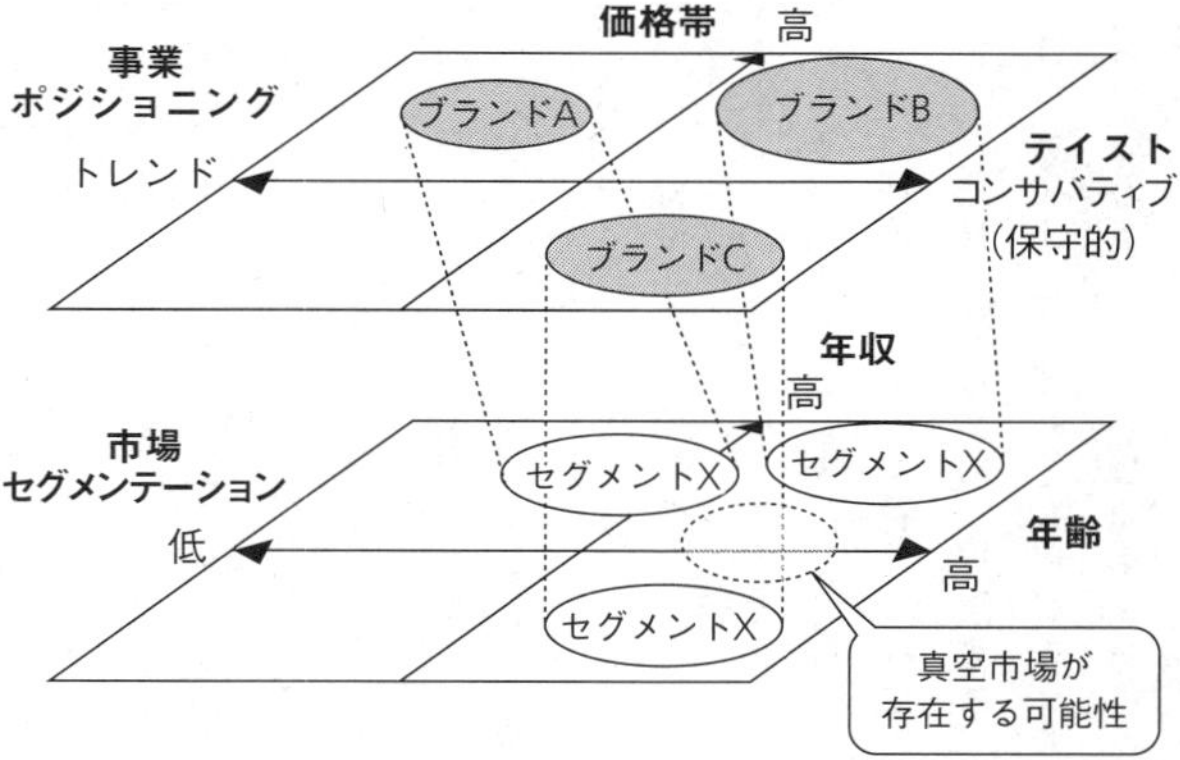

そしてそのうえで、その施策の難易度の評価が適切にできるかということになります。自らに能力のない事業に出て行くのは、泳ぎができないのに大海に飛び込むのと同じくらいに無謀です。

また、もう一つ、その事業を展開した時に果たして、その市場はどのくらいの規模なのか。そして他の製品やサービスに対して、どの程度の強力な競争力を持っているのかという点も、しっかりと押さえなければなりません。

事業と市場は、二重構造にあると考えるとわかりやすいと思います（図表15）。

同じ軸上にマッピングして事業と市場、それぞれがどう対応をしているかを見ます。市場があるはずなのに、そこのニーズを満足させる製品やサービス事業がない状態を、よく『**真空市場が存在する**』という言い方をします。

真空市場が、なぜ存在するかというと、従来のビジネスの仕方からは見えていない、あるいは、ありそうだけれども、調査や分析など、あるいは日々のPDCAが機能不全状態にあり、『見える化』できておらず、一歩踏み出すための確信を持てていないからです。

これを、軸を考えながらマップの形で絵を描き、目で見てわかりやすい形にして、真空市場が存在していないかどうかを考えるのもひとつです。

しかし、現在の市場と競合状態を映し出すこれらのチャートの作成は、あくまで現状把握の作業です。顧客の潜在的な不満やニーズは、やはり市場をしっかりと観察し、五感を使ってその意味合いを考える。つまり、的確にプロファイリングして、その方々が喜ぶ状態をイメージできるかどうかが、まず最初にくるべき話です。

先の、三軸や二重構造のチャートを作成し、それをじっと見つめているだけでは、与件はきれいに見えたとしても、具体的なアイデアが浮かんでくるようなものではありません。

ビジネスとは価値を具現化して提供し、対価をいただきます。

まずその価値を、市場が受け入れてくれる形に具現化できるかどうか。

そして、それを知らしめ、提供する手段を作り上げることができるか。

これらがないと、そもそもビジネスとしての成立がかないません。

さらにその上で、そのビジネスを喜んでくれる人が100人中50人なのか、10人なのかという点もあります。そしてそこに競合がいれば、さらにその顧客を取り合うことになります。

また市場のマップ上に、平均的に一律に顧客が存在しているわけではありませんし、さらに個々の顧客あたりの購買力にも大きな偏りがあります。

これらのことは、BtoCのビジネスであれば市場調査を適切に行うことによって、ある程度までは精度高く明らかにすることができますし、その結果から、想定できる事業規模、つまり売上も読むことができます。

そしてそこまで行っておけば、与件部分はかなり見えてきていますので、あとはPDCAを廻すことによって、成功の確率を上げる、あるいは、少なくとも市場の実態を的確に浮彫りにして攻めることができます。

第4章　戦略完成

▼定量調査の結果

「ふーん、あの久米田道行をメンバーに入れろっていう指示なの」

鬼頭は高山に言った。

「昨日、副社長から言われたんだけどね。何か気になる？」

「いや、別に。久米田は副社長のお気に入りなんだよな」

「えっ、男女の関係？」「中丸は両手を頬に当てた。

「お前はムンクか、アホ。そんなんじゃない。副社長は慈悲の人だろ？　だから久米田を何とかしてやりたいと思っているんだろうよ。営業マネジャーの中じゃ、出来のいいほうじゃないから」

「でも、なぜ久米田さんを？」高山は素直に疑問を感じた。

「久米田が東北エリアを担当していた時に、副社長も東北にある取引先の工場によく行ってたんだよ。その時に、一緒にご飯を食べたりして、身の上話とかも聞いてたんだろ。なにせ、人の良いおばちゃんだから」

「なんか、情のある……、というか情に流される副社長らしい話だねえ」

「ちょうど久米田の離婚話が進んでいる時だったから、不憫《ふびん》に思ったんだろうな」

「でもさ、それってちょっと変じゃない？　仮にも経営層の地位にある人が、その慈悲の気持ちとか興味を、特定の人にだけ注ぐなんてさ、なんだかおかしい感じがするなぁ」

「俺もそう思う。その通りなんだ、なんだけどなぁ……」鬼頭は困ったように、耳の後ろを搔いた。

「ぼくも前の会社で、そういうのを見たことがあるんだけど。上層部の人が育っていく人材や社員全体を気に掛けるのは、まだわかるけど、一部の人を特別扱いするのは間違っていると思う。上にいる人の、あるべきフェアさっていう点では、好ましくないと思う」高山が言った。

「まあ、俺の知っている限りは、別に害のある人間ではないがな」

「とりあえず『営業活性化ミーティング』は、来週からスタートするということでいいですよね」

三人は立ち話を終えて席に戻っていった。

翌朝、PCを立ち上げた鬼頭が開口一番、高山の元に来て言った。

「寺山さんから送られてきた今回の定量調査結果の集計データだけど、あのエクセルファイルを開いたか？」

「うん。ものすごいサイズだよね。これ、紙で出力する？」

「紙の出力はやめよう。これはクロス集計とかも含まれているから、数百枚とかで収まる量じゃない」

鬼頭は印刷をしようとした高山を止めた。

「わかった。でもまだ、今ちょっと見たんだけど、へえって思う結果がいくつもあるね」

「あのさ、この定量調査の設計もグループインタビューの質問も時間がかかったけど、このあとの集計と分析作業ってエライことじゃない？」中丸が言った。

「西川さんにも手伝ってもらって、手分けして作業をしよう。何とか次の経営会議での発表に間に合わせたいから」

「あと1か月弱かあ。じゃあ、あたし、その『猫の手』を呼んでくるわ」

中丸は、西川を呼びに行った。

「明日あたり、寺山さんにも来てもらおう。分析の指導もしてもらわないと」

「ぼくが、安部野さんの時間を押さえます。経営会議の前までに、3回くらいは時間を取ってもらわないと」

三人は、西川を連れてミーティングスペースにこもり、分析作業の打ち合わせを始めた。

▼戦略発表

この日の経営会議での定量調査の発表の場は『ハニーディップ』の戦略発表ということもあり、異例の1時間半の時間がとられていた。さすがの高山も今日は緊張していた。

「では、今回行いましたインターネットによる『ハニーディップ』の市場調査からわかる戦略の方向性を発表させていただきます」

高山はスライドを進めた。

「現在、『ハニーディップ』の競合となるファミリーブランドの店は5社。一番売上が大きいのは、昨今は国民服とも言われる『モノクロ』で、すでにダントツ一位の事業規模で3000億円です。その次が『モード・コム』で推定1050億円。3位が米国のカジュアル衣料『DAP』で650億円。4位が、国内アパレル大手の株式会社フォワードがやっている『E.V.A.』で220億円。そして、5位が我が社の『ハニーディップ』で170億円。そして6位が、山田原商事が始めた新興勢力で猛烈な勢いで追い上げてきている『ワールドワークス』で108億円になります」

高山は、『ハニーディップ』の年間売上高を、手にしているレーザーポインターで指した

図表16　ファミリーブランドの売上構成の要因分析①：年間売上高（億円）

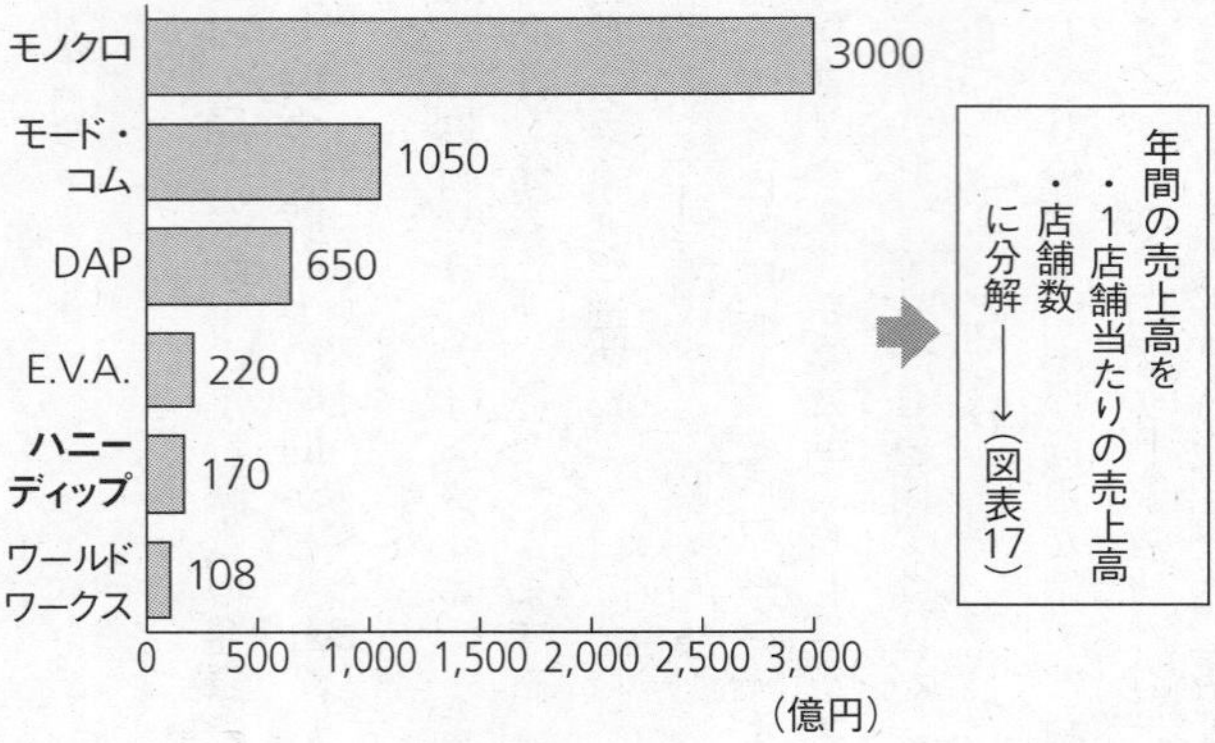

（図表16）。

「もともと『モノクロ』への対抗業態としてスタートした『ハニーディップ』ですが、ほぼ同時期にスタートした『モード・コム』に大きく差をつけられ、新進の『ワールドワークス』を除いて展開から数年たっているブランドの中では、年間の総売上では同業の中で最下位というのが現実です」

「次に、年間の売上高を1店舗当たり平均の売上高と、店舗数に分解してみますと（図表17の上図）、1店舗当たりの売上高でも『ハニーディップ』は最下位。本来『ハニーディップ』は、競合店舗に比べて小ぶりな店舗のデザインです。これは本来、より小商圏への対応が可能で、1店舗当たりの売上は低くても、その分、店数を増やせるという前提になっているわけですが……」

高山は、その下の店舗数のグラフを指した（図表17の下図）。

「実際には、約二倍の店舗売上高の『モード・コム』に、店舗数で2倍以上の差をつけられてしまっているというのが実態です」

高山はさらに、次の二つのグラフを指した（図表18）。

「1店舗当たりの年間売上高を、店舗の単位面積当たりの売上と、平均店舗面積に、さらに分解してみますと、『ハニーディップ』の店舗面積はもっとも小さいものの、店舗の単位面積当たりの売上は、『モード・コム』『ワールドワークス』と、ほぼ同じです」話しながら高山は前を向いた。

「これらの結果から私たちの『ハニーディップ』は、小ぶりな店舗なれど店舗数を増やすことができず、単位面積当たりの売上も高くはない状態ということがわかります。結果として、商業施設のデベロッパー、そして顧客から見ても、強みのない店、つまり、魅力が乏しく、明らかに、『ハニーディップ』の店には課題ありということが言えます」

高山の説明を聞き、副社長は、苦々しい表情をしながら「まあ、そうなんでしょうねえ」とつぶやいた。

「こちらは、参考資料として調査対象の客層別に、各商業施設、つまりチャネルをどのくらいの頻度で使っているのかを調べたものです」

高山はスライドをレーザービームポインターで指した（図表19）。

図表17　ファミリーブランドの売上構成の要因分析②：
1店舗当たりの売上高×店舗数

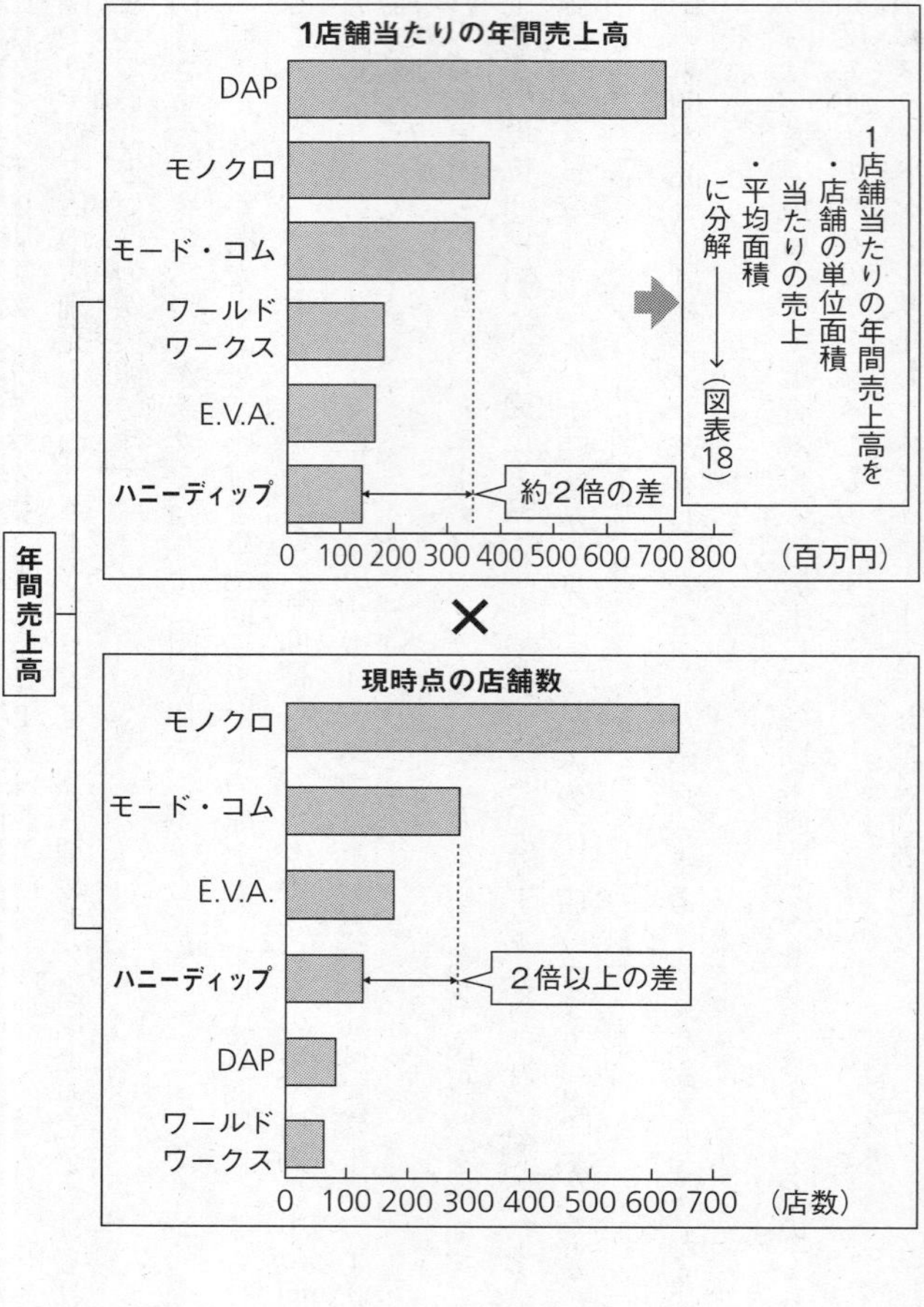

図表18　ファミリーブランドの売上構成の要因分析③：坪当たり売上高×平均坪数

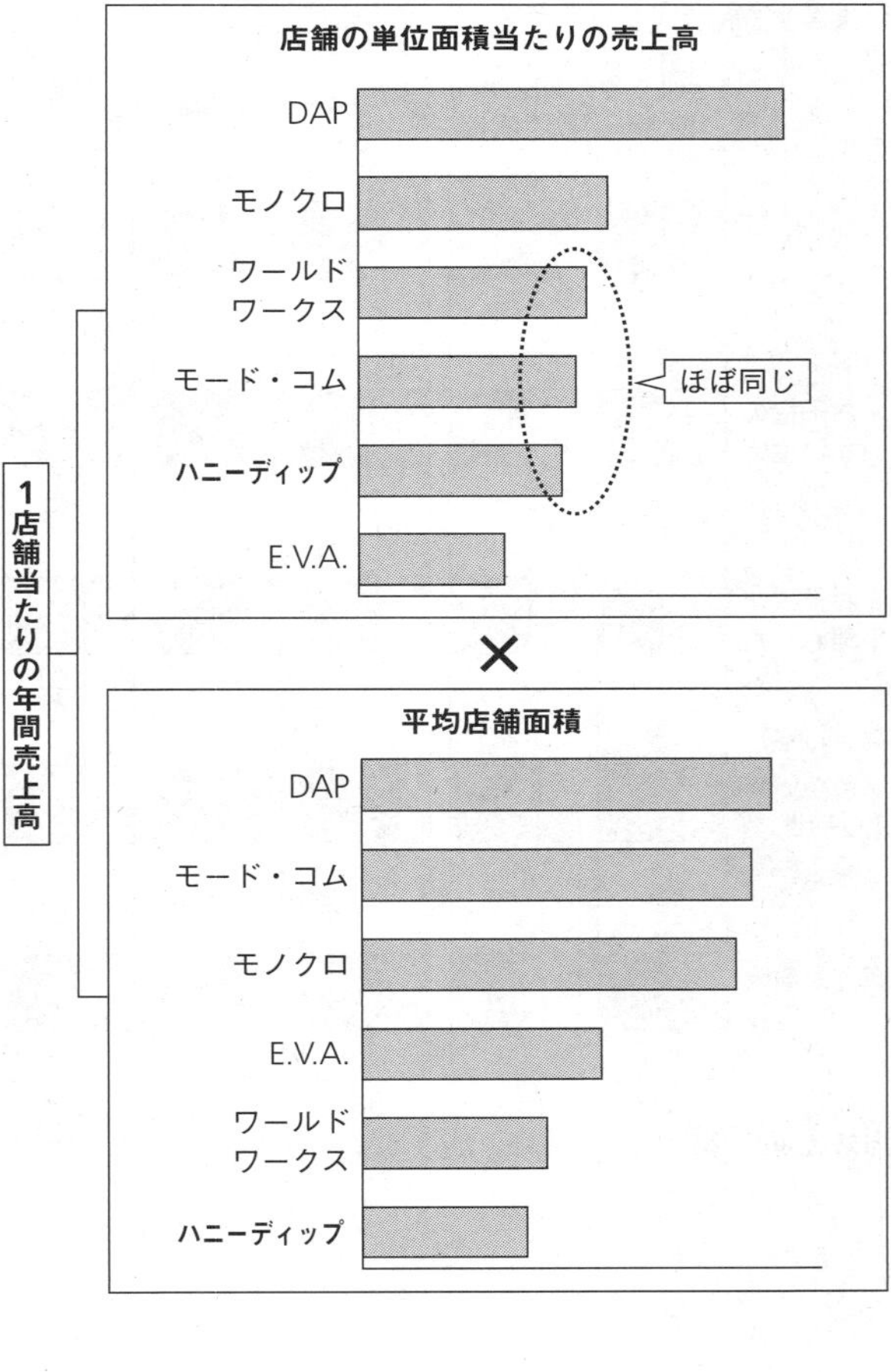

図表19　客層別の商業施設の月あたり平均利用頻度

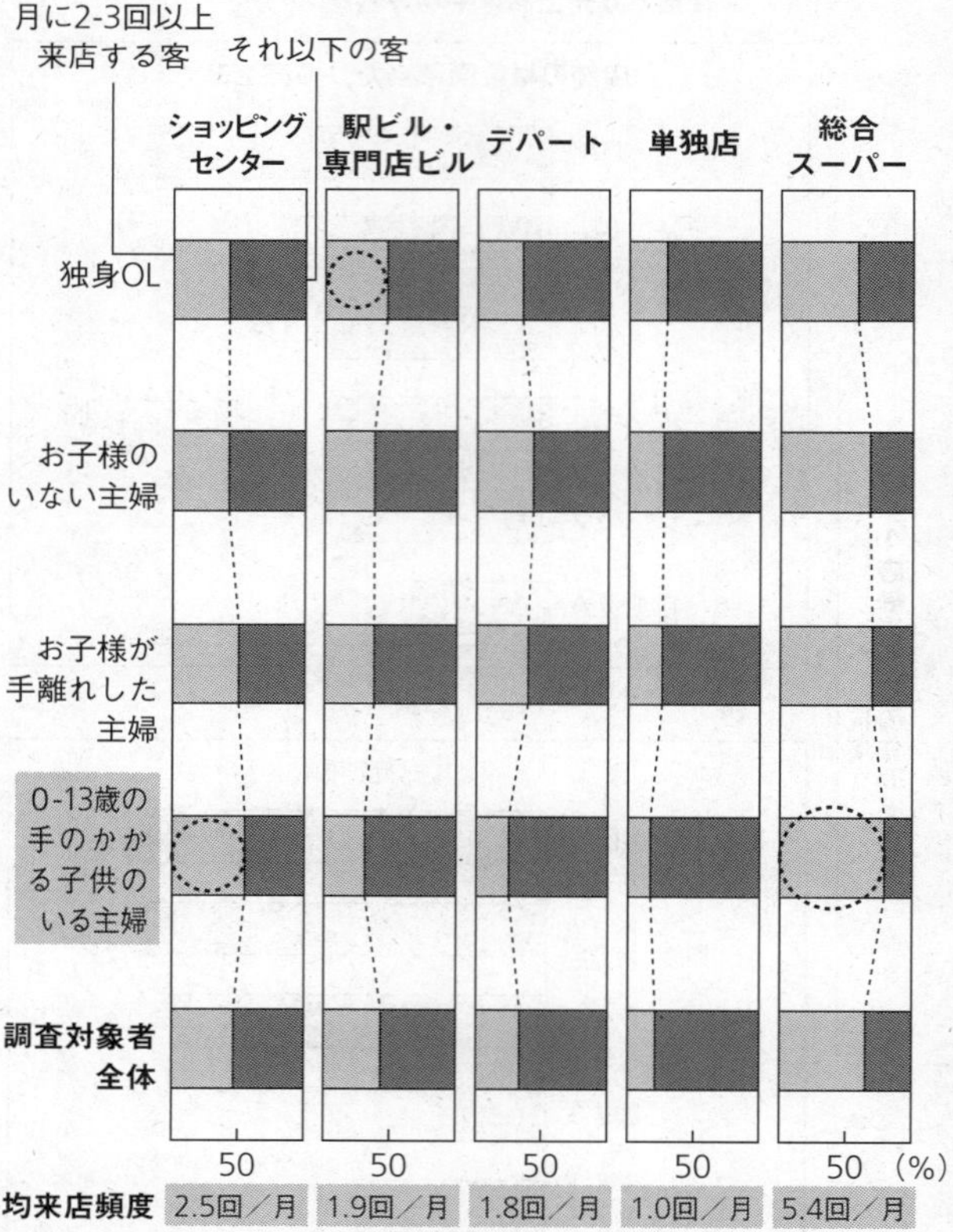

**図表20　各商業施設（チャネル）を利用する理由
（50％以上の人が挙げた理由）**

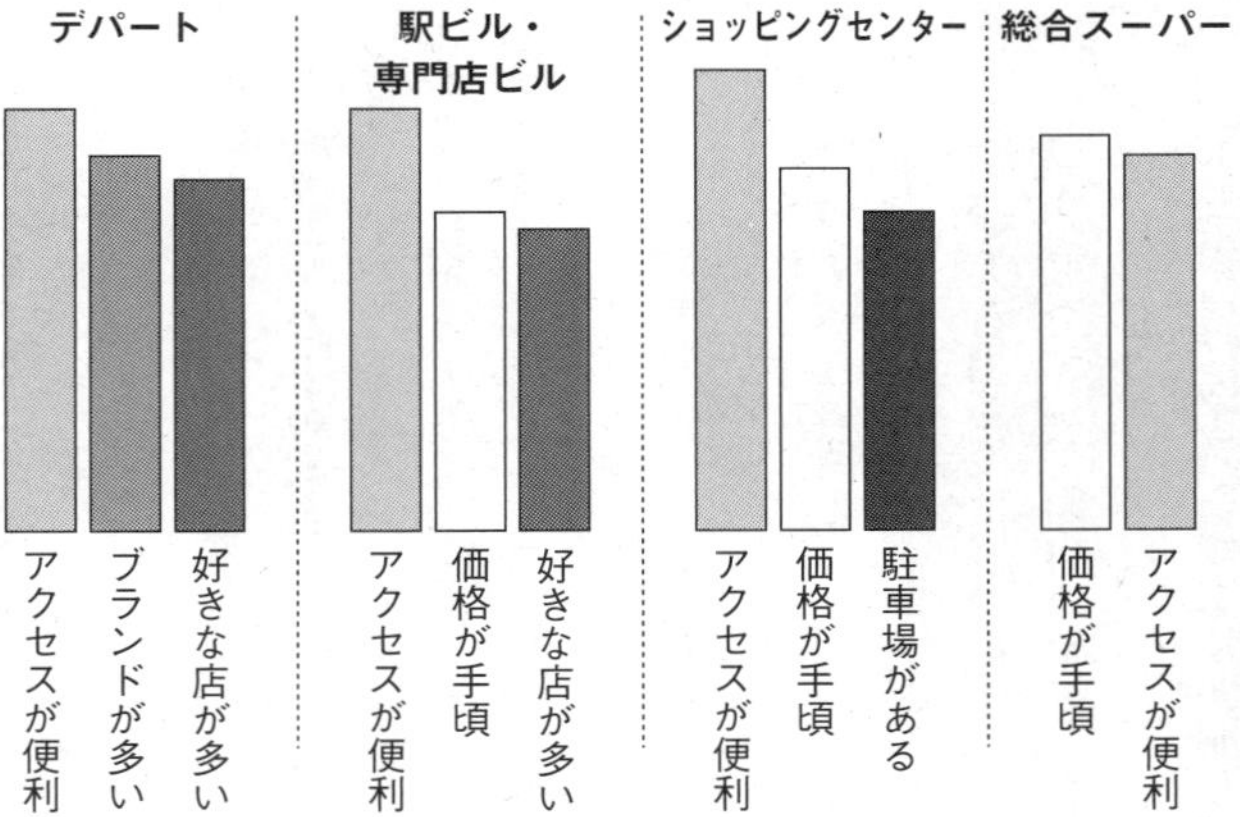

「独身のOLが、デパートや、ルミネのような駅ビルやパルコのような専門店ビルを良く使っているのに対して、0歳から13歳の手のかかる子供のいる主婦は、圧倒的にショッピングセンターや、イトーヨーカドーのような総合スーパーを使っていることがわかります」

高山はスライドを進めた（図表20）。

「これらのチャネルを使う理由、動機を調べたものが、こちらのスライドです。全体の50％以上の人があげた、それぞれのチャネルを利用する動機と理由がこちらです。デパートを利用する3大理由は、『アクセスが便利』『ブランドが多い』『好きな店が多い』ということで、つまり、利便性と嗜好性。これが、駅ビル、専門店ビルになると、『価格が手頃』が入ってきて価格軸が加わり、**業態の差別化の三要素**が揃う形になります」

田村社長はあご髭を触りながら、ほほお、なるほど、とつぶやいた。

「さて、ショッピングセンター内の専門店モールになると、価格に加えて『アクセスが便利』と『駐車場がある』の利便性の要素が二つとなり、嗜好性がなくなります。そして、イオンやイトーヨーカドーなどの総合スーパーになると、価格がトップに来て、その次に利便性。その二つだけです」

大石相談役が手を挙げた。

「つまりショッピングセンターは、便利で安ければいいってことですか？」

えーっとですね、と言いながら高山は手に持ったポインターをさすった。

「あくまで、この調査をした時の事実としてはそうだと思います。この三つの差別化要素は、普遍のものではないと思うんです。どこの店もチャネルも、自分が優位な位置にあろうと努力を続けるわけですから、例えば、今後を考えるならば、ショッピングセンターに求めるものとして嗜好性の要素が強くなってくることは十分あると思います」

なるほどねえ、大石相談役は言った。

「さて次のスライドですが、面白い結果をお見せします」

高山はスライドを進めた（図表21）。

「女性が、『ハニーディップ』が主に展開しているチャネルであるショッピングセンター、

図表21　女性のショッピングセンター、駅ビル来館時の衣料購買行動

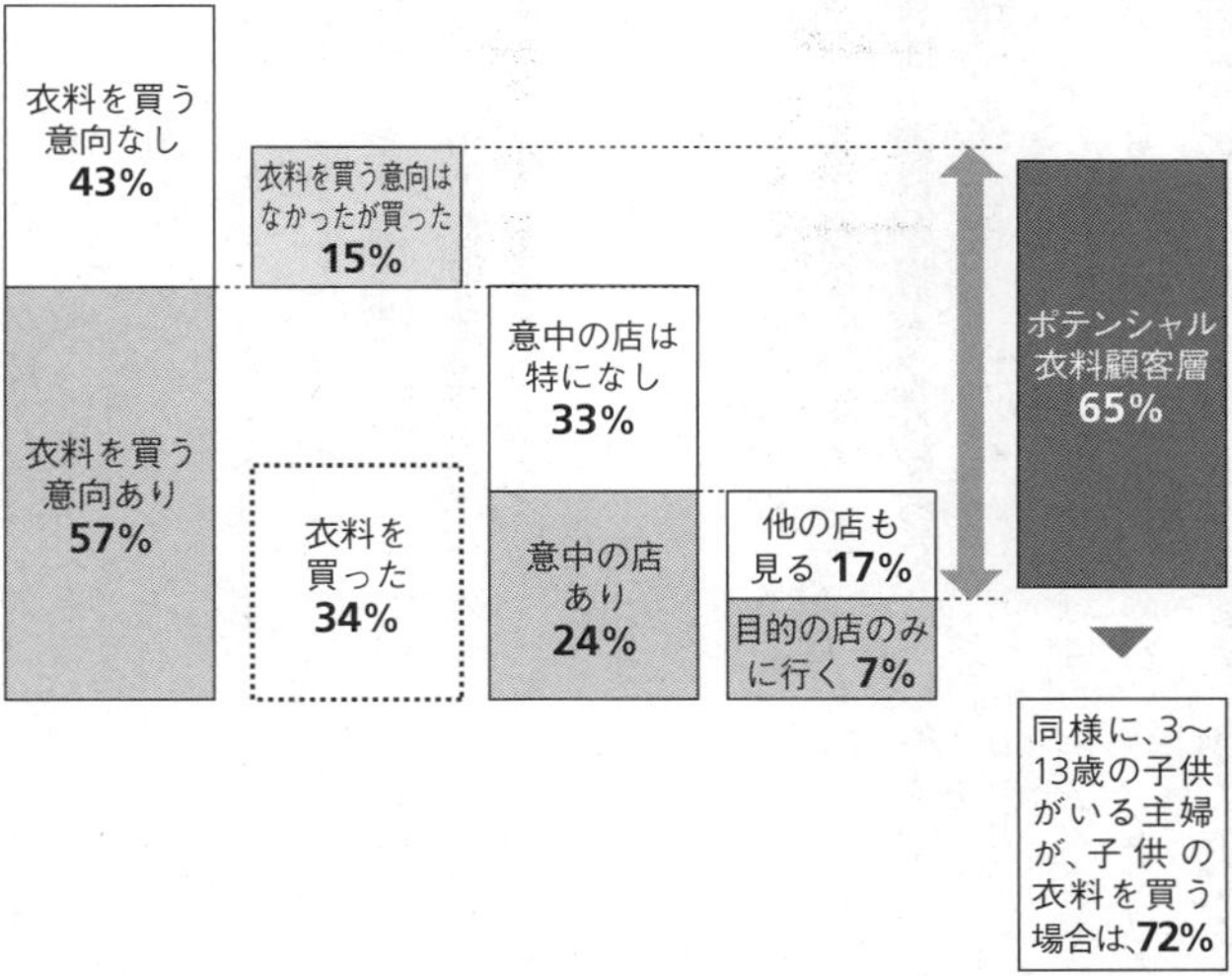

駅ビルに来館する際の動機ですが、今回の調査では、衣料を買うつもりで来館する方が57％。そうではない方は残りの43％なのですが……」高山は右隣にポインターを移動させた。

「それでも、買うつもりがなかったのに、結果的に衣料を買われた方が15％です」さらにポインターを右に移動させた。

「また、衣料を買うつもりでも、店を特に決めていない方が33％」

そして、さらに右側を指した。

「そして、意中の店があっても、他の店も見てみるという方が、17％なのです」

高山は、一度、出席者のほうを向いた。

「さて、今の三つの顧客層はショッピングセンター来館時には『ハニーディップ』に立ち寄るつもりがなくても、店頭での訴求次第で、来店して買ってくれる可能性があるお客様じゃありませんか？」

社長をはじめ、プレゼンテーションを聞いている者の何人かが小声で話し合っていたが、やがて、そうだな、そうだよな、という声が聞こえてきた。

「つまりですね」高山はスライドの一番右側を指した。

「今の三つの数字を足し上げた数、つまりショッピングセンターや駅ビルを歩いている女性の少なくとも65％は、『ハニーディップ』の潜在顧客と言っていいわけです。さらにこの分析を3歳から13歳の子供のいる主婦で、同じ分析をしてみると、その潜在顧客の比率は72％にまで上がりました」

なるほどっ、社長はあご鬚をさわりながら声を上げた。

「さらに、こちらのスライドをご覧ください」高山はスライドを進めた（図表22）。

「女性が衣料を購入するにあたり、情報入手先としてもっとも重要視しているのは、店頭の情報だとはっきり言われています」高山は出席者を見た。

「つまり、ショッピングセンターや駅ビルを歩いている女性の少なくとも65％くらいは、店頭での打ち出し次第で入店し、衣料を買ってくれる可能性があると言えるのです」

「店頭での打ち出しを強化する、か。当たり前のことだが、こういうふうに見せられると、

図表22　女性が衣料購入時に重要視する情報入手先

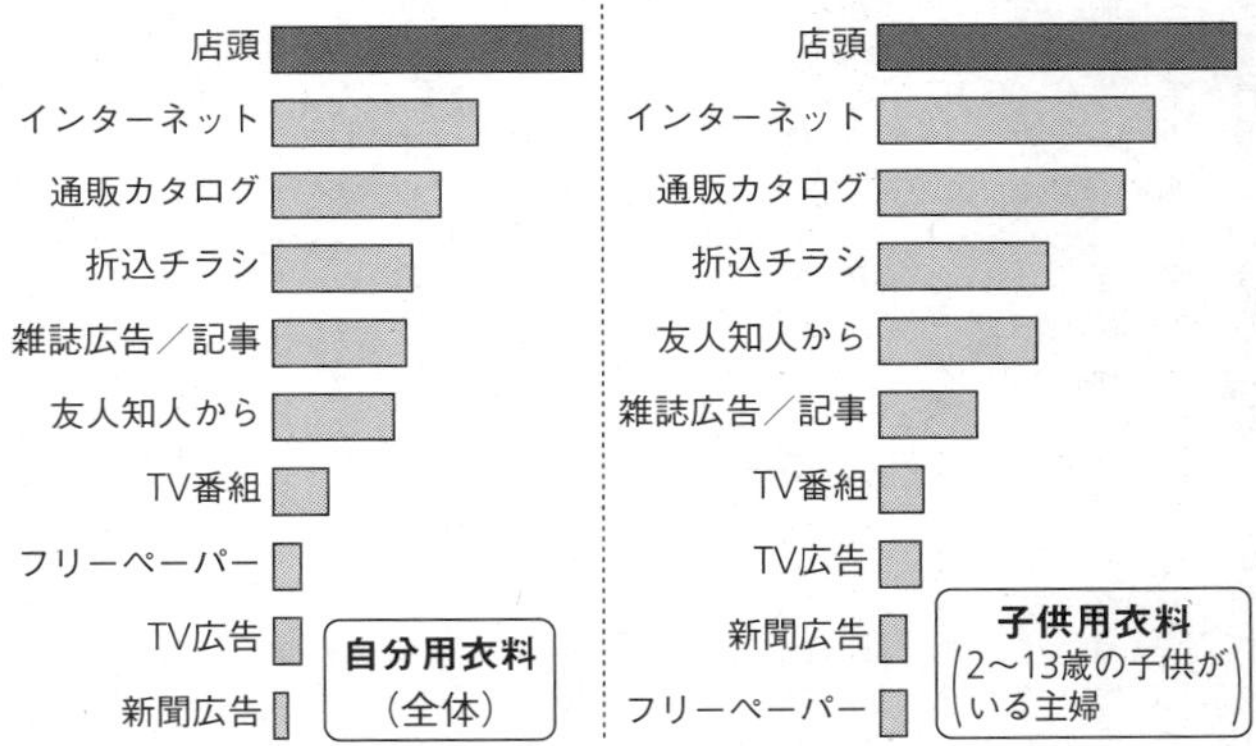

その重要さが数字で響くねえ」

社長は一瞬、不機嫌な表情を見せた。

「確か、去年うちがホームページのリニューアルに使った費用は2000万円ほどだったな。通販ページの改修はまだだいぶ先の課題だったし。それより店舗の店頭訴求力の強化を行うべきだったのではないのか？」

社長の怒りの矛先となった販促企画部の部長は思わず首をすくめたが、その視線の先にいる、この販促企画部を管掌している夏希常務は全く知らん顔だった。

「次に『ハニーディップ』に対して、お客様がどう思っていて、どう行動をしているかを明らかにする分析をお見せします」

「高山君」社長は言った。

「そこの話は、私が一番聞きたかった部分のひとつだ。お客さんに直接、どう思っているのですかなどと聞いても、信頼できる答えなど返ってくるものではない。どういう調査と分析をしたのか、じっくりと聞かせてもらう」

高山は「わかりました」と言って、スライドを進めた（図表23）。

「まず、左上の『モノクロ』の分析をご覧ください。今回の調査対象者全員に対して、『モノクロを知っていますか』という質問に対して、イエスと答えられた方は全体の99％、つまり**認知率**は99％でした。ここでノーと答えられた方の割合、つまり減率は1％ということになります」

高山はポインターで『来店率』を指した。

「そして、次に『モノクロ』を知っていると答えた方だけに対して、『行ったことはありますか』という質問をしました。すると、知っている方の2％がノーと答えられました。**来店率**としては97％で、ここでの減率は2％となります」

高山はポインターをさらに下に移動させて『購入率』を指した。

「そして、この『モノクロ』に行ったことのある方に『買ったことはありますか』という質問を行ったところ、行ったことのある方の5％の方がノーと答えられました。**購入率**としては約92％、ここでの減率は5％です」

そしてポインターを一番下まで持っていった。

「さて最後に、今の『モノクロ』での購入経験者に『直近1年間に購入したか』を聞きまし

図表23　ブランドの認知から購買までの行動分析（カスケード分析）

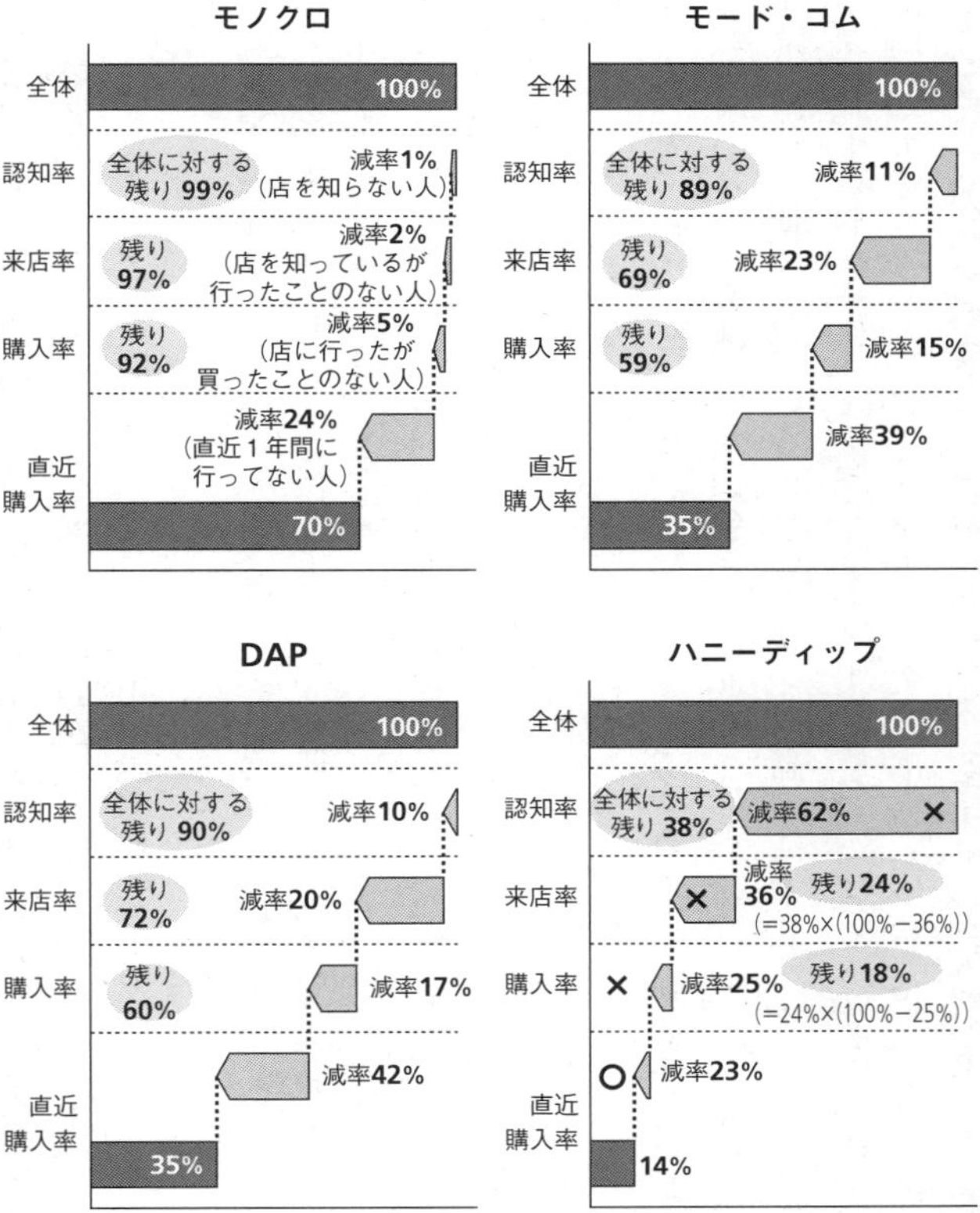

た。すると、先ほどの購入経験者の中の24％がノーと答えられて、この減率は24％、**直近1年購入顧客率**は92％×（100％－24％）＝で約70％ということになります」

プレゼンテーションを聞いている者は、高山の説明に必死で追いつこうと目を皿のようにしていた。

「ここで言う減率というのは……、全体との比較ではないのですね」

「はい。あくまで前のステップに居る人のうちの何％が次に進めなかったのかを見ています」

大石相談役の質問に高山が答えた。

「結局『モノクロ』は、認知率が99％。そして、おそらく、ほぼ毎年『モノクロ』で買い物をしているお客様の数が70％くらいいる、とても強い業態であろうという推測が成り立ちます」

社長はうーんと、うなった。「『モノクロ』はそんなにすごいのか」

「この女性たちの7割が、毎年一回は買うなんて、まあ……」副社長も驚いていた。

「この分解の仕方は**カスケード（Cascade＝滝）分析**と呼ばれます。岩にぶつかりながら水が落ちていく様子と似ているからだそうです」高山はプレゼンテーションを続けた。

「さて、同じ分析を『モード・コム』『DAP』で行ってみたものがその次の二つです」

高山は『モード・コム』『DAP』の分解チャートをレーザーポインターで示した。

「『モノクロ』対抗業態として一番成功している『モード・コム』、そして店数は少ないのですが知名度の高い『DAP』については、**直近1年購入顧客率は**『モノクロ』には劣るものの、それぞれ36％、35％です。ただこれを当社『ハニーディップ』と比較をしてみると」

高山は右下の『ハニーディップ』をポインターで指した。

「カスケードの落ち方は三つの中で一番激しく、**直近1年購入顧客率は**14％まで下がってしまいます」

うーむ、田村社長は腕を組み、唸った。

「しかしですね、こちらをご覧いただきたいと思います」

高山は『ハニーディップ』の減率を指し始めた。

「確かに『ハニーディップ』は、他の三つのブランドと比べると、最も認知率が低く、店を知っていても入ったことのない人の率が最も高いです。しかも入店したとしても購入率が最も低い、という不名誉な状態なのですが」

高山は、直近1年購入率の前の減率を指し示した。

「一度でも『ハニーディップ』で買ったことのある顧客が直近1年以内に購入しなかった率、減率については23％と、あの『モノクロ』をわずかに下回るほどの低さなのです」

経営会議の場は水を打ったように静かになった。大石相談役が挙手して話し始めた。

「えー、ということはですね。一度でも買ってもらえればいいということですか……」

「そうなんです。みんな知らないいし、行ったこともないし、あまり買ったこともないのが『ハ

ニーディップ』なのです。でも、いったん買うと『モード・コム』以上『モノクロ』並みに、頻度顧客化する、つまりファンになりやすいのが『ハニーディップ』ということが言えると思います」

経営会議の場に、おお、という低いどよめきの声が響いた。

「つまり、何とかして、入店してもらい、何とかして一品でも買ってもらうようにする。そうすれば、おそらく今の『ハニーディップ』の商品の良さがお客様に伝わって、ファンになってもらえるのではないかと思われます」

でもさあ、首をひねっていた副社長が話し始めた。

「今の話だけで、そう決めつけるのは、どうなんだろうねえ。そうなのかもしれないなあ、とは思うけど……」

高山は、はい、と言って、次のスライドを映した(図表24)。

「こちらは、自分がその店のファンであると回答された方々が、その店にどのくらいの頻度で来店し、購買しているかを示したものです」

高山はスライドの左側を指し示した。

「自称『ハニーディップ』ファンの来店頻度は、他店の頻度顧客たちの平均来店回数を上回っています。このことからも、『ハニーディップ』には期待しているコアなファンは多いと考えていいと思います」

図表24　ブランド別頻度顧客（ファン）の来店／購買頻度（回／月）

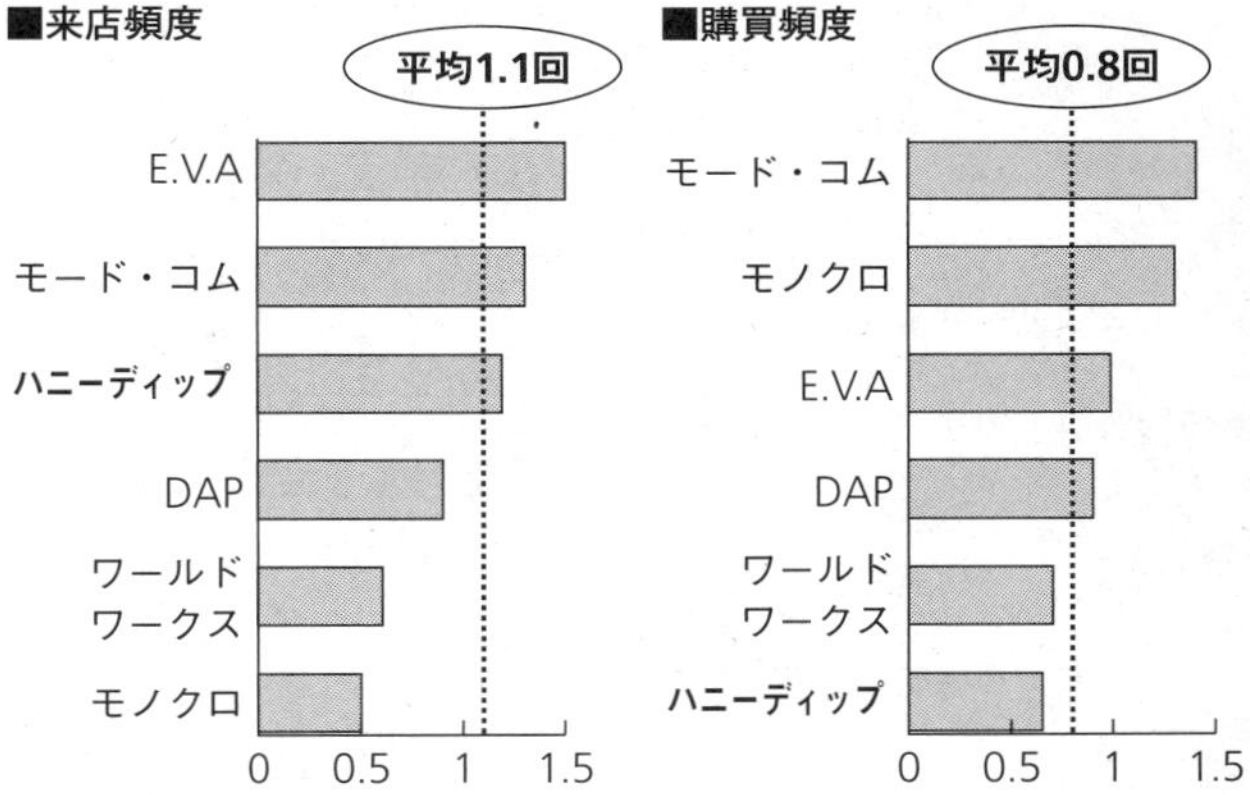

そして高山は右側を指した（図表24）。

「しかしです、購買の頻度を見ると、競合の中で最も低くなります。つまり、せっかく、ファンの方々に入店いただいても、期待に応える商品がないのか、欠品しているのか、そういう事が起きているのだと思います」

副社長は、ふーん、と言って、一応は納得した様子だった。

「それでは、『ハニーディップ』の課題を見ていきたいと思います」

「まず、全回答者にファミリー衣料の店を選ぶ際に重要な点を聞いてみました」

「複数回答可能ということで、まず集計しますと、このような順位になります」

高山は、スライドを指した（図表25）。

「一番上に来たのは、『入りやすい、買いやすい、見やすい』という項目で、約95％の方

図表25　店舗を選ぶ際に重視する点

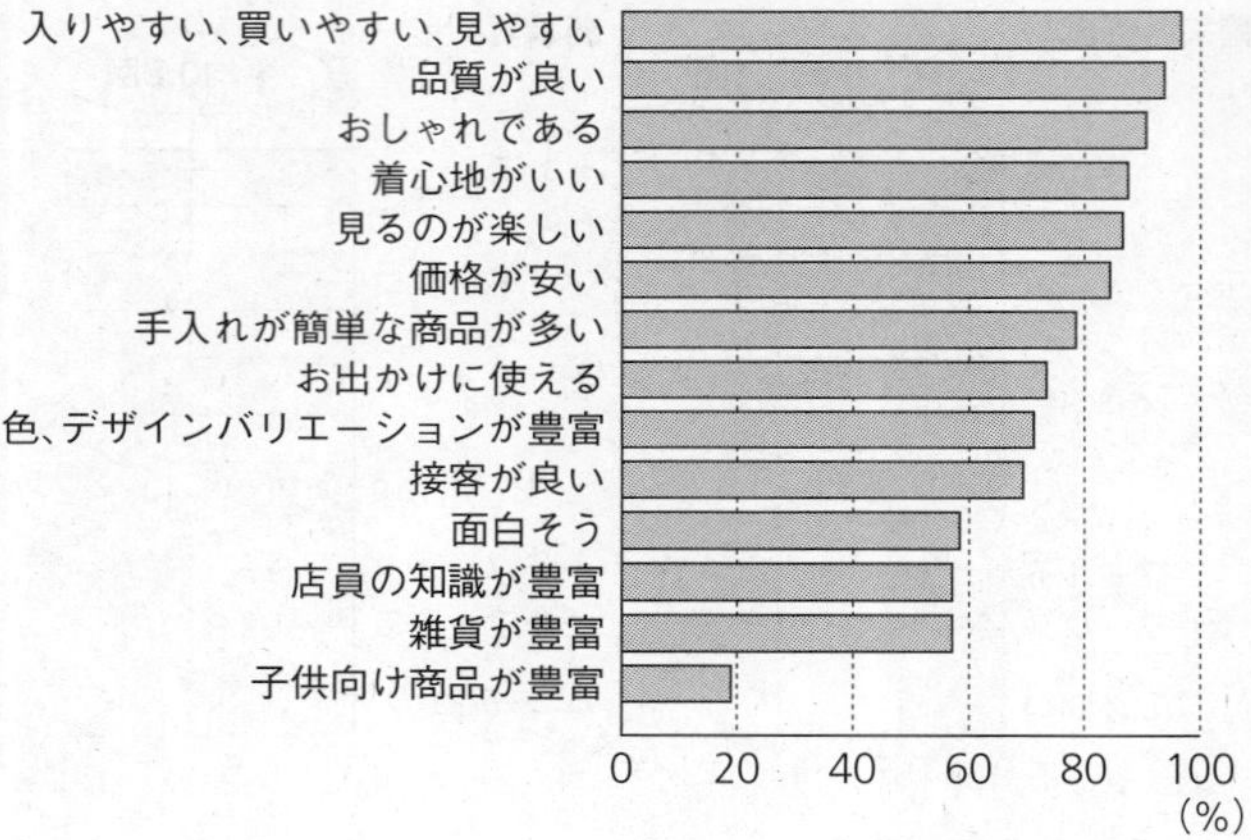

が重要と答えました」

高山は、会議参加者のほうを見た。

「さて今見ていただいているのは、今回の回答者全員の答えなのですが、これを『ハニーディップ』ファンの方に限って、同じ集計を行うとどういう形になるでしょうか」

「同じ形になるんじゃないの、お客さんの嗜好ってそんなに変わることもないだろうから」

副社長が言った。

「それでは、もし、全調査対象者の回答と『ハニーディップ』ファンの回答が全く同じだったとして、その回答を縦横二軸の上に点でプロットしていくと、どうなると思われますか?」

ほとんどの会議参加者は、視線を宙に泳がせた。

はい、大石相談役が一人、手を挙げた。

「対角線のように一直線に、斜めに点が並ぶことになりますよね」

大石相談役は、右手の人差し指で斜めに直線を描いた。

「やっぱ、すげえな。大石さん」

出席していた鬼頭が横に居る中丸に言った。

「……ただ者じゃないねえ」

「その通りです。たとえば『入りやすい、買いやすい、見やすい』は、どちらの軸からも95%のところ、『品質がいい』も、どちらの軸からも91%のところに点が打たれますから、全ての点が縦横両方の軸から等距離になります。よって一直線上に並ぶはずです。ところが……」

高山はスライドを進めた（図表26）。

「でも実際には、これだけ散っているのです」

「これは、どういうことなんですか？」

大石相談役がスライドを覗《のぞ》き込むようなそぶりをした。

「はい、説明していきます。縦横の軸の50%のところに線が入れてあり、四つの象限にわけてあります」

高山は、縦横の軸をなぞり、そして、右上の象限をポインターで指した。

「この右上の部分は、全対象者も『ハニーディップ』のファンも、両方とも重要だと考えて

図表26　ファミリー衣料の店を選ぶ際に重要な点

横軸：「ハニーディップ」ファン × 縦軸：全対象者

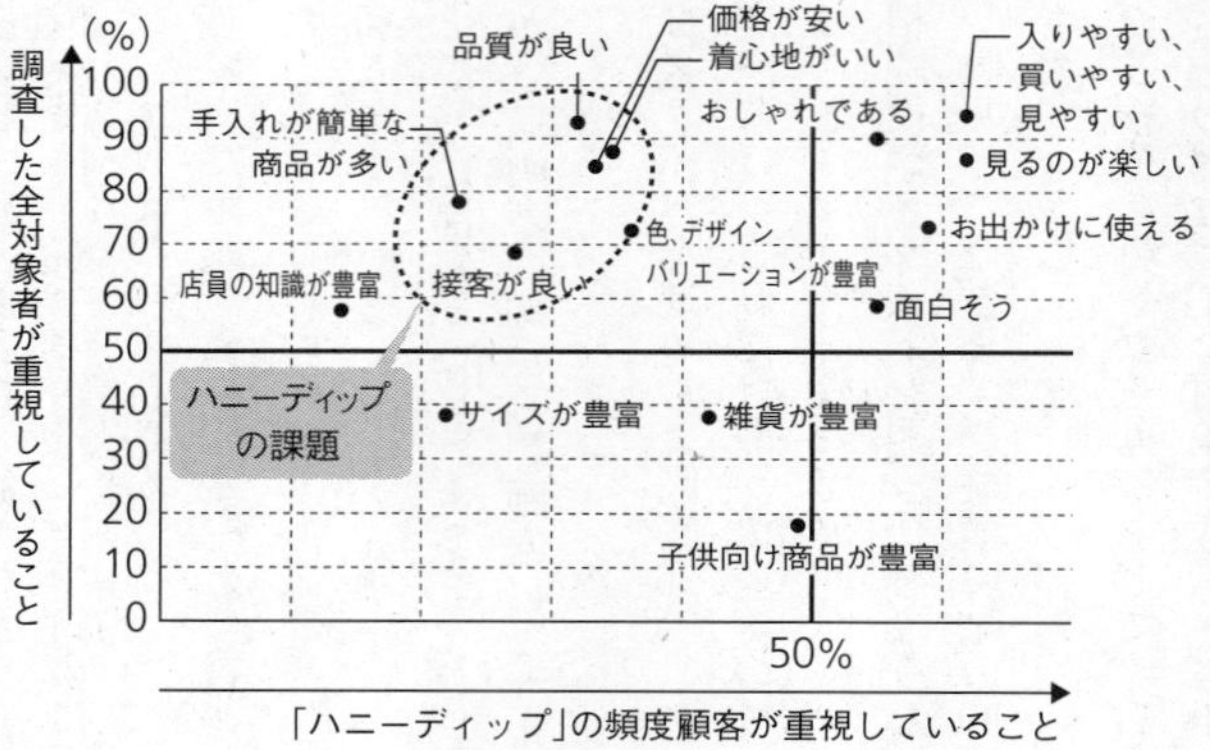

いる項目。そして左下は、その両方がさほど重要だと考えていない項目です」

なるほど、社長がつぶやいた。

「問題になるのが、この左上の部分です。この部分は、世の中全般のお客様は、重要だと思っていますが、『ハニーディップ』のファンは、あまり気にしていない項目ということになります」

「えーっと、つまりその左上の部分はですね、これらの項目を気にするお客様は『ハニーディップ』には来てくれないということですか」

大石相談役が言った。

「はい、そうなのです。実は、ここに挙がっている項目を調べていくと、従来から『ハニーディップ』で認識されていた課題ばかりなのです」

会場からは、へえ、という声が上がった。

▼ハニーディップの課題

「ここのチャートについては、鬼頭さんから説明をしてもらいます」

高山が下がり、鬼頭が皆の前に出てきた。

「実は、店からの情報や、顧客クレームなどで以前から挙がっていた課題が全てここに出ているのです」

鬼頭はスライドが映し出されている画面の前に移動し、映し出されている点を指しながら話を始めた。

「『着心地』の問題は、袖ぐり部分の型紙のミスが何度か起きていましたし、実際の着心地もかなりばらつきがありました。また、『品質』の問題が出ていたのも事実です。『価格』の問題は、高いということだけではなく、仕入れ原価に対して値入率をほぼ一律にかけていたために、店頭にはおかしな値付けの商品が相当数ありました。例えばブラウスも、１８７０円の横に、３９２０円のものがあったりと、お客様にとってストレスを感じる、およそ小売店らしくない売り場になっていました。また、そもそも、今売っていきたい商品について、安さの訴求がうまくできていない売り場でした」

鬼頭は次の点を指した。

「この、『手入れ』の問題も大きく、『きれいめカジュアル』のキーワードから、レーヨン、レーヨン混の素材を使った商品を売り場に増やしたのですが、『ハニーディップ』のメイン客層である、『お子さんのいる主婦』にとっては買いたくない、洗濯機でじゃぶじゃぶ洗えない商品が増えていました。また『色、デザインバリエーションが豊富』の問題は、実は、今、『ハニーディップ』の店では品番が異様に増え過ぎていて、それぞれの商品の奥行、つまり在庫の持ち方が十分ではなくなってきており、お客さんが買おうと思っても、サイズ切れや色の欠品があって、買えないという状態だからなのです」

鬼頭は、画面の横に移動した。

「これらは課題としてはわかっていたことでしたが、日々の仕事に追われて、課題への着手は先伸ばしにしていました。ただ、これらのことを気にする客層は、うちの店に来なくなっているわけで、これらを解決するだけで客層が広がることになるわけです。このように事実として目に見える形で突きつけられ、これらの課題を克服すれば客数が増える、ということが明確になれば、それらについてブランドの最優先課題として取り組みをすることについては誰からも異論は出ません」

皆、静かに鬼頭の話を聞いていた。

「お客さんって、黙って、本当に店をよく見ているってことなんですね。でも、左上がわかれば、それはチャンスに変わりますねえ」

図表27　店に入るきっかけとなる重要なこと（各ブランドのファン別）

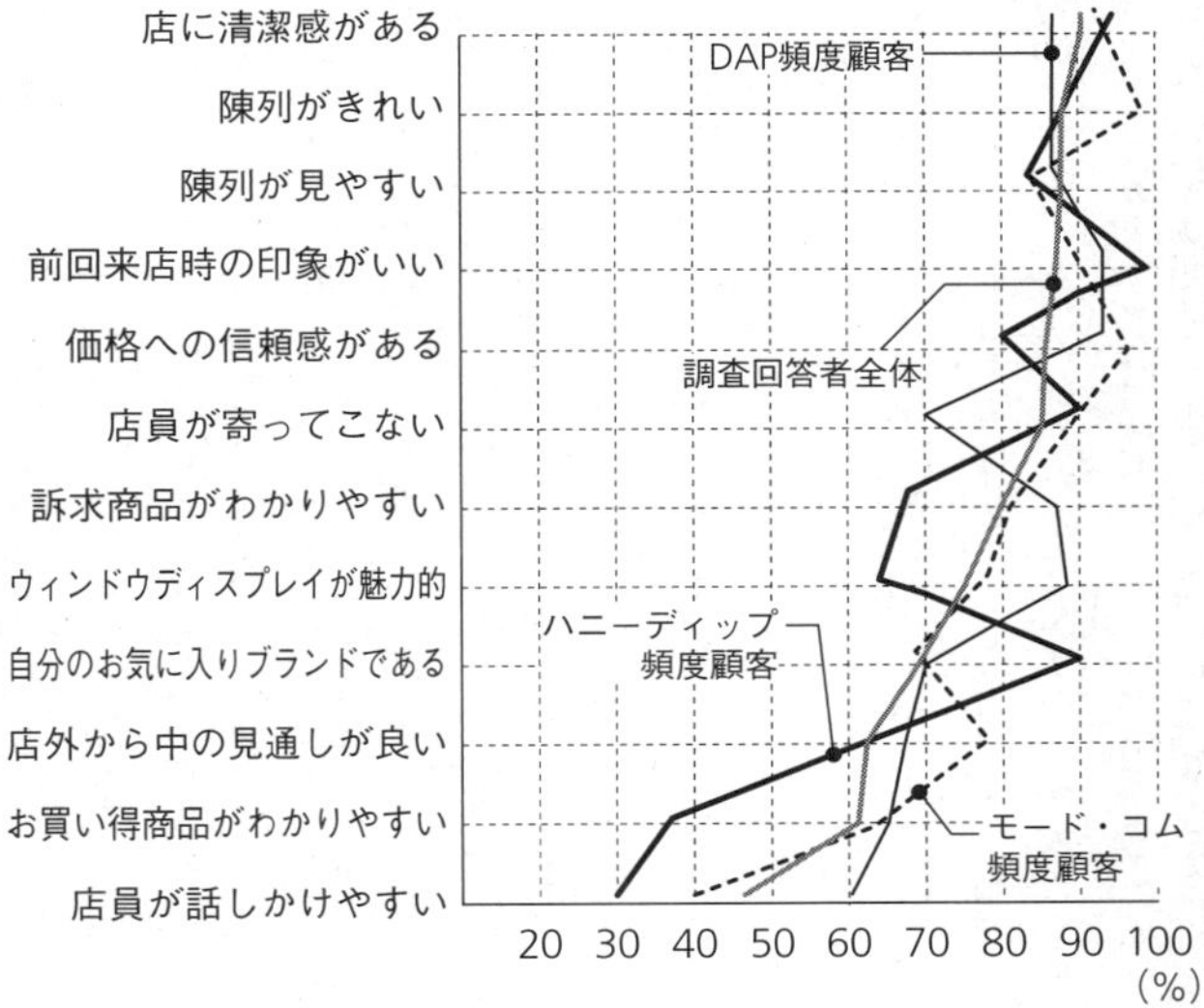

大石相談役の声が、静かな会議場に響いた。

鬼頭が下がり、高山が再びスライドの前に立った。

「最後に、これを見ていただきます」

「ショッピングセンター内に出店している場合は、まず、いかに多くの方に入店していただくかが最初のハードルになります」

高山はスライドをポインターで指した（図表27）。

「こちらは、調査回答者全体が、入店に当たって重要と認識している項目を、回答の多かったものから順に並べたものです。一番重要と言われていることが『清潔感』、そして『陳列がきれいで見やすい』『前回来店時の印象がいい』と続いています」

高山は、グラフの線をポインターで追った。

「こちらについても、各ブランドの頻度顧客ごとに集計を行うと全体との差が現れました」

「『ハニーディップ』の直接的な競合店になる『モード・コム』のファンは、全体平均よりも高いところにありますが、特に『陳列がきれい』『陳列が見やすい』『価格への信頼感がある』『店外からの見通しが良い』などが、平均よりも高いところにあります」

「確かに『モード・コム』の店は、その通りですなあ」

山川専務はスライドを眺めながら言った。

「米国のカジュアル店舗『DAP』は、『ウィンドウディスプレイが魅力的』が高いのですが、『店員が寄ってこない』が大幅に下回っています」

「確かに、あの店はすぐに販売員が寄ってきて、うるさいわねえ」

副社長がつぶやいた。

「さて『ハニーディップ』ですが、『前回来店時の印象が良い』『自分のお気に入りブランドである』は、全体平均を上回っていますが、『価格への信頼感』『ウィンドウディスプレイが魅力的』『お買い得商品がわかりやすい』が大きく下回っています」

「鬼頭くんが言ったように、『ハニーディップ』は、店頭商品の価格付けが明らかにバラバラだし、店内の陳列も見にくい。セール商品の訴求も確かに弱いな」

社長が言った。

「通常は顧客のプロファイリングを行いますが、このスライドにおいては、ブランドのプロファイリングを行った形になっています。これによって、お客さんから見た、強みと課題が明確になったと言えます」

「課題が数値化されて、全て明確になっているわけだな」社長は言った。

「これらを踏まえて、対応すべき優先課題をまとめました」

高山はスライドを指した。

「価格のバランスを整えること、そして、毎期、店頭に並ぶ商品の価格のバランスは管理できるようにすること。そして基本は、イージーケア、つまり、洗濯機で洗えるなど、できるだけ綿製品を中心に手入れが簡単な素材の商品を主とした商品構成を行うこと。そして、品番数を増やさないように管理し、その分、強く打ち出したい商品については、しっかりと在庫を積むこと。さらに品質課題には、生産部と共に取り組むこと、これらに取り組んでいきたいと思います」

高山は視線を、参加者たちに移した。

「なお、商業施設における店頭の訴求については、『価格への信頼感』『ウィンドウディスプレイが魅力的』『お買い得商品がわかりやすい』の三つを重点課題にして改善します」

高山は、大きく一度、深呼吸をした。

「今回の調査で明確になった課題と、解の方向性についての発表は以上です。何かご質問はありますでしょうか」

大石相談役が手を挙げた。

「課題への具体的な取り組みはどう進めるのですか？」

「それぞれにアイデアはありますが、全てのアイデアが最初からベストとも思っていません。PDCAを廻して検証を行い、軌道修正を行いながら課題を達成しようと思います」

高山が言うと、鬼頭が前に出てきた。

「これから週次のMD（マーチャンダイザー）会議に加えて、ブランド課題会議を立ち上げて、取り組み状況を全体で定期的に確認しながら進めて行こうと考えています」

鬼頭はスライドを進めた。

「そして第一弾として早速、店頭の打ち出し方法を改善したいと思います」

鬼頭は、店頭イメージを指した。

「店頭にこの商品と価格を明確に打ち出したビジュアルポスターを張り出し、その前に商品を圧倒的なボリュームで陳列します。もちろん、価格については、別途さらにきちっと表示を行います。『価格への信頼感』『ウィンドウディスプレイが魅力的』『お買い得商品がわかりやすい』という課題に対応します」

「なるほどね……、いいかもしれないですね」大石相談役の声が聞こえた。

「これらを実現していくためには、すでに開始している『営業活性化ミーティング』での売り場作りの強化や、販促企画、商品の方向性の確認など、実践レベルで行っていくべきことがあります。進捗状況は、また、この場で発表させていただくことにします。ご清聴、ありがとうございました」

会議の場は一瞬静まり返った。

誰かがパラパラと手を叩きはじめ、やがて会場内は大きな拍手に包まれた。

∀新業態の発表

休憩をはさみ、中丸が前に出て、ジュニア向けの新業態の立ち上げプランについての説明を始めた。

新業態は、立ち上げ時点では、アバクロンビー&フィッチのテイストを買いやすい『モノクロ』程度の価格で提供するというもので、『ハニーディップ』と同じくショッピングセンターでの展開を中心に企画されていた。

「では、このジュニアの女の子向けの新業態『キューティーハント』の店のデザインについては、常務が説明されます」

中丸が下がり、夏希常務が前に出てきた。

『キューティーハント』は、独自のポジショニングの業態です。よって、その店舗のデザインも独自性の高いものにしたいと思います」夏希常務は、新しいスライドを映し出した。

ほう、出席者からは、どよめきが起こった。

店の左右と奥がそれぞれ、フランスのパリとインドネシアのバリ島、そしてロンドンをイメージさせ、真ん中にゲートを配置してゾーニングを切り替える斬新なデザインだった。

「どんなに新しい差別化されたMD構成を組んでも、お客様から、店そのものが目を引かなければ、入店してみようとは思われません」

「なあ」鬼頭は席についた中丸に小声で話しかけた。

「あのデザインって、常務が探してきたっていう店舗デザイナーにやらせたのか？」

「常務が連れてきた人も候補に入れていたんだけどね、結局、安部野さんに紹介してもらったニューヨークのデザイナーを使ったの」

「常務の連れてきたデザイナーって、何か問題があったのか？」

「デザインは確かに上品だし目を引くんだけど、客導線、接客導線、ゾーニングとかの機能面を反映させてデザインのできる人じゃなかったの。今回の店は、価格帯も高くないから、作業導線が効率的でないといけないでしょ。結局、最終的に採用されたニューヨークのデザイナーは、デザインは奇抜だけど、機能面もちゃんと考えたアイデアを入れてデザインできる人だったので、あたしと高山さんで常務を説得したんだ」

「そうなんです」西川が割り込んできた。

「私もそこにいたんです。常務って考えが浅いんです。アホです、アホ」

西川は必要以上に顔をゆがませながら言った。

「君ね、そこまで言わなくてもいいと思うよ」中丸が小声で言った。

スライドの前では夏希常務による笑顔いっぱいのプレゼンテーションが続いていた。

「今回は、私のほうで必要な要件につきましてディレクションをしっかり行い、この店舗のデザインにまで持っていきました」

「やっぱり常務、ああいうふうに人の前で話をするのが好きなんだよな」

鬼頭がつぶやいた。

「アホなんです。ダメです。能力がないんです」

西川は小声でぶつぶつと言い続けた。

「まあ、商品の企画も、今回は一から中丸さんがやっているし、この新ブランド、いけそうな気がするな」高山は一人でつぶやいていた。

▼暗い目

社長室秘書も帰り、午後9時を過ぎて田村社長と副社長は二人だけで社長室にいた。

「そろそろ、帰りましょうか」副社長は社長に声をかけた。

ああ、そうだね、田村社長は答えた。

「高山君は、とてもいいねえ」

「本当ですねえ。あたし、彼があそこまでやってくれるとは思っていなかったわ」

「既に『ハニーディップ』の売上推移も、以前のような落ち方が止まり、上向き始めているしねえ。彼がこのままやってくれれば、しっかりと再成長軌道に乗せられそうだね」

ちょうどその時、承認案件の書類を手に社長室に向かっていた夏希常務がドアの前で立ち止まった。ノックをしようと手を上げた時、中から二人の話し声が聞こえた。

「高山さんって、『ハニーディップ』内での人望もあるみたいだから、うちの会社のリーダーとなる人材になってくれますよね」

「既にそうなっているよ。もし、このままやって結果を残してくれるならば、彼を早々に役員にできるね」

「そうですねえ。うちはまだ人材の層が薄いから、彼なら若くてもそれはありですねえ」

「大体、私も早く次の社長候補を見出しておきたいわけだ。亡くなられた会長のように、私も早めに会長職に退きたい。他にやりたいこともいっぱいあるしね」

「高山さんなら、自分で道を切り開いていくからやれそうですね。若い社長だって、いいじゃないですか」

「はっはっは、そうだねえ。ありがたいことだねえ」

田村社長と副社長は明るい声で話を続けていたが、そのドアの外には暗い目の夏希常務が書類を手に、たたずんでいた。

解説 「まとめる技術」：事実で示すということ

例えば、経営コンサルタントが会社の中に入って数か月間の作業を行い、経営層向けのプレゼンテーションを行ったとします。

その際に、後に幹部や部長層から、「上手にプレゼン資料を作成してあるのはすごいと思うが、あそこに書いてある内容については、自分は初めからわかっていた」「俺たちの話を聞いて、それをまとめただけではないか」などの意見を聞くことがあります。

クライアント企業からそのように言われてしまうということは、そのプレゼンテーション資料については、クリエイティビティが十分発揮されていなかったりして、インパクトを与えられなかった可能性もあるでしょう。

この『初めからわかっていた』、そして『話を聞いてまとめただけ』という二つのコメントについて、少し考えてみたいと思います。

策定したのが外部のコンサルタントであろうと、社内の事業責任者であろうと、その戦略が価値を生むかどうかは、「実践できるかどうか」の一点につきます。

実践できるためには、やる側、あるいはやらせる側の腹落《はらお》ちが必須です。

特に、一般的に現場の実践力の強さが特徴である日本企業においては、部長クラスなどのラインのマネジャーの腹落ちが必須で、それがあることにより、実践におけるＰＤＣＡ力が飛躍的に向上します。

企業、事業の課題を明確にするために、外部から来たばかりの改革責任者や経営コンサルタントが初めに社内のキーマン、主要マネジャーたちへのヒアリングを行う場合があります。この時に多くの方から、いろいろな意見が出ます。全体観のある意見を言われる方もいますが、大抵の場合は、その方の業務範囲内で見えていること、気が付いていることが話されます。何人かの話を聞いて初めて、起きていることの因果の全体像が見え、そして、課題の押さえどころの根の部分が見えてくるものです。

この中には、当然、『初めからわかっていたこと』は含まれますし、作業として『話を聞いてまとめている』のも間違いないです。

ただし、ここでコトの因果を明確にするという意識を持って事実を適切な角度から見えるようにし、全体観を持ってまとめることによって、「全社的に見て、一番大きな問題は○○。そして最優先課題は△△」という、聞く側の納得感が生まれるプレゼンテーションになるのは間違いがありません。

改革着手時、最初の診断フェーズで明らかにされる課題のテーマの、その7、8割については、皆が既に気が付いていることが多いものです。

ただし、その課題の深刻さなどについての定量的な把握など、切迫感を感じさせる事実による裏付けがなされていないために、課題だろうとは認識されていても、その優先度の高さや深刻さに確信が持てずに放置されていた状態なのです。ここを、主に事実である数字などを使って、従来は見ていなかった切り口からうまく分析を行い、重要な意味合いを抽出することによって、皆が納得できる結論を導き出したわけです。

つまり、『事実の裏付け』によりコトの深刻さをわかりやすく明らかにする。そして『課題の優先順位付け』を行ってまとめたことが、組織に改革のコミットを促すために施された彼らの価値と言えるでしょう。

この、皆が納得できる形に結論にまとめる能力を社内だけでつけていくことはなかなか難しく、その腕を上げるにも、時間も必要とします。『正しく腕を磨いてきた』改革担当者や経営コンサルタントであれば、一般的にはこの場数を踏んでいます。社内のトップ周りの参謀役の能力向上という目的ありきならば、その指導を、社外に依頼するのは有効であると考えられます。

トヨタ自動車の強みのひとつが『目で見る管理』です。最近は『見える化』という言葉も

よく使われますが、今、主要業務において問題が発生していないか、計画通りに順調に推移しているかなどを、事実としてわかりやすく適切に表現することに、ほぼ全社員が知恵を使う文化ができ上がっていることです。

事実として突きつけられれば、それに対しては誰も異論を唱えられません。因果を的確にまとめ上げて社内の課題の全体像を明確にし、事実をもとに「まず着手すべきはこの二点です」と言い切ることができれば、誰も逃げられなくなり『覚悟を決めてやる』か、さもなければ、『布団を被って寝たふりをする』かの選択肢くらいしかありません。『理を以て改革を推進する』良質な改革責任者や腕のいい経営コンサルタントは、こういう『追い込み方』をします。

ある外資系の企業で、数字が並んだ、まるで千畳敷きのようなエクセルの集計表をいつも持ち歩き、それが全て頭の中に入っていて、トップから「○○の数字は今、どうなっているの？」と言われると、瞬時に数字を答えられることを売りにしているマネジャーがいました。

この人にとっては、これが他のマネジャーとの自分自身の大きな差別化ポイントで、それによって一部の上層部から重宝され、良いポジションと高い給料を得ていました。

しかし、**本来、日々見ておくべき重要な数字については、トヨタ自動車のように、重要な管理ポイントとして、皆にわかるように、ちょっとした工夫をして『見える化』をしておく**

べきものです。

また、毎日は見る必要はなくても、市場シェアや経年推移のように、年度の方針を策定するために、年に一度は『見える化』して共有しておくべき数字もあります。

仮説の立案能力は、上位のマネジャーにとっては永遠に磨き続けるべきものなのは、まちがいありません。その一方で、社内の議論は、事実に基づいて行われるようにすべきです。そうしなければ、仮説の上にさらに仮説を重ね続ける議論になり、そこで生まれる施策は、なんとも基礎部分がぐらぐらして頼りないものになり、『自信』を持てない打ち手になってしまいます。

いわゆる思いつきのままに実行してしまうことになってしまったり、あるいは、永遠にあやふやなままに、いわゆる**『議論の空中戦』**が延々と続き、『自信』が得られず、確信が持てないまま、結局、実践の先延ばしが続くことにもなりかねません。

私自身、経営会議の場に同席したことが何度もありますが、そのような状況下で意思決定を迫られるトップに対しては、気の毒に感じることも珍しくはありません。

ある程度の規模を越えた企業の事業運営の実態を把握するための『計器』は必須です。今の実態を知るためにおさえておくべき事実は、皆で見える形で共有すべきであり、そのための『見える化』の文化つくりを進めておくべきといえるでしょう。

第5章

表面化する思惑

▼売上が上昇する。そして実践体制を整備する

9月も中盤の週明け月曜日の午前8時過ぎに、鬼頭はMD（マーチャンダイザー）の責任者として、前週実績、そして前週末の仕掛けた商品の検証分析を行っていた。

「おはようございます」

高山もブランド全体の数字を確認するために早めに出社してきた。

うーっす、鬼頭はPCを叩く手をとめた。

「先週末、店舗投入した厚手の新機能布帛シャツの店頭打ち出しがうまくいったよ」

「商品、足りていますか？」高山はすかさず尋ねた。

「ちょっと待てよ……」鬼頭は、PCをたたいて日ごとの店頭の在庫推移を確認した。

「あー。この売れ方だと1週間ちょっとしか、持たねえな。すぐに中心サイズが歯抜けになるぞ」

「やっぱりそうですか」

「通常の倍以上の数を積み込んだんだけどな。足りなかった、すまん。船橋ショッピングセンターの福山も俺の携帯に電話をしてきやがるんだ。店の在庫が足んないから何としてでも手配しろ、だってよ」

高山も自分のPCを開き、全店の数字を確認した。

「先週は他のアイテムも売れて、全体としても既存店前年比115%になっていますね」

「ああ。入店センサーでカウントしている入店客数は、去年よりも増えてる。今回の布帛シャツの店頭ビジュアルのポスターを見て入店する人が増えたってことだ。そしてこの商品を手にするだけでなく、店内で他の商品も見ているんだと思う。通常は一客当たりの平均買い上げ点数は、うちの場合は1・8点だったのが先週は2・1点だったから、入店客が増えた分も、掛け算で効いて売上が上がっている感じだな」

「これで、店頭での単品のビジュアル訴求は効果があるってことが証明されましたね。次に投入するキーアイテムは、今回以上に積み増さなければ」

そうなんだよなあ、鬼頭は言った。

「うちのブランドはまだ、店頭でのビジュアル販促物の企画と、商品の発注数量の連動がいまいち良くないんだなあ。商品部が力を入れて作った単品やコレクションが、ゆるいイメージだけで写真やデザインで表現されてしまって、全然集客につながらなかったことがあるし、その逆に商品部は、それほどのつもりがない商品なのに、販促が作った店頭ビジュアルが大げさだったり。商品展開とビジュアルが出るタイミングが微妙にずれるなんてこともある。今回はうまくいったが、ちぐはぐなことは起きがちなんだ。商品、販促、売り場のバランスがうまくとれないのが常態化しているんだよな」

いくら適切な戦略を立てても、実践体制の工夫が伴わなければ意味がなくなるってこういうことか……高山は思った。

「連動に問題があるのですか。商品部内での商品企画と発注バランスは、その期間の売り場のテーマと売り場づくりを考えて行われてますよね」

「ああ。もちろん、販促にもそのテーマは伝わっているんだがな」

「誰が、デザインとか展開のタイミングとかを承認しているんですか？」

「一応決済は、ブランド長の夏希常務がすることになっているんだが。こっちにいないことも多いから、俺たちで決めて進めることもある。それについては一概には、常務ばっかりを責められない。間際になってから商品の展開の入荷タイミングがずれて、販促や売り場づくりの計画が変えざるをえないこともあるし。結果、バラバラに動いて現場が混乱することが起きるんだ」

ふーむ、高山は、なにかを考えていた。

「とにかくこの冬に売上を取るキーアイテムの、この後に投入するコートは、積み増す。そしてその大量に積み込んだアイテムを、店頭で打ち出すビジュアルとしっかりタイミングを合わせて訴求しなければいけないしな」

「そもそもこれまでの販促、例えば店頭での打ち出しって、効果の振り返りとかされているんですか」

「店頭のポスターなどのビジュアルやPOP、集客用のDMなどの効果の検証も含めた話だよな。うーん、やってるといえばやっているが、結果の分析は十分とは思えないな。言われてみれば営業だって、売り場で重点商品の打ち出しが徹底できているかどうかなんてかなり怪しい。振り返りがなされて、ちゃんとこの事業としての学習になっているかというと、どうかってところはあるなあ。とにかく、その期に『狙う』状態のイメージを共有して、商品だけではなく、販促や売り場づくりの企画をし、それらが去年より精度を高めるPDCAとして廻っていないとな」

んー、高山は考えていた。

「これ、このブランド全体としてとらえた、全体視点での最適化ができているかってことですよねえ」

「今、なんか難しいこと言ったな。ま、意味はわかる。その通りだ」

「これは本来、ブランド長が責任者になりますね。ブランド全体としての最適化だから」

「夏希常務だなあ……、うーん。あの人は自分の好き嫌いを優先させて決めるからな。数字を見せても、気に食わないと『どうかしら？』ってスルーするし」

鬼頭は常務の口真似《まね》をし、シパシパッと目を大きく瞬《まばた》かせた。

瞬間芸に意表を突かれ、小受けした高山だった。

「今だと現実には鬼頭さんしか、その判断はできないと思いますが……」

「毎回、俺のところに全プランを持ってこさせて、俺が決めていくの？　それじゃ、俺がブランド長じゃん」

「けど現実的に、夏希常務には、そんなことできそうもないですよね……」

夏希常務にその役割を依頼しても「感性」を大義名分にして、自分の好みだけで物事を決めていき、さらに混乱を増すであろうことは容易に想像ができた。

「この意思決定ってよく考えると、そもそも簡単にできるものなのか……」

二人は、お見合い状態になり、しばし沈黙した。

あのぉ……、高山が何かを思いついたように鬼頭に言った。

「今の状態だと、誰が決裁をしても、精度の高い判断は難しいはずですよね！」

そう！　俺も同じことを考えていた、鬼頭が言った。

「皆、それぞれ一所懸命やってはいるが、それぞれが頭の中だけで考えて、プランを形にするから。そして結果を見て、良かったとか、何か違ったとかいう議論をしているだけだ」

「大事なことは、なぜ、そのプランを実行しなければいけないか、その必然性や裏付けを、事実をもって明らかにする。そのうえで具体的なプランをまとめ、皆で確認するってことです」

「具体的には？」

「まず、前年度やその前の実施事例の振り返りを、結果のデータに基づいて行うこと。そして、その当時の前提はどうだったのか、そして想定した通りの結果だったのかを確認することから始めるんです」

「なるほど、それで？」

「当初の読み通りに、ことが進んだのかを明らかにする。そうじゃなかった場合は、どこが読み違えたのかを明らかにする」

「するとどうなる？」

「すると、販促でも店づくりでも商品開発でも、顧客が何に反応したのか、あるいは、しなかったのかがわかる。それによって顧客の思考と嗜好性、そして顧客の行動の因果がわかる」

「ってことは、それって……」

「そう、それって、我々の市場の『プロファイリング』の精度が上がっていくってことなんですよ。それを皆の前で、事実、そこから何が読み取れるかの仮説でもオープンにして議論すれば……」

「一番大事な、顧客の行動の因果の部分が、リアルに皆に共有できるってことか」

「そうです。つまり**市場起点のPDCAを皆で…**、**つまり組織で行う**ってことです。もちろん、全部が全部、データが揃っているわけでもありません。裏付けが取れるわけはない。こうじゃないか、こうだろうっていう仮説の場合もあります。でも、その仮説については……」

「何に基づいてその仮説に至っているかが『見える化』された状態になるってことだな」

「そうです。そうなれば、ただ『やれっ』て言われて、何も前提もわからずにやっているのとは、まったく違います。**『なぜ』の部分を共有できているから、商品の納期遅れの発生とかの計画外のことが起きた時などの必要な舵取りの判断が、現場サイドでもできるようになってくるはずです**」

「確かに。俺はもう、ただ『やれ』って言われて動くだけの『思考停止』した組織を動かすのには、辟易《へきえき》してるんだ。言われた現場からすれば『あんたらが考えて、あたしらが動くわけね。はいはい』って感じになるし」

「そうなんです。結果、無責任にもなりかねないし」

「あの福山なんかも、よくそんな言い方しやがるぜ。『どうせ常務がひとりで決めたんだろ、はいよ』って。くそっ、もう言わせねえからな」

そっかー、高山は天井を見上げた……。

組織論とかの本や記事とかを、自分もいくつかは読んだ。

責任者が意思決定をするのは、べき論としてはその通りだと思う。でも現実を考えると、精度の高い意思決定をするために必要なことがある。基本的には意思決定者が、本当に事業と市場を経験も含めて熟知しているべきだ。あるいは、結果を正しく分析し、そこから適切に意味合いを抽出し、そして学びを明らかにしたうえで、精度の高い仮説としての次の方向性と施策が十二分に明文化されたプランが上がってくる体制が必要だ。それがなければ、『責任者が意思決定するべきである』なんて言っても、ただ無理なこと、できもしないことを押し付けることになる。

わからない中で『えいやっ』と決めてしまった場合、うまくいけばいいが、そうでなかった時は結局、どこに読み外しがあったのかなどわからない。だいたい失敗後の振り返りなんて、本当にフェアにできるものなのか。どのみち、振り返りの分析をするのであれば、はじめの意思決定、つまりPDCAのPの際にやっておいた方が偏りも起きずに、良いに決まっている。もし常務が絡めば、失敗の振り返りなんて隠ぺいされて、自分は悪くないという総括に無理やり持っていかれるに決まっているし。

また、もし事業の責任者が意思決定を先延ばしにしたり、はっきりとした意思決定をしなかったら？　現場は日々動いている。そのままでは市場や競合に後れを取る。それに最初に気が付くのは現場だから、ある程度機転の効く現場担当者は、自分たちのわかる範囲で決めて、とりあえず事を前に進めることになる。その場合、その時の現場の意思決定は自分に見えているところだけで行われる。また、現場を抱えている忙しい人たちは、作法にのっとったPDCAのPなんて作っている時間の余裕はないはず。その状況で、企業におけるPDCAは、正しく廻っていると言えるのだろうか？

夏希常務の立場はブランド長だが、普段はここにはいないし、確かに自分の好き嫌いで物事を決めがちだ。ならば自分たちで、現場の責任者たちを集めて、毎週、事業に必要な商品、販促、売り場づくりについて、実施した結果の検証と次のプランの確認を行う。このプランドの全体最適化に向けた議論と意思決定を、事実をもとに行う会議体を動かして、PDCAを自分たちで廻す。これが、今考えられる解決策のはずだ……。

「おい、一人で何を思索にふけってんだ」

鬼頭の一言で、高山は我に返った。

「いえ……、経営学者とかコンサルタントの書く本では、『組織として市場を理解する』とか『市場の機微を把握する』とかになるんだけど。今、うちの組織でそれを具体的にすると、こういうことを組み立てなければいけないんだ、とね。今、そう考えていました」

ああ、そうだと思う、鬼頭はうなずいた。

「かっこいい、抽象的な言葉で語られると、頭が良さそうには聞こえるんだが、俺らからすれば『で、具体的にはどうしたらいいんだ』ってアイデアが欲しい。つまり実践するには、こういう手順の組み立てがなきゃ、やろうにもやれないもんな」

「この間の、安部野さんとの話の時の結論の部分ですね。プランを立てても、結局『**誰が、それがうまく動くだろうというイメージをする**』**のか**ってことです」

「そう。常務の意思決定を中心に廻すのでは、無理だってことは明らかだから、こっちでやるってことになるんだな」

「常務にはこの会議で廻っているPDCAを、毎週報告しておけばいいですね」

「そうだな。俺が持って行って報告をしておくのが良いように思うな」

鬼頭は晴れ晴れとした表情をしていた。

「これは、ブランド内の各部門を、事業部目線での最適化を行うために、連動をさせること になるから、言ってみれば『連動会議』ですね」

「なるほど『連動会議』か」

高山はペンを手に取り、ホワイトボードに向かって書き始めた。

「この会議の肝の部分は、『見える化』によって、何が前よりも良くなったのか、変わらなかったのかを明らかにすること。そして、そこの因果をつなげて、顧客が何に反応するのか、しないのかを、できる限り定量的におさえるってことです」

鬼頭は、ホワイトボードを見ながら、なるほどなあ、と言った。

「わかった。で、これをどう進める？」

「今から着手して、まずは販促と売り場づくりを中心に修正や決定が間に合う次の商戦だと、いつになりますか」

「そうだなあ、10月後半だろうな」

「じゃ、そこに向けて、すでに発注済みの展開予定の商品のテーマ、企画意図と商品構成。これを、その裏付けになるWHY、「なぜ」のところを明らかにして発表できるようにしてくださいそれから販促部に、その同時期に昨年やったことの結果の振り返り、そして今期のプランの発表をしてもらいましょう。ぼくが何を出してほしいかを説明しますので、オリエンテーションできる、打ち合わせの場を作ってください」

「この会議は、営業もいた方が良くないか？」

「営業の代表格のマネジャーも同席してもらいましょう」

「代表だけでいいのか？　現場での展開プランも商戦単位で作らなければならないし、そのイメージを共有するために営業マネジャーの全員を集めた方がよくないか」

「そうなのですが、多分ですね……」高山は口をへの字にしながら話した。

「最初は、議論があっちこっちに飛ぶ中で、会議の形を作っていくことになるように思うんです。時間がかかるだろうし、議論が紛糾することもあると思うんです。だから、ただ言われたから来ている状態だと、訳が分からなくなって、腹が立ってしまうように思います」

「そりゃあ、あっちこっちに曲がりくねる議論に長い時間付き合わされりゃ、嫌気がさす奴も出てくるだろうな」

「ええ、辟易するでしょうね」

自分がその立場なら、間違いなくそうなる、高山は思った。

「わかった。俺が大丈夫そうな奴だけ出席させる」

∀連動会議第一回、荒れる

連動会議の初回当日、中丸をはじめとした商品企画とデザイナーのリーダーと主要アイテムのバイヤー、一部の営業マネジャー、そして販促の担当者が出席して、会議が始まった。

鬼頭の指示でまとめられた、前年同時期の商品展開に対する振り返りが主要アイテムのバイヤーから説明された。

最後のアイテムであるアウターについての発表が終わったところで、高山が質問をした。

「去年のジャケットの振り返りはわかったのですが、今年のメインアイテムのベロア素材のジャケットの発注数量はこれでいいんでしょうか」

「この量で大丈夫です。今年のトレンドで、ベロアが来るんで」

担当バイヤーの富山桂子が答えた。

「いえ、ぼくが確認したいのは、その量で足りるのかどうかという点ですけど」

富山は、自分の発言に指摘が入ったこと自体が不愉快そうだった。

「ほんとはぁ、もっと売れると思うんですけどね。けどぉ、売り場がちゃんと売ってくれるかわからないし。店頭ビジュアルの打ち出しだってどうなるかわからないしぃ。そいで、結局、残ったら責任取られされるのこっちだしぃ」

そうそう……、店への商品の配荷を決めるDB（ディストリビューター）を担当している酒井静夫が、明るい口調で口をはさんできた。

「ぼくら商品部のKPIの場合、期末に残った在庫は、まともにマイナスにカウントされますからね」

ここでもまたKPIの話か……、高山は思った。成果主義の評価指標は、多くの日本企業に広まっていると聞くが、前職でも、職務ごとに設定されたKPI（Key Performance Indicator）によって、業績給だけではなく、昇給や昇格までも決まるようになっていた。結果、数値責任が明確な部門ほど、自身のKPIばかりを意識した動きをするようになり、高山の前の会社でも、部分最適ばかりがまかり通るという同じような問題は起きていた。

「ぼくもね、そのベロアは売れると思いますよ……、うん、まちがいなく。だけどね、売れるかどうかはぼくらの努力だけでは決まらないんですよ。良かれと思って仕入れても、店頭のポスターとかで打ち出してもらえなくて、営業でも全店で売り場の前面に出してもらえなければ、売れるものも売れませんから。会議でみんなから『その商品は良い、売れる』って言ってもらって、いけると思って仕入れて、売り場に積み込んだのに売れなかったなんてことは、ぼくたち、何度も経験してるんです。で、残ったらぼくらの責任になって、ボーナスの大半を占める業績給がどーんとすっ飛んじゃうんですよね」

酒井の言っている内容は、まったくの正論だった。

今の商品部のKPI体系の中では「攻め」に転じようとすると、個人個人がリスクを負わなければならなくなり、そのリスクを回避する手段を講ずるには、彼らの職務権限の範囲だけでは十分ではなかった。本来は、それを何とかして、事業としての全体最適にもっていくのが上席者であり、総責任者であるブランド長なのだが、夏希常務が、そこで腹を決めてくれるとは到底思えない。『自分たちで決めたのでしょ』で終わるのが関の山だろうし……。

「あのさ、人事企画部は『KPIについては、やってみて、修正するPDCAを廻して最適化を進めればいいのです』って言ってたけどさぁ。言うばっかりで、誰がほんとに直すのよ。それを直して、全体最適に持っていける人、うちの会社のどこに居んのよぉ」

この富山の言い分も正論だった。

前職でも、人事系のコンサルタントの指導でKPIを設定する成果主義指標が導入され、修正しながら良くしていきましょうという話だったが、人事企画の担当は『自分で最適と思うKPIを設定し、上長に承認してもらいます』と自分たちはその設定に関与しない制度であるという説明をした。しかし全体最適を実現するためのKPI全体の体系の実現のために、全てのマネジャーが最適なKPIの設定をイメージできるわけなどありえないのは自明の理だった。

結局、なんとなく『本当に、これでいいのか』という雰囲気が蔓延したまま放置され、現場の脱力感と本部への不信感が高まっただけだった。この人事評価のシステムが『健全に機能している状態をイメージする』という大事なことを、人事企画部が怠っていることは明らかだった。そして、うまくいかなかった時には『あなたたちが設定したKPIが不適切だったのですね。では翌年修正してください』と第三者的に言うことができ、責任を直接には自分たちが被ることのないようにしている、責任回避を優先させた一種の丸投げであるという印象があった。

そもそも高山は、昇給や昇格などの主要な人事評価が算式だけで決まると謳う評価システムそのものにもつねづね違和感を抱いていた。システムや決まり事って、完全ってわけじゃなく、常に改善の余地なんてあるだろうに。その改善を誰が行えるようにするかは明確にしなければならないし、その不備に気づいて修正していくのは、マネジャーやマネジメントの役割であり、求められる必須の能力じゃないのか……。一人、これまでのことを思い返している高山だった。

「あのさ、お二人の言ってることはよーくわかるんだけどさ。やっぱ、全体最適を目指すってこと自体が重要な事じゃないの？」

この中丸の発言に、富山と酒井は口をつぐんでしまった。

中丸さん、アメリカから戻ってきたばっかりの感覚で、そのイニシアティブをここで説くか。高山には、その背景も理解できたが、ここでべき論の話をされても、二人には酷だ……。そう感じたのは、おそらく高山だけではなく、この場全体にそのような雰囲気が漂っていた。

「どうします？」

明るく、かつ冷静な酒井の投げかけに、高山が口を開いた。

「今回、この会議の場を持ったのは、そもそも論として全体最適の視点を持って、商品、営業、販促それぞれが手を打てるようにしたいからです。これまでの結果、それから目標数値を共有したうえで打ち手をこの場で確認していけば、少なくとも、言ったのに伝わってなかったなどの話は防げますし、具体的にどうなっていくのかは全て共有できると思うのです」

高山の大上段からの目線の話にも、富山、酒井の反応は冷ややかだった。

様子を見ていた鬼頭が口を開いた。

「KPIについては、富山や酒井さんが言う通りなんだけどさ。営業、販促そして商品が、しっかりと商戦単位の仕掛けで連動できていれば、お互いのやることをよく見すえた上で、『攻め』の議論と同意を取ることができるのじゃないのか。この後に販促からこの期間の店頭のビジュアルプランを発表してもらう段取りだから、まず、それを確認してみねえか？」

「それは、その通りですね」酒井が言い、富山もうなずいた。

「じゃ、君崎。発表してくれよ」

販促部門の担当である君崎宏が、ごそごそと立ち上がった。

はい……、と君崎は、もたつきながら自身のPCをプロジェクターのコネクターケーブルにつないだ。

「まず、昨年の打ち出しですが、集客が上がり始めるこの時期には、ブランドの印象を強く打ち出そうということで、イメージ訴求型のものを使いました」

昨年、店頭訴求に使われたA1ポスターのビジュアルが映し出された。秋の林の風景にロゴが入ったビジュアルで、上品ではあるが、インパクトには欠けるものであった。

「そして、今年も来客の多いこのシーズンには、やはりブランド力強化のためにブランドイメージを明確に打ち出した形が好ましいと思いまして、去年よりもクオリティの高いビジュアルで考えています」

君崎がスクリーンに映しだしたビジュアルは、雲のかかった秋空が美しく撮られたもので、百貨店で展開している高価格帯のブランドのロゴが入っても遜色ないものだった。

「ほーら、これだよ」酒井が、したり顔で言った。「ね、このポスターの案。素敵なのは間違いないですよ。でもね、これじゃあ、いっくら発注数を上乗せしたって、そもそも入店を促進する力のあるビジュアルじゃないですもん。客数が増えるとは思えませんし、商品を積んでも動かないですよ」

「よぉ、君崎。売上指数が高まっていくこの時期に、なぜ、この風景のビジュアルを店頭に掲示するんだ」

眉間にしわを寄せた鬼頭を見て、君崎はうろたえていた。

「い、いえ。この間やった布帛シャツのビジュアルが、即物的過ぎて、まるであの『モノクロ』みたいだから、ちょっと違うのではというご意見がありましたので」

「何言ってんだ。おめえ」鬼頭は、さらに厳しい表情になった。

「どこから、その意見が出たのぉ？」

いえ……、中丸の直球の質問に、君崎は言葉を濁した。

「あ……、常務なのぉ？」

君崎の表情を覗《のぞ》き込みながら、富山は語尾をあげた。

「出た……」すかさず酒井がつぶやいた。

「なんだよ。自分の意志で企画したビジュアルじゃないのかよ」

鬼頭の言葉に憤然とした君島は「いえ、私もこれで良いと思っていますけど」と開き直った。

君島さん、むきになってしまった、そう思い、高山が話し始めた。

「今、店頭のＡ１サイズのポスターで打ち出している、新機能の布帛シャツのビジュアルは、確かにとても即物的です。ただ、この打ち出しで前年対比１１０％とそれまでのＳＳ

(Spring and Summer、春夏シーズン）の推移が最終87％だったことを考えると、20ポイント以上も全体の売上を押し上げる効果を示しています。もともと『モノクロ』対抗業態としてスタートしているブランドなのですから、顧客層を考えても問題はないと思います。今回のベロアのジャケットは価格帯もかなりこなれています。うちのブランドの顧客層は、この商品の訴求を望むと思いますよ」

君島は、うつむいたままだった。

「君島さん、SSからの前年対比の推移を示した折れ線グラフを作ってみましょう。そして、前年同期のAW（Autumn and Winter、秋冬シーズン）の推移と比較させれば、即物的な単品訴求でベロアのジャケットのビジュアルを作るべきだというのは、誰にでも説明できるはずです。なんなら、ぼくが社長に説明をしに行きます。夏希常務にも、ぼくが説明します」

高山はホワイトボードに殴り書きで、分析のイメージを描いた。

「酒井さんさ。今回、ベロアのジャケットを、このあいだのように店頭で単品訴求をした場合、タマが十分あるとして、店全体で売上をどのくらいにまで押し上げるって読む？」

鬼頭の問いを受けて、酒井は電卓をカチャカチャと叩き始めた。

「そうですねえ。今回の商品はかなり競争力があると思うので、今から追加オーダーも入れておくと、この商品が売れる期間も伸びて、結果、倍以上は売れる可能性がありますね……。この間の布帛シャツの時の数字も加味して計算しますので、ちょっと待ってくださいね」

酒井は電卓を叩き終え、顔を上げた。

「集客効果も加味してですね、ぼくは、この商戦の2週間半を通して125%で読みます」

ほう、鬼頭は言った。

「そりゃ、『やり』だろうよ」

君崎はうつむいたまま、上目使いで鬼頭を見た。

「あの……、もし常務に何か言われたら、説明してもらえますか」

蚊の鳴くような声だった。

「心配すんな。俺でも高山さんでも、どっちでも出てくから。一番、モールを歩いているお客さんに訴求して、入店数が増えそうな単品訴求のビジュアル案を作ってくれ」

「わかりました」君崎は、恐る恐る承諾した。

「営業の方の売り場づくり対応は、もっと引き付けた直前でも大丈夫だから」

「あの、この会議なんですが」高山はホワイトボードに書き始めた。

「商品、販促、営業が、連動できるように、毎週、結果の振り返りと先の企画の検討と詰め、そして皆でアイデア出しを行う場としたいと思います」

「例えば今週、話をするのは、営業であれば**来週**の売り場づくりをどうするかになりますが。

君崎さん。販促だと……、今決めるべきなのは、いつの企画になりますか？」

「え、そ、そうですね。今決めなきゃいけないのは、**半月くらい先**のプランですね」

「ならば、検討期間を含めて、1か月前から詰めを始めることになりますね。鬼頭さん、商品発注については？」

「そうだな。**3か月から4か月**。長いもので6か月ってとこかな」

「というところで、決定する緊急度の高い、迫ってきている案件から議論していくので、**斜めに議論**することになります」

高山は、斜めに楕円を描いた。

「集客目的のDMの内容の詰めだと、普通の販促物よりも前倒しで議論を始めないとならないですね」

高山の描いたホワイトボード上のなぐり描きを眺めながら、富山は「なんか、イメージしにくいんだけどぉ」とつぶやき、酒井は「ま、わかるな。それ」とうなずいた。

「こんな感じで毎週、斜めに企画の詰めを行っていくことになると思います」

「じゃ、君崎。次回来週は、今、酒井さんが電卓叩いてくれた『読み』のシミュレーションの計算を添えて、即物的な単品訴求のビジュアル案を持ってきてくれな。あと、何かあるかな」

あの……、販促物の手配を担当している東岡千恵子が、手を挙げた。

「その後のコートの本格展開の時期には、来店促進の景品《ノベルティ》を出そうと思ってるんですよ。6000円以上買った方とか、8000円以上買った方とか、ハードルを設けて……」

「あ、そうか。ノベルティの検討もしなきゃな」

「一応、予算をとってありますし、入店促進と単価アップにもつながるはずですし」

「あ、そうですね。じゃ、その分の費用と、売上を上げる効果を計算して出してもらえますか」高山は言った。

「どうやって計算するんですか？」

「とりあえず、去年までの結果から、読んでもらうしかないと思うんです。折れ線グラフを描いて、ノベルティのあった時となかった時で、どのくらい集客の押し上げ効果があったかを、見えるようにしてですね」

えーっと……、あー、そうかぁ、東岡にはイメージが伝わったようだった。

「とりあえず、その押し上げられたパーセンテージを使えばいいと思います」

「でも、お買い上げ金額のハードルが6000円の場合と8000円の場合での違いは、どう読めばいいんでしょう？」

「8000円の時は、当然、ノベルティは、よりいいものを用意できるよな」

鬼頭が口を挟み、高山は、そうですねえ、と言った。「これは、仮定を決めて読むしかないですよね。この時期のコートの単価って、いくらからですか？」

「税込み価格5980円からで考えています。その上は、6980円と7980円」

富山が言った。

「コートにプラス一品っていうことか……。7980円のコートに一品足してもらってもいいってことになるんだ」

「今年は、この時期のインナーもかなりいいぞ」鬼頭が言った。「ハードルを7000円と10000円の二本にして、かなり魅力のあるノベルティをつけるって手もあるな」

「考え方は、大体わかりました。この時期の商品を見ながら、いくつかの代替案のパターンをつくって考えて、提案しますね」

やり取りを聞いていて、東岡にはイメージができたようだった。

「よーし。長くなったけど、今日はここまで。じゃ、また来週」

鬼頭が場を閉めようとすると、高山さんが、富山が「あのさ、しゃべっていい?」と口を出した。

「この会議ってしばらくは、細かーいところまで、詰めてくるよね。結構、議論に時間かかると思うんだ。あたしの予想だけど」

「ぼくもそう思うな。けど、ここで話にでる前提の部分を知っておくことって、大事なことですよね」酒井が言った。「だから、この会議の後には、他の予定を入れない方がいいな。しばらくは、エンドレスになりそうな気配が十分にあるもん」

げげげっ……、富山は顔をゆがめた。

「あったし、いっそがしいんだけどなぁ」

「ちゃんとイメージできてるな、君たちは。これから毎週、何が起きるのかを」

二人のやりとりを聞いていた鬼頭は、まんざらでもない顔だった。

「まあ、可能ならば、会議の前、事前に高山先生のとこに持っていったら、アドバイスをもらえると思うけど。なあ」

鬼頭は、楽しげに高山に振ったが、富山は、ちっ、と舌を鳴らした。

露骨に嫌そうな態度を示す富山だったが、だからといって、本気で非協力的であるようなそぶりもなく、これから何をしようとしているかは、この場にいる皆にまちがいなく伝わったようだった。

「へえ、いい感じじゃん……。なんか行けそう」

中丸は一人、つぶやいた。

＊　＊

翌日の火曜日、午前中に行われた週次のMD会議の後、鬼頭は席に戻る高山を呼び止めた。

「なあ、どうも営業マネジャーの週次会議の出来が良くないんだよな」

「ええ。この数回ほど出席してないのですが、発表資料を見ると、甘いなんてもんじゃない。むしろ、立ち上げる前よりも資料の書き込み内容が後退している感じですね」

「あのね。営業改革のプロジェクト、あたしたちがいない時には、『そんなに一所懸命やらなくてもいい』っていう雰囲気が蔓延しているんだって」中丸が言った。

「営業マネジャーには、まともな奴もいるのだけどな。なんでだろう？　久米田が、この会議のリーダーやってるんだよな」

「サポートに、西川さんについてもらっています。西川さんにあとで状況を聞いてみます。彼が久米田さんを手伝って、営業マネジャーの指導をしているので」高山は言った。

「そもそも西川さんって、人を指導できるような能力って持ってるの？」中丸が尋ねた。

「大丈夫です、任せてくださいって、西川さんは言ってるけど」

本当かね、と鬼頭は言った。

「とにかく、今日の営業の週次会議への出席の時に注意して見てみる。西川が、自分がきちっと見ているって言いはってたから、ずっと出席していなかったんだけど、今日は出て、言うべきことは言わせてもらう。ちょうど、船橋から、あの、うるせえ福山洋子も来ているからな」

「あたしも出る」

「ぼくも出ますよ」

三人はそれぞれの予定を確認した。

▼営業週次会議

「おお、高山さん、久しぶりだねえ。元気？」

高山を見るなり福山洋子が寄ってきた。

「なんだよ、俺は無視かよ」という鬼頭に「あたりめえジャン。あんたの顔なんか見飽きているもん」

と福山は歯茎をむき出しにして笑った。

相変わらず男みてえだな、おめえ、と鬼頭に言われ、うっせーよと笑い返して福山は席に着いた。

久米田の仕切りで週次の営業マネジャー会議が始まった。

各マネジャーから、前週の店舗活性化活動についての発表が続いたが、週次のMD会議や連動会議に比べると、なんとも緩い、緊張感のかけらもない会議となっていた。

高山は腕組みをしたまま聞いていたが、営業マネジャーの大山伸夫の発表の際にたまりかねたように挙手をした。

「大山さん、今の発表、ちょっとよくわからなかったのですが」

「えっ？」大山はうるさそうに語尾を上げた。

「そりゃ、たまに来て、出席されているだけですものね。話の内容はわからないでしょうね……」

大山の返答にカチンときた高山だったが、気を取り直して指摘をはじめた。

「先週の会議の際の発言録を見ると、実施した施策への修正点が、いくつも具体的に指摘がされています。今日の発表の中では、その修正点がどうなったかという話がなされなければならないはずですよ」

高山は手元の資料を差し上げ、指でさした。

「たとえば先週の打ち手には店頭のレディースコーナーの商品の一部が全く動いていないから、入店客の導線を調べる必要ありって書いてありますよね。その調査の結果と対応は、今週の資料のどこに書いてあるのですか？　前回、やるって宣言したこととちゃんとつながって、初めてＰＤＣＡが回るはずでしょう？」

高山からの直球ともいえる指摘に、大山はたじろいだ。

「いえ、やっていないというわけじゃなくて。あの、書き落としていたと言いますか」

大山はちらちらと久米田と、その横に座っている西川を見ながら、どぎまぎしていた。

「実際に大山さんの行った導線調査の結果について話をしてもらえませんか？」

高山がさらに聞いたが、大山の発言は要領を得ず、しどろもどろだった。

「やっていないってことですか？　なぜなのですか」

高山の追及に大山は、口を開こうとしない久米田と西川の応援を求めるそぶりを見せ、ただうろたえているだけだった。

「西川さん。どうなってるんですか」

西川は無表情に、はあ、と言っただけで、さっさと久米田に視線を送った。

「おう、久米田さ。この会議は、どういうふうに仕切ってるんだよ」

久米田はふてくされた表情で、腕を組んで黙ったままだった。

「おう、黙ってちゃわからないだろ。なんか説明してくれなきゃさ」

鬼頭の追及に、久米田は不愉快そうに、ただ視線を横にそらした。

「あの、久米田さんね。これじゃ、課題の解決を確認する会議になってないと思うんだけど」

中丸の指摘にも、久米田は無言で腕を組んだままだった。

西川が何かを久米田に耳打ちしたものの、沈黙状態のまま、時間だけが過ぎていった。

「私のせいです。すみませんでしたっ」

突如、久米田が大声で怒鳴った。ふてくされた表情の久米田の横で、西川は誰とも目を合わさずに、ただ前の床を見たまま硬直していた。

「別におめえが切れなくたっていいだろうよ」

久米田は、憮然《ぶぜん》とした表情のまま無言だった。

「進め方がよくわからないんだったら、俺らに声かければよかっただけだろうに」

そもそも、それを手伝うためにいるのが西川さんのはずなのだが、何をやっているんだ、いったい……、高山は硬直状態の西川を見た。

「そもそもさぁ、今回の営業の活性化プロジェクトってさ。営業マネジャーの仕事をきちっと『定義』しようってことじゃない？ マネジャーが腕を磨く方向性を明らかにしようってことでしょ？」

中丸らしい発言だった。

「まあいいや。皆、発表の用意をしてきているんだからさ。とりあえずは、先に進めようやな」

鬼頭の一言で、とりあえず高山はこれ以上の追及はしないことにした。

久米田は無言のまま報告資料をめくり、次のマネジャーの資料を出した。

「じゃ、それでは……、次の方の発表をお願いします」

進行を促したのは西川だった。

次の発表の営業マネジャー、市川敏孝の報告はさらにレベルが下がり、資料に文章は羅列してあるものの、店長がこう言っていた、販売員からこのような意見が出ていたという話ばかりで、週次の課題の取り組みはもちろんのこと、自身の動きについてさえ全く不明瞭だった。

「この報告さ、何だかよくわからないじゃん」今度は中丸が指摘を始めた。

「ＰＤＣＡにならないよ。こんなんじゃ。形だけの発表だもん。何やってんの、君は？」

言われた市川は、何も言わずに下を向いたままだった。

「一つずつ確認させてもらうね」

中丸は容赦なく、不明瞭な点を一つずつ全て指摘していった。市川は、まともな答えをほとんど返すことができず、ＰＤＣＡを廻すということの意義さえも全く理解していないことが明らかになっていった。

「だめだよね、これじゃあ。次回、また出席させてもらうから、その時に聞かせてよ」

中丸は、それ以上の追及をやめ、久米田は不機嫌そうに次の営業マネジャーの発表を指示した。

似たり寄ったりのお粗末な発表が続き、もはや鬼頭たちからは指摘もないままに、発表は進んだ。

最後の営業マネジャーの発表終了後、鬼頭が発言した。

「ちょっといいかな。この会議さ、いくら何でも、発表内容も、それに対する確認も甘くないか。当初、この会議を立ち上げた時はこんなじゃなかったよな」

鬼頭に言われ、久米田は憮然《ぶぜん》とした態度でほどいていた腕を、また組んだ。

「あたしも、ちょっと話していいかな」今度は福島洋子が話し始めた。

「この営業マネジャーの店舗活性化会議が始まるって聞いた時はさ、あたしゃ、本当にうちのブランドが良くなるって思って期待したんだよ。だけどさ、何だよ、こりゃ。前より悪いくらいじゃないか！　商品は良くなってきてんのに、まだ、店ごとの数字が大きくばらついているのは、マネジャーがやるべきことの基本をしてないからじゃないのかい」

久米田は前の床を見つめ、黙ったままだった。

「久米田さんよ、この会議って営業マネジャーが毎週、課題のある店舗に行って、どの数字に課題があるのか、そして実際にやってみてうまく行ったのか行かなかったのかの、その過程と方法をみんなで共有するためのものじゃないのかい？　それであんたが、それを推進する責任者として選ばれてるんじゃないのか、はあ？　しっかりしろよ、おい！」

福山は久米田を追い詰めていった。

「うっせえなあ！　何が悪いんだよ！」

久米田は、自分のテーブルの上にあった、空のペットボトルを床に投げつけた。

「あんたが切れてすむような話じゃないんだよ。もっとまともに仕事しろよ。あたしも船橋からわざわざ来てんだからよ！」

「知らねえよ。そんなことは！」

久米田は、腕を組んだまま、黙り込んでしまった。

高山は鬼頭と顔を見合わせた。

「まあ、とりあえず今日はそのくらいにしとこうや」

鬼頭がその場を締めると、久米田はさっさと会議室を出て行った。

「あーあ、時間と交通費の無駄だった。あたしゃ、帰るよ」福山も会議室を出て行き、会議は終了する形になった。

西川が気配を消しながら、そこに座っていることに、高山は気が付いた。

「西川さん、どうして、こんなことになるのですか？」高山が尋ねた。

「いえ、私もやれることは全てやっているのですが、何しろ、彼らは能力がないんです……。いやあ、困ったもんです」

西川はまるで他人事のように、昭和の漫画の登場人物のごとく頭をかいた。

鬼頭と中丸からの冷たい視線に、西川は再び硬直状態になった。

「何が原因なんですか？」高山はさらに問い詰めた。

「私は……、副社長の甘やかし文化が根底にあると思いますが」

高山は、西川もこの会社の背景にある課題を、リアルに押さえていることを知った。

「どうするよ」鬼頭は高山を見た。

「常務に言ってもなあ。こちらが期待するような動きはしないだろうし」

「ぼくが副社長に相談してみましょうか」

「どうかなあ、そもそも久米田を不憫に思っているところからはじまっているからなあ」

鬼頭は首を傾げた。

「久米田の問題の話をしても、機嫌が悪くなるだけかもしれない」

「みんなの前で、福山にあれだけ言われりゃ、久米田も顔をつぶされているから、しばらくは俺たちには聞く耳を持たないだろうな。どうしたもんかなあ」

鬼頭の言葉に、皆、黙り込んでしまった。

「まあ、副社長の想いを勝手に忖度《そんたく》して、久米田をリーダーにしたこっちの手落ちでもあるからな」

「あ、忖度《そんたく》なんて、今風の言葉使っちゃって」

うっせーな、鬼頭は言った。

「とりあえず、ぼくたちが出席して、あるべき形の運営に持っていくしかないでしょうね」

「あたしは、次回も出席して指摘をする。あれじゃダメだもん」

「まあ、そうだな。俺たちで修正するしかないか」

「あのさ、副社長のことだけど」中丸は声のトーンを落とした。

「自分が指名した久米田さんに、この営業改革プロジェクトをやらせているわけだから、どうなっているのか気になっているはずよね」

「そりゃ、そうだろ」

「だったらさ、副社長は、久米田さんを呼び出して話を聞くはずだよね」

鬼頭の表情が曇った。

「ああ、副社長は久米田の言う事を鵜呑みにするからなあ。今日の久米田は、ブチ切れていたから、副社長に俺たちのことを良くは言わないだろうなあ」

「なんか手を考えないといけないですねえ」高山は腕を組んで考え込んだ。

「あ……、あ、あのですねえ」西川が口を挟んできた。

「この間、久米田さんが副社長に呼ばれて、この営業活性化プロジェクトの状況を報告したんです。それで、その場に私もついていったんです。へへ……」

「そんなことあったの？」高山はそのことを初めて知った。

「なんで黙ってたんだ。そういうのは早く言えよ。で、どうだったんだ。その時の話は？」

「その時は、当たり障りない話だったので……。特に何も」

西川からは、それ以上の情報はなかった。

「それでですね、次回、久米田さんが副社長に呼ばれて報告する時に、私も同席できるように久米田さんに言いますので、そこでの話をみなさんにもお伝えします」

「まずは、それもありか」鬼頭は言った。

「西川さんの報告を聞いてから、対応を考える、ということですね」

「なんか、君、スパイみたいだね」中丸は西川の顔を真正面から見た。

へへへ、西川は卑屈に笑った。

中丸と鬼頭が去った後に、西川は高山のもとに寄ってきた。

「これだけはお伝えしておきます。私は、高山さんのために働いているのですからね」

西川から二回目に聞くこの言葉に、高山は何も答える気がしなかった。

▼悪い噂

「夏希さん、ちょっといいかしら」

副社長は夏希常務を社長室に呼んだ。

「あのね、栃本衣料の長男の栃本忠男君、去年、社長になったでしょう？ それが昨日、あたしのところに電話してきたのよ。『ハニーディップ』に発注量を減らされたので何とかしてくれないかって」

「忠男君って、もう40歳でしたっけ」夏希常務は尋ねた。

「そうよ。あたしね、そんなことを、あたしに言ってきてもわからないからダメよって言って、電話を切ったの」

夏希常務は黙ってあいづちを打った。

「でも、あの子、社長になってこれからっていうところで、うちの取引高があまり減ったらかわいそうでしょ？ ちょっと『ハニーディップ』からの発注を見ておいてくれるかしら。

鬼頭くんも考えがあってやっているだろうから、別にちゃんとした理由があれば、そのままでいいからね」

副社長からの「頼むわね」の一言に、承知しました、と答えて夏希常務は社長室を出て行った。

「おい、さっき、久米田がカフェテリアで常務と話をしているのを見たぞ」

自販機の前でお茶のペットボトルを買っていた高山に、鬼頭が話しかけてきた。

「へえ、この間の久米田さんのことを聞きつけて、常務が注意でもしたのかな？」

「だといいんだが……。わからないな」鬼頭が答えた。

高山についてきていた中丸が、あのね、と話を始めた。

「この間、社長の家で田村家一族の食事会があったの。そこで聞いたんだけど、この間、高山さんが山川専務の資料の悪さを指摘したんでしょ？　その後、山川専務、社長からすごく怒られたらしいよ」

「指摘したのは、ぼくじゃない。西川さんだ」

「そこでは高山さんが指摘したことになってた。で、そのあともさらに高山さんが山川専務のことをダメだ、まとめる能力がないと言った、という話になってたよ」

「言ってないって、そんなこと」

「海外事業なんて、自分がやれば簡単にうまく行くって高山さんが言ったって話になってたけど、そんなこと言わないよねえ？　誰かと話をしてる時に、そんなことを漏らした記憶ない？　夏希さんとかに言っちゃったとか」

「そんなこと言った覚えはないけどなあ」

「で、山川専務は、もう引退したいって漏らしてたらしいよ」

「そのことが理由で？」

「そのことだけじゃない。今までも、いろいろあったんだと思うけど」

中丸にしては、珍しく言葉を濁した。

「高山さんさ、どこかで一度、社長と直接話をする機会を作ったほうがいいよ。今やってるのは、全社レベルでも重要な、うちの大きなブランドの改革だからさ」

「社長はわかってくれていると思うよ。公式な場での社長への報告は、ちゃんとできているし」

「そうなんだけどね。社長との距離は、もっと近くしておいたほうがいいよ」

「わかった。そうだね」

しかしながらこの時点で高山は、この中丸からのアドバイスを大して重要とは考えていなかった。

▼マネジメントの精度を上げる

高山は安部野の元を訪ねていた。

「明らかに君の会社も、**マネジメントの精度向上**が課題だな」

「『マネジメントの精度向上』っていう表現は、わかったようでわからない感じです。具体的にはどういうことなのですか？」

「そうか、そうだな。確かにそういう説明は必要だ」

安部野は話を始めた。

「そもそも**マネジメントは、事業活動の本格化、そして発展と共に、必ず進化が求められるものだ**」

「**会社が成長して事業規模が大きくなると、社長業として抱える課題と業務のレベルが上がってしまうと**いうことを、以前、安部野さんから教えてもらいました」

「事業の成長が鈍化していても、利益が出るおいしい市場ならば、一般的には競合する会社が存在するものだ。よって、よりよい製品やサービスで差別化し、他社よりも優位に立とうとする戦いが、常にそこにはある前提になる。よってある程度の規模の市場ならば、遅かれ早かれ、そこで知恵を絞りあう競争状態に突入するわけだ」

「ぼくが以前いた、郊外型の紳士服チェーンは、いかに集客するか、そのためのアイデアや技を競っているような業界でした」

「例えば、チラシやDMの打ち方でも、いかに他店よりもお得であると見せるか、その表現に必死で知恵を使っていたろう？」

「はい。でも、本当に値段を下げて売る競争をしてしまうと、粗利益が際限なく減っていってしまいます。原価を下げるために、海外で安く作れるところを探しに行っても、品質を安定させるのは、手間と時間のかかる話です。だから、永遠に『より安く』の競争ばかりを続けるのは、どだい無理な話です」

「そうだ。極めて簡単な話だが、結局、**差別化の軸っていうのは大きく言うと、『より安く』『より便利に』そして『より楽しく、より心地よいものに』の三つしかないんだ**」

「最初の二つは、わかりやすいですね」

「ああ。例えば、郊外型の紳士服チェーンならば、住宅地に近い郊外のロードサイド、つまりお客様にとって『より便利』な立地に、地代家賃の安さを有効に使って百貨店と比べても『より安く』展開して成功したわけだ。その事業、業態の競合優位性は、百貨店に対するもので、そこから大きな市場を奪いとったわけだ」

「その通りだと思います」

高山は前職の時、地方での店舗展開が進んだ時に、地方百貨店の紳士服売り場がみるみる縮小していくのを、目の当たりにしていた。

「ところが、この業態の中での企業間の競合優位性となると、どこも、もっと安くして集客しよう、もっといい立地で集客しようとばかりしていた。これをお堅い表現で言えば『コモディティ要素での優位性を追求し続けた結果、同質化してしまった』わけだ」

「堅い表現で言うと、何かカッコいいですね」高山は無邪気に笑った。

「もともと、アメリカに数多くあった郊外型の紳士服を扱うチェーン店がモデルになっているわけだが、アメリカでは、この業態は消えてしまった」

「なぜですか？」

「理由の一つは、世の潮流として皆があまりスーツを着なくなった。いわゆるドレスダウンという代物《しろもの》で、スーツの市場が縮小したこと。そしてもう一つは、その二つのコモディティ要素の差別化軸において、店を増やしたものの各社が安さを競い合う不毛な競争が際限なく続き、粗利幅を削り続けたために事業として成立しなくなったわけだ」

「全て、消えてしまったのですか？」

「業態としては消え失せた。それでも生き残った店はあるんだが」

「どういう店ですか？」

「これが今日の話のポイントになるのだが、『より安く』『より便利に』だけではなく、三つ目の差別化軸の『より楽しく、より心地よいものに』という方向性に取り組んだところだ」

「その方向性に進むのですね」

「ああ、結局、二つの戦い方が残った。一社は商品力で勝負を試み、もう一社は接客を別次元のレベルまで上げることで差別化を図った。『トゥデイズマン』と『メンズウエアハウス』の2社だ。『トゥデイズマン』はオリジナル商品だけではなく、ラルフローレンなどのブランド品も安価で展開し、これを無接客で売ろうとした。一方、『メンズウエアハウス』は従来にはなかった、さらに踏み込んだ接客の世界を、時間をかけて具体化した。さて、どっちが勝ったと思う？」

うーん、この事業のことを現場感覚で知る高山は、両方の差別化の仕方の価値を明確にイメージできるため、かえって考え込んでしまった。

「勝ったのは『メンズウエアハウス』だ。『トゥデイズマン』は米国版の会社更生法であるチャプター11《イレブン》、つまりアメリカ合衆国連邦破産法第11章の適用申請の3回目の時に、どこも手を差し伸べてくれなかったために消滅した」

「接客でしたか。でもそれ、わかるなあ」

「商品だけで比べると、圧倒的大差で『トゥデイズマン』に軍配が上がっていた。しかし、メンズ市場においては、日本と同様、米国でも、男どもは自分で自分に合う服を、選ぶ能力が乏しいというのが実態だった。売場で素敵なジャケットを見かけても、自分に合ったものかをイメージし、それをうまくコーディネイトして着る能力がない男が圧倒的多数だった。

つまり顧客サイドに立った提案を進めることのできる接客が、このビジネスにおいては重要な要素だったということだ。『メンズウエアハウス』はさらに、単なる利便性の追求ではなく、楽しさや興奮を伴った新しい接客方法を開発した。接客で定評ある百貨店の『ノードストローム』からも優秀な販売員が移っていき、この会社は、堅調に成長を続けた。９・11（同時多発テロ）、リーマンショックなどの外的な要因がある時以外は、ほぼ20年にわたり既存店が対前年比プラス数％の成長を続けてきている」

「チェーン展開している小売業で、その数字はすごいですね」

「仮に既存店売上前年比＋５％を継続できるとすると、１店舗当たりの売上は15年でほぼ倍になる。今ではニューヨークではメンズ市場において、あの大型百貨店のメイシーズと肩を並べるチェーンになるまでに至った」

「そんなにすごいんですか」

「つまり、この三つ目の差別化軸の**『より楽しく、より心地よいものに』**は、**価格や効能、利便性などのコモディティ価値以外の全て、つまり言語化による価値の説明だけでは十分には伝わりにくいが、顧客から価値が認められるもの。**簡単に言えば、**人の『これ、いいね』と思う感性に訴えかけ、響くものだ。**ここを開拓できれば、無限に需要を開発できる市場が広がっているということだ。『メンズウエアハウス』の場合は、単にコーディネイト販売するだけではない。ワードローブ、つまり、あなたの持ち衣装のコレクションの改善を提案します、という商売に切り替えた」

「それって、すごい……。洋服ダンスに収納できる限り、需要は無限になりますものね」

「その通り。この店では、販売員の名刺には『ワードローブコンサルタント』という肩書が書かれている。メンズウエアハウスも、もともとは郊外型の安売り紳士服店だった。そして、この進化の方向性で成功したわけだ」

「レディースファッションアパレルも、その三軸目の価値で戦うビジネスなのだと……、そういうことですね」

「『メンズウエアハウス』については、彼らが7年かけて築き上げた接客システムによって、当時、安売りばかりだった米国の郊外型紳士服専門店の競争から抜けだす、業態の差別化に成功したわけだ。一方、レディースファッションのビジネスにおいては、アイデアはあったとしても、やってみなければ結果がわからないことだらけだ。ゆえにまずは、小さくやってみる。そして、当たりを見て大きく育てる。さらに当たったキーワードを言語化して組織で共有する。これによって、顧客が何に反応するのかを明らかにして、顧客のプロファイリングを進めていくことになる。君もよく知る、『激安の殿堂』ドン・キホーテも、同じやり方であの売り場を実現している」

「え？ ドン・キホーテがファッションビジネスなのですか」

「何を言っているんだ。今の時代、ほぼ全ての小売業がファッションビジネス化していくといってもいい。先ほどの三軸のうちの『より安く』と『より便利に』の戦いは、どんどん、レベルの高い戦いに突入していく。そして徐々に『より楽しく、より心地よいものに』という実験が必要となる戦いに、土俵が移っていくものだ」

「それはわかりますが、それを実現しているのが、あのドン・キホーテなのですか」

「あの店を見てわからないのか。あれだけの面白い商品を集積することができ、かつ新しい商品に挑戦をし続けることができている店など、そうないぞ。アイデアを実験し、その結果をよく見て商品群を大きく育てるノウハウを組織として体得している企業だ」

そうか……、高山は言った。「安部野さん、ＰＤＣＡサイクルのことを話しているのですね」

「ビンゴ！」

安部野にしては、珍しく陽気な言葉だった。

「**結局、組織として、このPDCAサイクルが廻り、市場に対して実験をしかけ、その結果を正しく検証して事業を伸ばしていく基本動作を、組織に文化として根付かせられるかどうか。これが、マネジメントが目指すべきことだ。そして、これが健全に進んでいる企業は、市場起点に事業の進化が進むことになる、つまり、マネジメントの精度が高い状態といえるだろうな**」

あ、そういえば、マネジメントの精度の話をしていたんだった、高山は思った。

「ただし……だ。先ほどの『メンズウエアハウス』についてだが、この接客システムづくりに取り組み、社内における宗教のごとく、文化にすることに成功した創業者のジョージ・ジマー会長は、残念ながら数年前に退任された」

「どうしてですか？」

「この『メンズウエアハウス』も上場を果たし、堅調な成長を実現できていたのだが、彼は会社の将来のことを考えて新しい成長軸を求めた。ジマー会長は、タキシードなどのフォーマルウェアのレンタルビジネスに目を付けていた」

「アメリカならば、フォーマルな服を着る機会は多そうですね」

「ああ。ただ成功した創業者が、そういう新しい事への挑戦のイニシアティブを発揮し続けていくと、時として株主から期待されている年次の収益性や、求められる成長性とのかい離が起きることもあるということだ」

「と言いますと？」

高山には言語明瞭、意味不明だった。

「特に米国においては株式を上場すると、事業価値、つまり株価の上昇、あるいは収益を上げて配当を出すことが株主から、必須のこととして求められる」

「それだけを聞くと、そうだろうとは思いますけど」

「この事業価値を高めるということができないと、ＣＥＯはその任に能わずということになる。つまりクビだ。日本とは違い、米国ではこの点はシビアで、たとえ偉大なる創業者であろうと、そんなことは関係ない」

「日本では、創業者が株主からクビにされるなんてことは聞いたことはないです」

「米国式の経営の仕方を取り入れることに熱心な経営者は多いが、長期低迷状態にあって、自ら引責辞任を申し出た創業者など、聞いたことはないな」

　ははっ、安部野は軽く笑った。

「先を読んで考える打ち手は、必ずしも上手く言語化できる話ばかりではない。その事業に携わってきたものの経験から思いつく、あるいはイメージできるというものもある。問題は、これが必ずしもうまく言語で説明できないことがあるということなんだ」

　それはわかるなあ、高山は思った。

「つまり言葉で十分には説明できないが、やってみるべきと思えることってことですね」

「そうなんだ。ところが、その経費を発生させて将来の成長に寄与するかもしれない出費が、本当に適切なのか。この点が株主の代表として任命されてきている取締役に受け入れられないと、株価が上がる投機目的、あるいは配当目的で、その会社の株を所有している株主への手前、まずいことになる」

「まずいというのは？」

「取締役会が、株主に対して説明ができないような経営判断をして、事業価値向上に貢献できていないCEOは、果たしてその事業を任せるのに適しているのか、ということになる」

確かに、事業に関する全てのことが、言語で説明できているのかとなると、疑問を感じるな、高山はそう思った。

「米国で上場すると、単年度収益の達成に追いかけられることになる。株主のためのリターン至上主義が、経営環境の根底にある。それが達成できないCEOは、偉大なる創業者であっても、お役御免となる。まあ、企業が上場するということは公器になるということだから、それを受け入れなければならないということは、わかっていたはずなのだが。結局、この大前提となる制約により、マネジメントに求められる精度についても、事業が提供する価値の最大化よりも、収益性の追求が優先されてしまうことにもなるんだ」

「でも今は、日本企業も当期の収益を重視する風潮になっていませんか」

「ああ、日本は米国の経営の仕方に倣えという風潮が長く続き、単年度収益を意識するようになってしまった。しかしイニシアティブを重視する教育文化の背景がある米国流の手法は、それとは異なる日本の企業に最適だとは僕には思えない。そもそも、日本の一般株主は米国ほど単年度のリターンにはうるさくないし、むしろその企業が安定的に発展してくれることを望んでいる。また、俗に言われるプロ経営者としての腕を磨くことのできる人材市場も、米国ほど発達しているわけではない。本当はしっかりと現場側を見てカイゼンを重ね、改革を推進し、それによって中長期的視点から事業を発展させるべきだと思うがね」

「そうか、前提が違うんですね」

「この話を続けると、日本企業と米国企業の経営環境の違いの話になってしまう。もう何十年も、米国の労働者の賃金よりも、投資している側に還元される金額が大きくなる傾向が続いている。リターンを追求するがあまり、例えばジャック・ウェルチの居たGE（ゼネラル・エレクトリック）のようなところは、PE、つまりプライベートエクイティ化が進んでしまっているともいわれる」

またもや、知らない領域に話が進み始めた……、高山は思った。

「……あまりにも今日の本論から離れすぎるな。話を戻す」

安部野は話の軌道修正を行ったものの、高山には米国の経営との違いへの興味が強く残った。

「メンズのビジネススーツ市場とレディースファッションの市場は、服を扱うという点においては同じだが、その特性は『水と油』くらいに違う。遠目には、いわば同じに見える『液体』の範疇《はんちゅう》にあるにも関わらずだ」

「確かにやってみると、似て非なるビジネスという感じがします」

「この間、アバクロの話をしたが、これは『より楽しく、より心地よいものに』をどう差別化していくかという一例だ。もっと新しい価値を探していくのがファッションビジネスの醍醐味であり、その余地はメンズよりもレディースのほうが圧倒的に大きいということだ」

「でも、ここで戦っていくことは難易度が高いと、安部野さんも言われましたよね」

「ああ、**見えない市場を形にし、そして具現化できた市場を大きく育てるというのがファッションビジネスだ。よって、このビジネスでは、何が受けるかを考え、感じ、そしてアイデアを仕掛けて、当たりを探すという実験的なフェーズ。そして、当たったものを深掘りして大きくする。これらを組織の力として使える形に落とし込んでいくことになるな**」

「その精度を高めるのがＭＤシステムですね」

「その通り。まさに今、君の会社が取り組んでいるＭＤシステムは商品経営という視点からも君の会社のビジネスの根幹となる。よってそこのＰＤＣＡの精度を上げ続けることが、そのビジネスの基本となる。まさに、創造性と科学、アートとサイエンスのレベルを上げて戦うのが、このファッションビジネスということだな」

なるほど……、高山は思った。

「それでだ。話を最初に戻すと、これが現場できちっと精度高く、スピーディになされている状態を作らねばならない。これが……」

「えっと、そうか。それがマネジメントということになるのですね？」

「ピンポン！」

今日の安部野はなぜか明るい、擬音語まで使う……、そう思った高山だった。

「マネジメントの精度を上げるというのは、社員の活躍のための土俵の整備と言ってもいいかもしれない。『あれも見せろ』『これも持ってこい』『全て見せろ』などというような、ナポレオンのような、全て自分が決めるから持ってこいという完全中央集権化させるのが、マネジメントなのではない。**現場が課題取り組みの精度向上に、『自律的』に取り組んでいること。これを見るべきポイントを明確にして、必要に応じて指導ができるようにする。これがマネジメント体制だ」**

「ということは、安部野さん。マネジメントというのは、やはりＰＤＣＡと同じで、社員が活躍する『土俵』を、より良いパフォーマンスが出せるようにカイゼンするのが、……ＰＤＣＡのＡということになりますね」

「それが、ＰＤＣＡサイクル＝《イコール》マネジメントサイクルと言われる所以《ゆえん》だ。この精度を、自社の事業に求められるレベルまで引き上げること。そして、これをもって、外から見えない差別化を図ること。世の中で強いと言われる企業は、ここがしっかりしている企業といえる」

「マネジメントの精度向上は、経営目線でのＰＤＣＡのＡの推進ともいえるということですね」

「良い言い方だな。結局、この『マネジメント精度の向上』はマネジメント層と社内が真摯に取り組みさえすれば、時間はかかったとしても、経営の成長軌道入れという成果にはつながる。これを妨げるのは、結局は、社内における『思惑』の蔓延、横行だ。君の会社もここが大きな課題になっているはずだ」

高山は考えていた。『ハニーディップ』事業内で、それを行っていくことは可能だとは思うが、確かに、夏希常務の『思惑』も作用するし、そもそも社長たちが、このマネジメントということをどれだけ、リアルに理解をしようとしているのか、事業そのものではない部分に様々な不安感を感じる。そこはかとなくだが……。

高山は、安部野と話をした帰りに、夏希常務に会うために汐留に立ち寄った。

「高山くん。いつもご苦労様」

高山はいつもの笑顔の夏希常務に『ハニーディップ』の現状の報告を行った。

「そうなの、ふーん」

いつものように夏希常務は首をわずかに傾けて、あいづちを打ちながら高山の話を聞いていた。

「MDのPDCAについては廻り始めていますが、営業のほうがうまく回っていません」

「いったい、何が悪いのかしらね？」

実情を知ってか知らでか、夏希常務は高山の目を覗き込んできた。

「進め方についての設計は、ぼくの方で行いましたが、会議の運営は、どうしても甘いまま、進歩していません」

「久米田くんの能力の問題かしらねえ」

高山は、一瞬答えに迷ったが、自分の目から見た実態は伝えるべきと判断した。

「そうかもしれません。うまく行っていないことを指摘されて、少し意固地になっているように見えます」

「あら、そうなの……」夏希常務は首を傾け、視線を流した。

「この件で常務から、久米田さんに何か指導していただきましたか？」

「いいえ、何もしてないわ」

何のことを言っているの？　という表情だった。

「ぼくから一度、副社長に現状をご報告しておいた方がいいかと思っていますが」

「いいえ、それはしなくて結構です」夏希常務はぴしゃりと言った。

「このことは私から副社長に伝えておきますから、高山くんは直接には話さないでください。いい？」

「はあ、わかりました」

「それから営業の改革については、西川さんが担当をしているのよね。私が西川さんから直接、話を聞きます」

高山は、安部野から預かってきたコンサルティング指導料の請求書を夏希常務に手渡し、千駄ケ谷に戻った。

「あのさ、高山さん、営業マネジャーの市川が休んじゃったんだけど」

『ハニーディップ』本部に戻った高山に、鬼頭が伝えた。

「風邪でも流行っているの？」

「それがさあ」近寄ってきた中丸は、おさまりの悪そうな顔をしていた。

「営業マネジャーの市川さんから診断書が出ているんだって。軽度のうつ病だって」

「へっ？」

「あれから何度も、中丸が会議で突っ込みを入れたからか」鬼頭が言った。

「でもさあ、いくら、昨今の男どもが草食系だからってさ、あたしに言われただけで休んじゃって、診断書まで出るって、おかしくない？」語尾を上げ、中丸は憤った表情だった。

「まあ、市川の発表がわけわからないのは、あの会議に限った話じゃなくてね。その前から俺からもいくつか指摘しているんだけどさ。何か臭わないか？」

「どういう意味？」高山は聞いた。

「確かなことは言えないけど」

鬼頭は、それ以上は言わなかった。

∨同じ企画の商品が出回る

高山は、鬼頭、中丸と共に、船橋ショッピングセンターに来ていた。

「あれえ。『ワールドワークス』も、ポスターを使ってうちと同じような店頭でのベロア素材のジャケットの打ち出しを始めているんだ……」高山は『ワールドワークス』の店頭を見て言った。

「ほんとだ」中丸がポスターを眺めていた。

「うちと同じ打ち出しのアイデアだし、うちより２００円ほど安い。３週間ほどで真似《まね》してくるって、これ、いくら何でも早すぎる。おかしい」

「これが、うちの数字が既存店舗前年比の推移が、急に何ポイントか下がった理由かね。お客さんは基本的に買い回っているっていうのは、この間の調査でも出ていたしな」しかめっ面のまま鬼頭は言った。

「それにしても、早すぎる……」

「『ワールドワークス』って、ロードサイドでやっているスーツ屋の山田原商事が始めた新業態だよねえ。どうりで他社のやっていることは自分ところでもやるっていう販促の物真似対応が早いはずだけど。こんな対応、レディースアパレル業界じゃ考えられないよ」

中丸は言った。

「どうして？」

高山が聞くと中丸は即答した。

「だって、そんなの格好悪いもん」

「ちげえねえ」鬼頭は店頭に陳列されているベロアのジャケットに手を伸ばした。

「あれ？」鬼頭は手にしたジャケットの袖をさすり、しげしげと見入った。

「このジャケットの色展開、うちと同じじゃねえか？」

中丸も商品を手にした。

「ほんとだ。何これ……」

「こういうジャケットの色展開なんて、トレンドを追っているだろうから同じになっても不思議はないんじゃないの？」

高山も生地を指の腹で触った。

「違うんだ。この少しくすんだような青。これは中丸が自分で指示してメーカーに作らせた、うちのブランドだけの特別な色だからさ。他に出回るはずはないんだ」

「どうしたんだろうね、これ」中丸は顔を近づけた。

「メーカーから情報が漏れたんだろうか？」

鬼頭が言うと、うーん、と中丸は眉をひそめた。

「これ、海外生産だよね。漏れたとしたら工場かねえ」

「工場から情報が漏れるわけ？」高山が聞いた。

「うん、私、ニューヨークにいた時にね、よく郊外のウォルマートとかターゲットにも行ったんだけどね。その季節のバナナ・リパブリックとか、オールド・ネイビーの、ほとんど、まんまコピーみたいな商品が、同じ時期にそれ以下の価格でよく売られていたんだ。半額以下の場合もあった」

「ええっ、そんな価格でやられたらたまらないだろ」鬼頭が言った。

「そう。ポロシャツとかは、前のボタンがバナナリパブリックは三つあるのが、ウォルマートのは二つに減らしてあったりしてコストを下げてはいるんだけどね」

「ぼくも、ボタン二つでも半額以下のほうがいいな」高山は言った。

「そう。結局、こんなことやられたらオリジナルを開発したほうの企業は大打撃を受けることになるのだけど……。何だか腑に落ちないねえ」

「そうなんだ。果たして日本の企業がそこまでやれるのかね？」

鬼頭は顎を撫《な》でた。

「そうなの。日本のレディースアパレル小売業って、家具の『ニトリ』のように直接海外の工場に出て行って生産の指示ができるレベルの力を持っている企業はそんなに多くないはずだもの」

「『モノクロ』くらいじゃねえか。アパレルでそんなことできているのってよ」

「他のところも少しずつは、やっているのだろうけど、『ワールドワークス』ってそこまでやれるのかなあ？　もともとはスーツ屋さんでしょう？　ＭＤのやり方も組み立ても、まったく違うはずだよねえ」

「とりあえず、俺からこのメーカーを問い詰めてみる。情報を漏らしたとは思えないし、漏らしたとしても正直に吐くとは思えないが。何か手掛りはわかるかもしれないから」

「でも、本当にゲリラ的なやり方で追撃してくるんだね、この『ワールドワークス』って。よく見とかないといけないね」

三人はしばらく『ワールドワークス』の店頭を眺めていた。

∀姿を現す『思惑』

夏希常務が『ハニーディップ』本部に現れ、鬼頭を席に呼んだ。

「鬼頭くん、ちょっと聞きたいのだけど。今、取引先の見直しを進めているの？」

「ああ、はい。進めています」

鬼頭は、仕入先を減らして取引条件を有利に交渉する、いわゆる『絞り込み』を進め、以前の半分にまで減らして発注数量を集約する段取りを既に進めていた。

「この1、2年は、ブランド全体の商品の品質のバラツキが目立っていましたから。それで、今回の改革を機に、仕入れ先ごとに得手不得手の製品を明確にして、発注先を絞り込み、1社当たりの発注量をまとめることで、もっと良い原価条件を得るようにしています」

　この取り組みにより、鬼頭は、今期はブランド全体で粗利率の2ポイントほどの改善を見込んでいた。

「それで鬼頭くん、栃本衣料への発注も減らしたの？」

　来たか、鬼頭は思った。

　栃本衣料は、グローバルモードが、今は亡き会長の時代から取引をしているアパレル商社だった。グローバルモードの創業時に仕入れを支えてくれた創業者の栃本会長が引退同然の状態になり、新しく若社長の代になってから、利益率を重視した経営に舵がとられ、製品の品質低下が問題になっていた。

　今回の見直しで鬼頭は栃本衣料への発注量を大幅に減らしたところだった。

「栃本衣料は、うちが創業のころから大変お世話になっている取引先よ。あなたもそのことはわかっているでしょ」

　鬼頭にすれば、栃本衣料の若社長の栃本忠男は質《たち》の悪い相手で、グローバルモードの副社長に取り入り、いわゆる、猫可愛がりをされていた。

「あなたたちが、栃本衣料への発注量を減らしたことについて、副社長はとてもご立腹なの」

さては、あの若社長、副社長に泣きついたな……、鬼頭の頭には、ざまーみろといわんばかりに舌を出して得意げな顔をしている栃本の若社長の顔が浮かんだ。

「あなたたちに任せておくと、こういう間違った判断をすることがわかりました。あなたたちに任せていた私の判断ミスです」

なんだ、それは。自分が現場に来るのが嫌だからあまり出てこずに、何かあった時にだけ人のせいにしているんじゃないか……。鬼頭は奥歯をギリッとかみしめ、こめかみの筋肉がビクリと動いた。

「私ももっとしっかり、『ハニーディップ』の業務を見なければいけないと今回は反省したの。私も忙しいのだけれど、こちらにいる時間を増やすようにします。もうすぐ、新業態『キューティーハント』1号店もオープンですものね」

まずいな……常務が出てくると、せっかくうまく動き始めた改革がおかしくなる、鬼頭は思った。

「あ、それから、山川専務は退任なされることになりました」

鬼頭は顔を上げた。「え、山川専務がですか?」

「専務は、高山さんからいろいろと指摘されたでしょ? それで会社に嫌気が差したみたいなの」

こうやって誰かを動かして、自分の対抗馬を追い落としていくのは、この人のいつもの手だ。やはり、今回は高山のせいにして山川専務を追い落としている、鬼頭は思った。

「とにかく、これからは私が細かく見させていただくので、鬼頭くんよろしくね」

いつもの目が笑っていない笑顔だった。

「それから、『ハニーディップ』の営業マネジャーの大山さんが、具合が悪くて今日は休んでいるという連絡があったの。私、心配だから、ご自宅に伺って様子を見てくるわね」

鬼頭を残し、夏希常務は席を立って出て行った。


「ねえ、ねえ、ねえ」中丸が、高山の席にやってきた。

「ねえ、ちょっと、高山さん。今度はさ、またまた営業の大山さんから診断書が出たんだよ。また、この前の市川さんの時と同じ、長期の休養を要するうつ病だって」

「なんだ、そりゃ？」

「営業マネジャーが２人も同時期に、うつ病の診断書？　そんなアホな」背を向けて座っていた鬼頭が椅子を回して言った。

「一昨日、常務と会った時に、大山の家に行ってくると言っていたがな、まさか」

「あれっ？　そういえば、この間、市川さんが休み始めた時も、夏希常務が心配だから会いに行くって言っていた」

「常務が行くと、翌日に同じ内容の診断書が出るって、それって……」

高山は言葉を失った。

▼ビジネスのゴール

『ワールドワークス』が同じ色展開をしてきたのか。新規投入の商品なのだろう？　偶然とは考えにくいな」

安部野は、顎に手をあてた。

「うちのオリジナルのはずの色もそのまま向こうでも展開されていました」

「そうか」安部野はいつも以上の渋い表情で答えた。

「あの親会社、山田原商事のことは、君も同じ業界にいたからよく知っているな」

「ええ。郊外型の紳士服業界では、一番やんちゃだし、攻撃的な会社です」

「会社によって、そしてさらに業界によって、その常識はかなり変わってくるものだ。郊外型の紳士服店は、俗に言われるチェーンストアとして展開されているが、君のいるグローバルモードは卸業から発展してきているから、MDの考え方、思想がはじめから違うんだ」

「確かに、商品の扱いに対する考え方が違うように思います」

「本来、目指すところは全く同じなのだが、卸業出身の会社は、売れ筋を追いかけ、そして死に筋を素早く効率良く換金し、商品におけるROI（Return On Investment：対投資収

益性）を最大化するという商品管理の考え方をする。つまり仕入れ高に対していかに得られる粗利益高を最大化するかという、いわゆる『商品経営』の視点を持っているものだ」

「確かに、うちの会社、グローバルモードのMDはそういう管理の仕方になっています」

「ファッションアパレル業界は、ほとんどがもともと街中の専門店や百貨店に卸すところから商売が始まったからな」

高山も当初は、換金を強く意識した商品管理を行うグローバルモードの週次の対応業務には面食らったものの、今ではその対応のすばやい管理方法には大いに共感していた。

「それに対して、郊外型紳士服店のよう小売業から始まったチェーンストア展開の考え方の場合、まず、成功した業態を作り上げる。俗に言う繁盛店というやつだ。そして十分な売上、つまり集客ができる状態を作って利益が出るようにしてから、それを掛け算して店舗を増やしていく」

「何か違うのですか？」

「さきほど言ったように、究極的に目指すところは同じだ。だが、卸業の発想から入ると、その先は、それぞれの店舗の商品構成の最適化に帰結して、店ごとに異なる商品が展開されていく。それに対してチェーンストアの考え方だと、店数を掛け算する考え方なので、店ごとの商品が画一化されるところから、まず始まる」

「それって、ファッションとコモディティのビジネスの違いになるのですか？」

「それは良い見方かもしれないな。前者はより市場志向型の品揃えになるのに対して、後者のチェーン店は効率化を進めて、大衆向け最適解の商品構成をまず作り上げる方向に舵をとりやすいな」

「でも安部野さん、価格と利便性の二つのコモディティ軸上の競争は、いずれ、三つ目の差別化軸である、ファッションのような『何か楽しいもの』での競争にもなるのではないですか？」

「その通りだ。チェーンストアを展開している企業でも、遅かれ早かれ、その三つ目の軸の戦いの際に、どう本当の強みを作れるかが課題になっていく。そしてその時は、最初に話をした『商品経営』の視点は必須になると思うな」

安部野は珈琲を口に運んだ。

「ただ顧客サイドの視点からすると、同じ製品、同じサービスを展開している企業でも、異なる業種からの参入だと、背景にある強みが異なるために似て非なるビジネスの展開となるため、結果としてはその違いが面白くなるとも言える。やっている当人たちは大変なのには変わりはないが」

「そうですよ、大変ですよ。ぼくたち」

安部野の言わんとすることを、高山もなんとなく理解できたように思えた。

「そもそも、君の行った風船大作戦も、レディースアパレル業界の人たちの発想ではないからな」

「そうなんですか？」

「ああ。例えば、そもそもレディースアパレル業界はファッション色が強いから、本来、ブランドイメージと商品の企画力で勝負するところに意識がいくものだ。ところが、君のいた郊外型の紳士服チェーンでは、商品そのものでの差別化はなかなか難しい。必然的に、価格やチラシなどの販促手段による集客の工夫のアイデアを駆使するものだ。だから売り場を見て、君には、あのアイデアがすぐに浮かんだのだと思う」

安部野は珈琲を手にしながら話をした。

「商品による差別化が難しい業界では、いかに他よりも売るか、そのために、あの手この手を使うものだ。大手の小売業でも、他社の情報を得るために、早朝に競合他店のゴミ箱をあさるように指示を出した本部があったという話も聞いたことがある」

「それにしても、どうやって色展開の情報なんて漏れたのでしょうか？」

「事前にスワッチ、つまり生地見本でも入手しない限り、そのタイミングで同じ商品を投入することは無理なはずだ」

「ということは？」

「商品の企画情報がどこからか漏れている可能性がある。君の会社の社内事情や取引先との関係は知らないが、その可能性があるルートは当たっておかねばならないな」

安部野は、高山にどう対応したらいいのか、そしてその手順と段取りを説明し始めた。

▼緊急事態

高山が、週次のミーティングが行われるミーティングスペースの横を通り過ぎようとした時、ふとテーブルの上を見ると、そこにクリアフォルダーに入れられた書類が置かれていることに気が付いた。

「あれっ？」

高山がクリアフォルダーを手に取ると、高山が安部野から預かってきた請求書が入っていた。

「なぜ、ここにあるんだ？　常務に直接手渡したはずなのに」

高山は、その請求書を常務の机の上に戻した。

高山の携帯電話に、福山洋子から連絡が入った。

「おい、高山さんよ、大変だ」

「どうしたんですか？」

「この間のベロアジャケットの次に投入したカットソーのコレクションだけどさ、『ワールドワークス』にも同じものがあるんだ。それも、うちよりもかなり安い価格でさ。一体どうなってるんだ？」

「全部が全部、うちの商品っていうわけではないでしょ？」

「そうだけどさ、うちの店の主力で、数を積んでいるSランク商品ばかりが向こうにもあるんだ。これ、なんかおかしいよ」

「対策を考えるので、スタイリング提案とかの接客で、何とか乗り切ってください」

電話を切った高山は、すぐに安部野の携帯電話に連絡を入れた。

▼山川専務の本音

高山と鬼頭は、専務の山川とサラリーマンでにぎわう新橋の居酒屋で会っていた。

元来、口数の少ない山川であり、ビールを飲みながらも会話はゆっくりとした進み方だった。

「山川専務、退任されるって伺いましたが本当なんですか？」鬼頭は単刀直入に切り出した。

「うん」山川の返事は一言だけだった。

「ぼくのせいなんですか？」高山は尋ねた。

「そんなことはないよ」アルコールも廻った山川は、穏やかな笑顔を返した。

「私は、社長、副社長に本当にお世話になったからねえ。でも、高山さんのように仕事がバリバリできるわけでもない。もう少しゆっくり、自分のペースで何か仕事ができれば嬉しいなと思ってね」

高山は、鬼頭が以前、山川の部下だったということを聞き、鬼頭に頼んでこの場を設けてもらった。

「私も60歳を超えた。グローバルモードについては、夏希さんや副社長が思うようにやっていけばいいと本当に思っているんだ。上場企業とはいえども、実質的には、個人商店みたいな運営だからねえ」

手元のビールを飲み干した山川は、日本酒を注文した。

「やっぱり私が何かをやっても、いろいろなことを言われるから」

「専務、すみませんでした」高山は言った。

山川は何も答えずに、枝豆を口に運んだ。

「高山さんみたいに新しい人が入ると、毎回、同じように『使われる』んだよ。な、鬼頭くん」

鬼頭は黙ってうなずいた。

「でも、今回が今までと違うのは、高山さんは、本当に会社を変えていっている。この間のプレゼンも素晴らしかった」

高山は、ありがとうございます、と言った。

「でも、いくら会社がいい方向に変わろうとしていても、その変革を自分にとっては好ましく思わない人もいるということなんだよ」

鬼頭はビールジョッキを握ったまま、山川の話を聞いていた。

「その人たちは、会社にとってはどんなにいいことでも、自分個人にとっては好ましくないならば、是が非でも排除したい。そう考えるのだろうな」

山川はさらに、「高山さんのことについても、知らないところでおかしな風評が流れているかもしれない。言おうと思えば、どんな表現だって流せるからねえ」

高山も黙って山川の話を聞いていた。

「社長、副社長は本当にいい人たちだから、そういうことを聞くと、『そうかなあ』と思ってしまうんだよ。特に副社長にそういう傾向が強いかな、いい人だからねえ」

「社長たちは、会社で起こっている現実、事実を正しく把握しようとしないのですか？」高山は聞いた。

「何せ、いい人たちだからね、お二人は」山川は眉間にしわを寄せて笑った。

「山川さんは、ぼくも利用されているって言われるのですか」

山川は問いには答えずに、冷や奴《やっこ》を一切れ、口に運んだ。

「ちょっと手を洗ってくるね」

手洗いに席を立った山川を目で追い、そして高山は鬼頭に声をかけた。

「鬼頭さん……」

ん……、顔を向けた鬼頭に言った。

「ぼく、一度、社長と話をしてみます」

「ああ、それが良い。けど、二人だけで話ができる場をセッティングができるか？」

「社長室の秘書に、直接、アポを入れてみます」

「大丈夫かなあ。常務が知ったら絶対に同席しに来るし、常務に黙って会おうとしたってことを知られたら宣戦布告みたいに受けとめられかねないしな」

「社長室に直接行きますよ。常務が出張とかで不在の時間も確認しておいた上で、アポを入れてみます」

うむ、わかった、鬼頭が相槌《あいずち》を打った。

ほどなく山川が戻り、再び静かに飲み始めた。

「うちの会社、これからどうなるのかなあ。せっかく、ここまでの規模になったのになあ」

山川は寂しそうに言った。

そしてそれ以降、山川は社内の話題には一切触れようとしなかった。

▼山田原の指示

「おう、石井。最近、うちの店の調子がいいじゃねえか」

ワールドワークス会長の山田原は、週次の会議の場で、社長の石井に向かって上機嫌で言った。

「ええ、おかげさまで、数字は回復してきています」

「添谷野様のおかげさまだろうに。良かったな、石井。お前の首の皮もつながったぞ」

は、はあ、石井は、愛想笑いを浮かべざるを得なかった。

「いいか、お前の下手な頭で考えるんじゃねえ。いいものは、そのまんま真似をしろ。わかったか、石井」

このビジネスは郊外のスーツ屋とはちがう、ファッションビジネスでそんな単純なことをし続けたら、命取りになる……。石井はそう思っていたが、数字がものをいう今、それを口にすることはできなかった。

山田原は、隣に座っている添谷野の肩に手をかけながら言った。

「この添谷野さんのおかげで、商品が企画でも価格でも勝てるようになってきたろう。これで、しばらくは、うちの数字も安泰だ。なあ石井、添谷野にチャーシューメンでもおごれ。

チャーシューも大盛りにしてやれ、いいか。もうひとつ別の新業態でも仕掛けるか。あっはっはっ！」

添谷野は、何も言わずに山田原の横で、ただ微笑《ほほえ》んでいた。

∨常務の策略

翌日の朝、夏希常務は自身のブースの机で、ひとりでPCに向かっていた。

机の上には、前の日に出力したいくつかの経営コンサルティング会社のホームページや、評価、評判が印刷されたものが散乱していた。

「やっぱり、ここよね」

夏希常務が手にしたのは、信用も高く、名前もとおっている世界的な経営コンサルティング会社、モッキンバード社のホームページを印刷したものだった。

常務は自身で電話をかけ始めた。

「私、グローバルモードの常務取締役をしております田村と申します。実は、お話を伺いたい案件がありまして、ご連絡を差し上げました。一度ご相談に伺うことは可能でしょうか？」

夏希常務はモッキンバードを訪問するアポイントメントをとった。

解説　実践手順の組み立てへの軽視

企業改革の仕事をしていて、常に感じるのが、実践手順の組み立てを軽視する企業があまりに多いことです。

低迷状態にある企業において、まず行うべきは、**的確な現状把握**です。

今に至った経緯を明確にする時代分析によって、事実をもとに「何が企業の成長、そして収益性向上に寄与したのか」、この因果を結びつけます。同様に何が企業の成長にブレーキをかけ、そして何が収益性の低迷を引き起こしたと考えられるのか。仮説も交えて明確にします。そして、現在の市場状況、競合状況などを明確にしたうえで、取り組むべき課題を把握していきます。

この過程を通して、「市場調査を行って顧客への攻め方を明確にすべき」「放置されていた営業体制を再強化すべき」などの、まず着手すべき課題テーマが特定化され、その筋道を明らかにしていきます。

これらの課題テーマが明確になった段階で、「よし、取り組もう」ということになるのですが、課題が特定されただけで安心してしまい、その課題への精度の高い取り組みが徹底できずに、結局、従来の会社のやり方のままで何も変化がないことがあります。

図表28　企業の業績のS字曲線

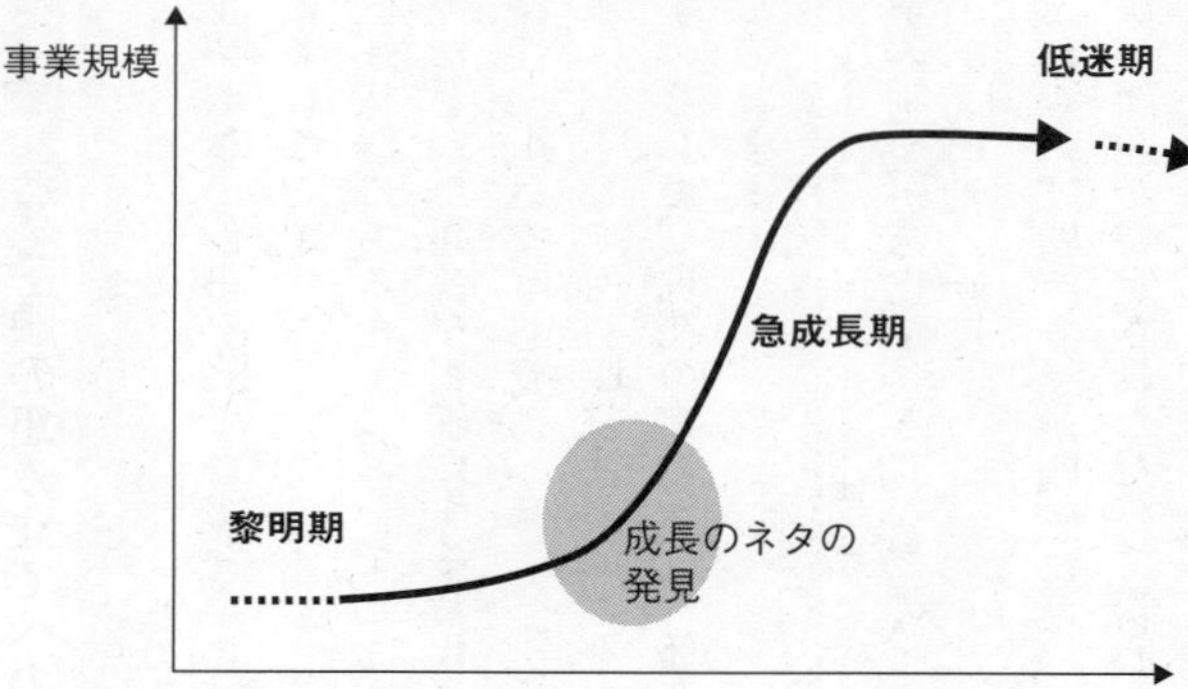

低迷状態に陥っている企業も、一度はS字曲線を描いた成長を経験しています。

S字の左下の黎明期に真摯な努力を行い、そしてある時に成長のネタを見出して、成長状態に入ったわけですが、この間は成長に追いつくためにどうしても業務の精度が下がりがちになります。しかしながら、まずは成長に追いつくために『実行』を行い、そこで起こる様々な不測の出来事への『対応』に忙殺されます。

本来、そこで起こっている不測の事態には、『もぐら叩き』ではなく、『もぐらの巣への対応』を行わねばならないのですが、忙しさにかまけて、それが二の次、三の次になりがちです。

また、この間には、事業規模も大きくなっていますので、ポジションも増え、どうしても短期間で昇進した者が増え、勢いに乗った時に急拡大しやすい小売業では「入社1年目で店長」などということも起き得ます。

かくして、成長が止まった時には、この促成栽培的にマネジャーになった方々がマネジメントや中核にいる企業が出来上がりますが、この方々は一般的には、**突進力、実行力、そしてイレギュラーな事への対応力はあるものの、やり方を改善し業務のレベルを精度高く組み立てて進化させていくPDCA力については、十分磨かれているわけではありません。**

ところが企業側はこのことを認識していません。

「自分たちは実践力がある。なぜならば、あのS字の成長を実現させたのはこのメンバーだから」という自負が空気のように存在しているからです。

これは一種の過去の成功体験に囚われている状態だといえます。

この方々は、確かに身を粉にして企業に貢献してくれた世代であるのはまちがいありません。

しかし、この成長の角度を創造したのは、その前の黎明期のメンバーによるひたむきなPDCAの成果なのです。

『突進力』と『PDCAを廻せる実践力』は、全く違うものです。

トヨタ自動車や花王などの、優良企業に共通しているのは、実践を成功させるための手順の組み立てを重視していること。そしてその手順に対してもPDCAを廻して、常に改善、改革し続けていることです。

戦略立案と同じか、それ以上に重要なのが業務を手順として捉える、この実践の組み立てなのです。

このPDCAを廻せる実践力を高めることに、面倒くさがらずに真摯に取り組み、そして達成感と喜びを共有することで、社内の運営を好循環に入れること。これこそが目指すべき状態といえます。

第6章　新業態成功、そして改革の行方

▼新業態スタート

グローバルモードの新業態である『キューティーハント』の1号店は、東京の武蔵村山に新しくできる国内最大級の大型ショッピングセンターの2階に出店することになった。オープンの前日まで、高山、鬼頭、中丸は、品出し、売り場づくりで、現場に入りっぱなしだった。

「見て、これ、いいでしょ！」中丸は、カットソーを広げて高山に見せた。

「この間の安部野さんとの話の時にイメージしていたんだ。アバクロのテイストの商品をジュニア向け企画にして、もう少しポップにして、『しまむら』価格に近付けて展開するって」

『キューティーハント』の商品ディレクションは中丸が全て担当しており、中丸の独自企画の商品も多かった。展開されている商品は、全て高山の目にも魅力的だった。

「ぼくにも女の子がいたら、この服着せたいと思うな」

「お、いいこと言うね、高山さん。嬉しいね」中丸は高山の肩をパシッとたたいた。

オープン準備作業は、夜になっても続き、終電で帰った者、近くのホテルに泊まる者、そしてほぼ徹夜状態の者も出た。

オープン初日の朝、既に大量のオープン待ちの顧客がショッピングセンターの入り口に並び、ドアが開くと同時に雪崩のごとく大挙して入店してきた。

『キューティーハント』もオープンと同時に多くの客でいっぱいになり、目立つ店、他にない店、個性的な商品企画にしては買いやすい価格帯ということもあり、時間帯ごとに売上はどんどん上がっていった。高山たちも、入店客の誘導や売り場への商品補充に忙殺されていた。

「お客さんの入り、すごいですね」高山が品出し中の鬼頭に声をかけた。

「それだけじゃなくてさ、今日の初日からデベロッパーが何社も出店依頼に来店しているんだ。グローバルモードの新業態って、それだけで業界の連中が見に来ているし、加えて、この集客と売上で、本当に久方ぶりの大ヒットブランドだ。どこも、この後にできる大規模商業施設に、この店は欲しいだろうな」

「夏希さん、嬉しそうにデベロッパーの対応をしていたよ」中丸が口を挟んできた。

「社長が、お見えになりましたあ」

応援の本部スタッフの声を聞いて、高山が店頭に目をやると田村社長が店の前に立っていた。

「やあ、やあ、みんな、ご苦労様です」

朝のオープン時から店頭にいた夏希常務は、すかさず社長の横につき、入店数の多さや、デベロッパーとの商談など、朝からの経過を延々と説明し始めた。社長は満足げに話を聞いていた。

この初日は結局、計画を大幅に上回る日販400万円を超える売上をたたき出した。

『キューティーハント』のオープン2日目、高山は中丸と共に同じショッピングセンターの中にオープンした『ワールドワークス』の店頭にいた。

「なんで、うちのSランク商品がこの店にあるんだろうね。おかしいよ」中丸が言った。

「中丸さん、例の仕掛けの件、進めてくれている？」

「うん、やってある。でも、どこから情報が流れているのだろうねえ」

「今はまだわからないな」

高山は腕組みをしたまま、『ワールドワークス』の店頭を見つめていた。

▼戦略コンサルタントの矜持

夏希常務が、社長、副社長のいる汐留本社の応接室に入ってきた。

「社長、モッキンバードの方がお見えになりました」

「ほう、そうかね」社長たちが立ち上がると、夏希常務に続いて一人の男性が入ってきた。

「はじめまして、モッキンバードの山形孝嗣と申します」

長身にスーツを着た30代後半に見える男は、名刺を出してあいさつをした。

「こちらの山形さんは、モッキンバードの役員さんです」

「いえ、私はシニア・エンゲージメント・マネジャーです」

山形は、ふんと軽く鼻を鳴らした。スーツに派手なネクタイ、そして上着の前ボタンを留めずに座った際に見えた派手なサスペンダーは、彼のプライドの高さを象徴しているように見えた。

夏希常務が、率先して話を始めた。

「先日、私から山形さんに今のうちの現状についてお話ししましたところ、山形さんのほうから社長、副社長に、少しお話をいただけるということでしたので、お越しいただきました」

それではお願いします、という夏希常務の前置きで、山形は話を始めた。

「今回、こちらに伺う前に、ざっと御社の状況を確認してきましたが」

山形はクリアフォルダーから、グラフの描かれた資料を出して配付した。

「御社はこの数年、売上が低迷していますが、その間に利益率が悪化していますね。内部に課題がおありの状況だろうと推察いたします」

一般論ですが、と前置きして、山形は話を続けた。

「この状況では、いろいろな思いつき、アイデアを試してなんとか突破口を見出そうとされると思いますが、やはり一度、きちっと事業診断をしたうえで企業としての戦略を立てるべきでしょうね」

山形はモッキンバードの会社案内の資料を出した。

「簡単に、弊社についてお話をさせていただきます。モッキンバードは1928年にヘンリー・O・モッキンバードが会計事務所として創設し、今では、グローバルに展開している世界最大のマネジメントコンサルティングファームです」

山形はモッキンバード社の戦略立案のサービスについての説明を簡単に行った。一通りの話が終わると、田村社長が口を開いた。

「どうもありがとうございます。うちも今、改革に取り組んでいる真っ最中です。主要ブランドのひとつの『ハニーディップ』を今、立て直しているところでね。結果が出始めたかな、というところなんです。ここから派生した新業態の『キューティーハント』も立ち上がりが好調でしてね」

社長の発言の際に、夏希常務は社長に気付かれないように、山形に目配《めくば》せをした。

「田村社長。正直申しまして、ご自身たちの力だけでV字回復を行える会社は多くはありませんよ。もちろん実行するのは、ご自身たちですが、戦略立案などは外部の優秀なところと一緒に行ったほうがいいものです」

「うちもねえ、今回はマーケティングを外部コンサルに指導してもらったんですよ」

社長が言うと山形はすかさず、「社長、**本当のコンサルタントは自らの仕事のことをコンサルティングと呼びます。決してコンサルとは呼びません**」と言い、社長は、思わず、はあ、と漏らした。

「あの……、どうしてですの？」

副社長が尋ねた。

「そういうものです」

山形は、ただ一言で言い切った。

社長と副社長は顔を見合わせたが、山形はかまわずに話を続けた。

「社長、マーケティング調査の与件をきちっと分析して戦略を立てることのできる能力を持つコンサルタントの数は決して多くはないです。高いお金ばかり持って行ってちゃんとした分析を行っていない例も非常に多いです。御社の『ハニーディップ』のブランド戦略の資料を拝見しているわけではありませんが、一度、疑ってみたほうがいいかもしれませんね」

「い、いや、そうなのですか、プレゼンテーションの内容は非常にいいものだったがねえ」

「プレゼンテーションのスキルのみが高いコンサルタントもいます。プレゼンテーションの感動は与えるが、中身となると、はて、というようなことは多々ありますね」

山形は軽く咳払いをして話を続けた。

「私ども、モッキンバードのレベルのプロフェッショナルファームが、クライアントに提供するサービスにおいては、プロフェッショナルコード、つまり行動規範が徹底されます。だから、世界規模で何十年も、大手の企業に対してコンサルティングサービスを提供して、そのクライアント数も創業以来、常に増やし続けることができているわけです」

社長たちは、「上から目線」の話しぶりに圧倒されていたが、山形はかまわずに話を続けた。

「そもそも、経営コンサルタントという仕事は、なにか資格を必要とするものではありません。誰でも今日から、自分はコンサルタントである、と名乗ることができるのです」

「あら、そういうものなの？ 知らなかったわ、あたし」

「お客様の情報を外に一切漏らさないという守秘義務レベルだけではなく、厳格な行動規範を持っており、その中にComplete Staff Workというものがあります」

「それは、どういうものですか？」田村社長は尋ねた。

「直訳すれば、仕事を完全にやりきる、ということなのですが。そうですね、言い換えますと、自分の仕事の出来にプライドを持てるよう、最善をつくすということでしょうか」

ほう、田村社長は興味をそそられたようだった。

「つまり、お客様に提供するアウトプットについては、徹底的にその内容、質を高め、追求するということです」

なるほど、田村社長は、山形の話に聞き入っていた。

「モッキンバードが、この長い期間、世界中の真にトップクラスの企業を相手にコンサルティングを続けている理由はここにあります。また、膨大な数のモッキンバード出身の人間が、これも世界中の大手企業のCEOなどの要職について活躍しているのは、出身者全員に、この行動規範、プロフェッショナルコードが叩き込まれ、染みついているからです」

話を続けている山形の横で夏希常務は、社長たちに見られない角度で、したり顔をしていた。

「社長、今、山形さんがおっしゃったように、もしうちがモッキンバード社にお願いした場合に、どういうふうに取り組むことになるのか、一度、プランを出していただくのがいいかと思うのですが、いかがでしょうか？」

ここぞとばかりに夏希常務は言った。

「まあ、いいじゃないか。それくらいやってもらっても。ねえ、副社長」

黙って聞いていた副社長だったが、軽く咳払いをした。

「どうも、ありがとうございます。つまり、マーケティングのコンサルタントってあてにならない人が多い。こういうことなのねえ……」

副社長の頭の中に残ったのは、プロフェッショナルコードに関する講釈ではなく、マーケティングのコンサルタントには騙されるかも、悪い人かもという印象だけのようだった。

夏希常務は、口元に微かな笑みを浮かべた。

た。

「まあ、そこについては、あくまで可能性の話ですが」

「とにかく、一度提案をしていただこうと思いますので、よろしくお願いします」

夏希常務は、山形の話に自分の話を被せて遮り、さっさとその場を締めくくって終わらせた。

▼夏希常務からの呼び出し

夏希常務からの呼び出しがあり、高山と中丸は汐留に向かっていた。

「夏希常務から、社長から話があるので汐留本社に来るようにって。なんだろうね」中丸が言った。

「何だろう。普通に考えれば、『キューティーハント』の成功おめでとう、ご苦労様ってところなんだけど」

『キューティーハント』の1号店は、オープン以来、連日計画を大幅に超過してクリアしており、新しい業態としては『ハニーディップ』以来の成功と言えるものだった。

高山がアポをとった社長との面談日は、今日じゃなかったはずだし……。

汐留のビルに到着すると、二人はまっすぐ社長室に向かった。

社長室のドアの前では、夏希常務がいつも以上の笑顔を浮かべて待っていた。

「二人とも、社長、副社長がお待ちですので、中に入ってください」

二人が入ると、社長たちはミーティングテーブルに着いていた。高山たちは、夏希常務に促されて席に着いた。

「二人とも、『キューティーハント』のオープン対応、ご苦労様でした」

開口一番、社長は言った。

「夏希さんの企画してくれた業態を成功させてくれてありがとう。まずは礼を言います」

夏希常務の企画した業態？　表現は気になったが、高山は表情を変えずに聞いていた。

「また、『ハニーディップ』についても、業績は上向いてきているようだし、高山さんたちの活躍に感謝しています」

社長に言われて、高山と中丸は軽く頭を下げた。

「しかしだ……」田村社長は口調を変えた。

「今、君たちが進めている営業改革においては二人も故障者が出て、長期にわたり休まざるを得ないことになってしまった」

あれ？　何の話になるんだ……、高山は思わず田村社長の顔を見たが、社長は無表情に、そのまま話を続けた。

「会社を良くすることは大切だが、だからといって、大切な人材を壊していいということにはならない。君たちには今の仕事から外れてもらいます」

高山は耳を疑った。なんだ、この展開は。

思わず、副社長、夏希常務の顔を見たが、二人ともテーブルの上に視線を落とし、高山や中丸とは目を合わせようとはしなかった。

「え、あの……」

夏希常務がその人たちの自宅を訪問すると翌日、診断書が出るんです、そう言葉が高山の喉まで出かかっていた。しかし、それを言ったとしても、『あの子たちは精神的に疲れ切っていたので、私がアドバイスをしました』とでも言われれば、それ以上は話が進まないことにも気が付いた。

横に座っている中丸の顔は蒼ざめていた。

「とにかく、今後の君たちの処遇については追って夏希さんから伝えます」

処遇って……、一体何なんだこれは。高山は心の中でつぶやいた。

社長、副社長はミーティングテーブルを立ち、それぞれの自席に戻った。高山と中丸の二人は、夏希常務に導かれて社長室を出た。

「二人とも今後のことについては、改めて私から話をします。ご苦労様でした」

二人はただ、茫然と立ち尽くしていた。

「あ、それから、高山さんが入れた社長との面談だけど、社長のご都合が悪いそうなので、いったん仕切り直しということで、お願いします」

それだけ言うと、夏希常務は二人を残し、さっさと社長室に戻っていった。


「何い！」

鬼頭はオフィス中に響くほどに声を張り上げた。

「何で、お前たち二人がこのブランドの改革から外されるんだ！」

鬼頭が大声を上げても、高山たちには答えようもなかった。

「くそっ、山川専務が言っていた通りに、既に謀りごとが進んでいたんだ」

「社長たちの間で、どんな話になっているのだろうか。中丸。何か聞いていない？」

「ううん。今日の話はまったく寝耳に水だった……」

「ちょっと」

高山は近くに座っていた西川に声をかけた。

「その後、副社長と久米田さんとの間で、何か話がありました？」

「いえ、私は何も聞いていませんので。はい」

西川はそう答えると「じゃ、私はこれで」と席を立ってどこかに行った。

高山は、いつもの居酒屋『路地駒』で鬼頭、中丸と三人で飲んでいた。

「何かさ、安部野さんのことなんだけど、汐留本社の管理部門では、うちからお金をたくさん持っていく悪い人ってことになっているらしいよ」中丸が言った。

「汐留だけじゃないさ、この『ハニーディップ』本部でも同じだ。安部野さんに支払った金額を、なぜかみんなが知っているんだ」鬼頭も言った。

「ぼくは以前、経営コンサルタントの相場を調べたことがある。ブランドとして名の通った大手の場合は、1プロジェクトで月額2000万円以上の金額を取るものらしいんだ。安部野さんの金額って、その何分の一のレベルだ」高山が言った。

「そうなんだと思うが、何せ、あまりちゃんとした外部のコンサルタント会社と付き合ったことのない会社だからな。誰も相場なんて知りはしない。誰かが、高いって言って回れば、そうだ、高いんだ、という話になる。それだけのことだ」

「それがさ、安部野さんが高いっていうのも、夏希さんが連れてきた、モッキンバードっていう経営コンサルティング会社の人が言っているって話になってるよ」中丸が言った。

「冗談でしょ。モッキンバードって世界一のコンサルティングの会社で、一番高いはずだ。

金額も確か普通は月額費用も2000万円をはるかに超えていて、一番高いって聞いている」

　あ、そういえば、高山は何かに気がついたように話を続けた。

「この間、安部野さんからの請求書。常務に手渡したはずのものが、会議室に置きっぱなしになっていたんだ」

「それだよ……」鬼頭はため息をついた。

「みんなにさりげなく現物を見せて、社内の世論形成をしようとしているわけだ」

「その時は、ぼくが常務の机の上に戻しといたんだけど」高山が言った。

「結局、そういう意図なんだね」中丸が言った。

「これも、あ、うっかりしていました、ごめんなさい、で終わる話だよな」

　鬼頭は眉をひそめた。

「ったく、そんなことよりも仕事に知恵を回せばいいのに……」

　中丸が言うと、高山も「本当に」とつぶやいた。

「また、いつものように、自分に都合のいいように、事実のつぎはぎ編集をして話を組み立てたのだろうな」

　鬼頭に続いて、中丸が言った。

「あのさ、夏希常務ってさ、社長たちにはわからないように、社長たちの周りの情報統制をするらしいよ」

「情報統制?」高山が聞き返した。

「まず、あたしたちのように、自分の配下にあるものが、社長たちと直接話をすることを禁ずるんだって。仮に、それを破って社長、副社長にアポを取りに行っても、社長たちの秘書には、そういう時は必ず自分のところに連絡するように徹底しているって聞いた」

「そこまでやっているの?」

「そうか……。ならば、それだけじゃないな」鬼頭が話し始めた。「夏希常務は管理部門も握っているだろ。情報システム部も配下にあるから、社長や副社長をはじめ、主要な幹部や、マークしている人材の受発信メールも自分が見られるようにして、チェックしているという噂を聞いたことがある。もしその噂が本当ならば、俺たちのメールも全部見られているかもしれない」

高山は心底、あきれた顔をした。

「でも社長たちが、直接、誰かの携帯などに連絡を入れたら、常務としては、どうしようもない。だから、そういう対抗馬や邪魔者は排除したい。そこで、事実の切り張りをして、あたかも印象の良くない行いをしているように話を編集した報告やささやきをするなど、ありとあらゆる手を使って、失脚させてきたんだ」

「そういえば、あたしこの間、久米田さんから言われた。『なあ、この会社を動かしているのは、副社長と夏希常務だ。あんたにもわかるだろう?』って」

中丸は音を立ててテーブルにジョッキを置いた。

「だから、従えってことか？」

「そうなるね」

「くそっ」鬼頭は奥歯をかみしめ、ぎりっと音をさせた。

▼西川の動き

「でもさあ、社長、副社長って、なんで、あんなに常務のいいなりになるんだろう？」中丸が言った。

「それって、うちの会社における大きな謎のひとつなんだ」

鬼頭が言うと、中丸は一人で何かを考え込んでいた。

「あのさ、確か亡くなった会長がね……」

お待たせしました！　注文してあった追加のビールジョッキが運ばれてきて、空いたジョッキと交換された。

「会長が何か？」高山が話を中断された中丸に尋ねた。

「……ううん、大したことじゃないからいい」

中丸も新しいビールに口をつけた。

「ところでさ。この間、俺が『キューティーハント』の閉店まで店にいて、その後インスタットビルに戻ったら、西川がひとりで事務所にいたんだよ」

「それって、えらい遅い時間じゃないの？」中丸が言った。

「ああ、確か10時を過ぎていたと思うな。で、俺がオフィスに入っていったら、まるで幽霊でも見たかのように、えらく驚いていたな」

「ふーん、本当にお化けだと思われたんじゃないの。いひひ」

「知らねえけどさ。で、俺のところにえらい愛想を振りまきながら寄ってきて、話かけてきたんだ」鬼頭は煙草に火をつけた。

「常務に呼ばれて汐留本社に行った時に、大石相談役とも会って話をしてきたんですって言ってた」

「え？　ぼくはその話は知らないけど」高山は言った。

「やっぱそうか。常務との話の後に、たまたま会って二人でお茶をしたんだって」

高山は、西川が自分の知らないところでもいろいろと動き、そして自分にはそのことを知らせていないことを知った。

「大石さんと何の話をしたって？」中丸が尋ねた。

「大石相談役からは、今の改革はグローバルモードにとっても大きな意味があるから、改革が留まるようなことがあってはいけないという話があったってさ」

「それで、西川さんは何を伝えたって？」

「今起こっていることは伝えたと」

「西川さん、夏希さんがいろいろとややこしい動きをしていることも話をしたのかな？」

中丸は鬼頭に聞いた。

「俺も、そこは西川に確認した」

「で？」

「しっかり話をしたとは言ってたが、その真偽を確かめる術《すべ》はないな」

そりゃ、そうだ……。高山はため息をついた。

「そして、とにかく自分も、このブランドのために力を入れて何とかしていきますって言ったのだと」

「それで？」

「大石さんから、頑張ってくれ、よろしくお願いしますと言われたとよ」

「それだけ？」

「ああ、あいつから聞いたのはそれだけだ」

「その話で大石さん、何か動いてくれるのかなあ」中丸が言った。

三人はビールジョッキを握ったまま、沈黙した。

▼新組織案

夏希常務は、汐留本社のMD管理室にいた。

「お願いしてあった『ハニーディップ』の過去5年分のMD（マーチャンダイザー）のシーズン検証資料の用意はもうできているかしら？」

「はい、こちらにあります」

資料を受け取ってパラパラとめくり、直近5年間の年度末の在庫の消化率推移の数字を確かめると、「ありがと」と言って、部屋を出た。

夏希常務は、その足で社長室に向かった。

「社長は今、お時間あるかしら」秘書に尋ねた。

「はい、ただいまおひとりです」

「あ、そう」

社長秘書の言葉を聞き、「失礼します」と社長室に入っていった。

「次の人事のことでご相談したいのですが」

「ああ、ではそこに」

二人はミーティングテーブルに着いた。

「やはり、うちが大切にしているものを理解できる方に改革を任せていくべきだと思います」

「そうだね。ただやっぱり、高山君を完全に改革から外してしまうのももったいないと思ってね。私が一度、高山君に話をしてみようと思うが」田村社長は言った。

「では、私から高山さんに、今の社長の意向も話をしておきます」

「うむ、そうかね、頼む」

夏希常務は、ペンを取りノートを開いたが、意味のないレ点を三つ記しただけだった。

「それで鬼頭さんにも、次のチャレンジをしてもらおうかと思います」

「彼の能力向上につながるならば、それはいいと思うが、『ハニーディップ』の改革は誰が牽引《けんいん》するのかね？　夏希さん一人では無理だろうに」

「お任せください。もうひとり、新たに改革推進の責任者を任命するつもりです」

夏希常務は手にしていた新しい組織図案を広げ、社長に説明を始めた。

高山が朝早く出社すると、顔のつやが失せて精気のない表情の鬼頭が席に座っていた。

「どうしたんですか、鬼頭さん。顔色が悪いですよ」

鬼頭はゆっくりと高山のほうを向いた。

「昨日の夕方、常務に呼ばれて、汐留本社に行ってきたんだが。俺、このブランドから異動することになったたよ。まずは汐留本社に移れって」

「どうして、そんなことになるのですか……」

高山にとっても、まさに青天の霹靂だった。

「今の『ハニーディップ』の膨大な持ち越し在庫が増え続けた責任が全て、俺にあるってことだと」

鬼頭は、『ハニーディップ』のシーズン検証資料の在庫推移のページのコピーを見せた。

「その責任が全て鬼頭さんにあるっていうことですか？」

「最終的に発注量を確定させたのは俺だけど、あのバックスペースにあった在庫の商品は、常務の指示でバイヤーたちが発注した商品がほとんどだ。だけど組織上は、俺の責任だそうだ」

二人はしばらく黙ったままだった。

「じゃ、その後のＭＤは誰が行うんですか」

「それがな……」鬼頭は口ごもった。

「どうしたんですか」

「聞いたら驚くぞ。西川だそうだ」

高山は、文字通り絶句した。

「何ですか、それ」

高山は、頭の中で、これまでに起こったこと、その前後の西川の発言をざっと思い返した。

「ということは……」

「そうなんだ。あいつは、常務側についていたんだ」

∀福山の直訴

夏希常務は、ほぼ毎日、インスタットビルの『ハニーディップ』本部に出勤するようになり、高山は『ハニーディップ』の改革推進担当から外されて、とりあえず常務席の近くに座らされていた。

中丸もまた、改革推進の業務からは離され、単に商品企画のディレクションのみを行い、営業マネジャーの会議などには出席しないことになっていた。

その日の営業マネジャー会議に同席するため、数少ない旗艦店の店長として福山洋子が千葉から来ていた。

「高山さんよ。あんた、このブランドの改革から外れるんだって？」

福山が高山に話しかけてきた。

「ええ、社長から、そう言われました」

「で、次は何をするんだい？」

「山川専務が外れる海外事業のほうに行く話があるって、常務からは聞いていますけど」

「何だいそりゃ。だいたい海外事業なんて、国内の商売がしっかりやれているからやれる事業じゃないか。国内での稼ぎ頭になるはずの『ハニーディップ』の元気をもう一度、取り戻すほうが先だろうによ」

福山は鼻息の荒いままで、営業マネジャー会議の部屋に入っていった。

夏希常務と久米田による仕切りとなったこの会議は、既に形骸化し、前にもまして、ぬるま湯のようになっていた。そしてこの会議の場では西川も夏希常務の隣に座っていた。

会議の最中は一言も発しなかった福山だったが、会議終了後、夏希常務のもとに行った。

「常務、ちょっとお時間いただいてもよろしいですかね？」

「あら、いいわよ」

二人は誰もいない小さなミーティングスペースに入った。

「常務は、『ハニーディップ』で高山さんに何をさせたかったのですか？」

福山は詰め寄るように、単刀直入に聞いた。

「高山くんにブランドの改革をしてもらいたかったからに決まっているでしょ。でも、残念ながら、やり方にいろいろと問題があったわけなのね」

「どんな問題ですか、それ」福山は食い下がった。

「そうねえ、簡単に言うと、うちの文化には合わないってことかしらね」

「ずいぶんあいまいな理由ですねえ」

「でも、うちの今までのやり方と違うということは、あなたにもわかるわよね？」

夏希常務がいつも行う、力をもって無理やり同意を取り付けようとする言い方に、福山は辟易《へきえき》していた。

「でもねえ、高山くんのおかげで、『ハニーディップ』も下降が止まったし、『キューティーハント』もいいスタートを切れたわね。期待以上の活躍だったわね」

夏希常務は、ふと無邪気に喜んだ表情を見せた。

「もういいかしら。じゃ」夏希常務は席を立とうとしたが、腕組みをしていた福山は、何かに気が付いたように顔を上げた。

「常務、ちょっと待ってもらえますか。ひょっとして常務、そもそも、最初は『ハニーディップ』のV字回復なんて、高山さんができるとは思っていなかった。そうじゃないんですか？」

夏希常務の表情が変わった。

「そしてその場合は、足元の数字の悪さは彼のせいにして、彼に責任を取らせて彼を追い込み、辞めさせればいい。こう、考えていたんですかね？」

「何を言っているの。わけがわからないわね、まったく」

夏希常務には構わず、福山は続けた。

「ところが、予想外に高山さんがうまくやり、それで社長からの高山さんへの評価が上がってしまった。それは常務の望んでいる状態ではない。それで今度は高山さんを外しにかかった」

「ばかばかしい想像は、やめて」

夏希常務は珍しくヒステリックな声を上げた。

「それで、高山さんや鬼頭を外したうえで、西川をMDにするのは、この後に、もしうまく行かなかった場合、今度は西川のせいにすればいい。まさか、こんなこと考えているんじゃあ……」

もはや夏希常務は横を向いて、口をつぐんでいた。

「冗談じゃないよ！ あたしらはねえ、必死で売り場を回しているんだ。あの高山って奴はね、会社のため、そして、あたしら現場が幸せになるように、一所懸命に考えてやってるんだ！」

夏希常務は席を立ち、ドアに向かった。

「待ちなよ！ 逃げるのかい」

福山は大声をあげた。

「あんた、それでも役員なのか？ 役員のくせに、こういう改革がうまくいったほうが、あんたも含めてみんなが幸せになるってことがわからないのか。ええ？」

夏希常務は立ち止まった。福山に背を向けていたが、その顔は鬼のような形相になっていた。

息も荒く、興奮していた福山だったが、大きく一度、深呼吸をし、呼吸を整えた。

「常務……、あんた間違ってるよ」それまでとは変わり、低いトーンの落ち着いた声だった。

「なあ、常務。考え直してくれよ、このブランドのみんなのためにさあ」

夏希常務は振り返り、二人の視線が合った。

興奮とその想いに目を赤くしている福山に向かい、夏希常務はいつも以上の冷たい微笑《ほほえ》みを浮かべて言った。

「福山さん、ご苦労様。ありがと」

首を曲げ、語尾を上げて言った後、夏希常務はさっさとドアを開けて出て行った。

高山の携帯に、汐留本社に異動した鬼頭から電話がかかってきた。

「鬼頭さん、どうですか。そちらの仕事は？」

「まだ、次の仕事が決まらない。何もないまんまだよ。そのうち物流センターにでも行かされるんじゃねえかな」鬼頭は話を続けた。「さらに気持ちの良くない速報だ。福山がよ、四国の松山店に転勤って辞令が出るぞ」

「えっ、四国って、大型店なんてありましたっけ？」

「あるわけないじゃん。ブランドの旗艦店の店長から赤字の不振店の店長に異動だよ」

「そんなあ」

「常務にやられたんだ。俺が『ハニーディップ』にいた最後の日、営業マネジャーの会議の日だ。夏希常務と二人だけの部屋から福山のでかい声が聞こえたろ。あれが原因だ」

「社長は福山のことを買っていたけど、あいつ、副社長にも言いたいこと言ってたからな。心象は悪かったはずだ。結局、あの二人が引き留めてくれなかったんだろうなあ」

「ぼく、これから船橋ショッピングセンターに行ってきます」

ああ、そうしてやってくれ……、鬼頭は電話を切った。

∨情報漏えい

船橋ショッピングセンターの中にあるカフェで高山は福山と向かい合っていた。

「会社を辞めることにしたよ。あたし」

「悪い冗談はやめてくださいよ」高山は言ったが、福山の表情は変わらなかった。

「あたし、母親の面倒も見なければいけないんだ。病気なんだよ。だから、親をひとり置いて四国の松山に行くわけにはいかないもんな」

「福山さんの家庭の事情って、うちの人事は知らないんですか？」

「もちろん知ってるよ。毎年、自己申告書にそのことは書いてるもの」

「ってことは」

「そう、つまりあたしに辞めろってことなんだ」

高山は言葉を失った。

「ごめんな、高山さん。あたし単細胞だからさ。もう、あんたを応援することはできなくなっちまったよ。すまないねえ」

「もう決めたんですか」

「来月から松山に行けっていう辞令だったからさ。出勤は今月末までだ。後は有給休暇を使って次の仕事を探すよ」

福山はグラスの底に残ったアイスコーヒーを、ストローでずずっと音を立ててすすった。

「なあ、この会社を正常にできそうなのって、あんたしかいないんだよな。何とかなんないのかなあ」

高山は、黙って下を向いたままだった。

「ところでさ、最近、このショッピングセンターでも『ワールドワークス』がえらく調子よくってさ」

「それは、ぼくも週次のデータを見ていて気が付きました。なぜなんですか?」

「カットソー以降の投入商品もそっくりなんだけど、値付けも、上手にうちのプライスの下をくぐって付けているんだ」

「これから、店を見に行きましょうか」

二人はカフェを出て、『ワールドワークス』の店舗に向かった。

「本当だ」高山が見ると、『ハニーディップ』と同じような商品が展開されている場合は、その価格は例外なくどれも、『ワールドワークス』がわずかに下をくぐっていた。

「もともと『ワールドワークス』は値付けをすごく意識している店だったけどさ、最初の投入時から、完全にうちの戦略的なメイン商品の価格をきれいにくぐってるなんてことは、これまでなかったんだ。こんなのあり得ないよ」高山は、店頭の価格タグを確認して言った。

「このまんまじゃ、うちの店は『ワールドワークス』にやられちまうよ。高山さん、何とかできないのかね？」

高山は腕組みをしたまま、店頭にたたずんでいた。

∨高山の対抗策

千駄ケ谷のインスタットビルにいる高山の携帯に、鬼頭からの電話がかかってきた。

「鬼頭さん、どうしました？」高山は携帯電話で話をしながら、誰もいない会議室に移動した。

「俺、やっぱり成田の物流センター勤務だってよ。明日、異動になる。しばらくは戻ることはないだろう」

高山は無言で聞いていた。

「そんなことよりも、ちょっと人事の若い奴を締め上げて、『ハニーディップ』の人事、これからどうなるのかを聞き出したんだがな」

「それ、ぜひとも教えてください」

「高山さん、あんた、一応、海外事業部に異動ってことになってるんだけどさ」

「常務からも、そう聞いていますけど」

「確かに、表向きはそういう話になってる。山川専務が外れた後、海外事業部のメンバーも入れ替えられて、今は夏希常務のイエスマンになっている連中が入っているのだが。俺、その中のひとりから聞き出したんだ。常務から『高山さんって前向きな人だけど、ハニーディップで問題を起こした人だから、ここでも、あなたたちにとって嫌なことを強引に言ってくると思うの、その時は、すぐに対応するから言ってね、社長たちもそれを望んでるから』って言われたとさ」

はあ……、高山にとっては、心底、脱力する話だった。

「この言い方も、常務のいつもの言い方だ。副社長あたりが、言質をとろうと聞き込んでも、その話した内容自体は、いくらでも釈明できる。『一応、念のために伝えておこうと思いました』とかさ」

高山も、夏希常務のしたたかさは、言葉の表現ひとつをとってもかなりの域に達していると感じていた。

「海外事業部に配属された奴らは、別に個人的には悪い連中ではないのだが、常務から、裏でそんな指示をされていれば、雇われている者としては従うだろうな」

「海外事業部の人たちも、それに従うのですね？」

「自分の意に添わない人材を常務が外していくことは、みんながわかってる。それが怖いから、結局、多くの『民《たみ》』は恐怖政治のもと、その意を忖度《そんたく》して動くだろうな」

鬼頭は、高山の言葉を待たずに話を続けた。

「常務は、副社長には情に訴え、社長に対しては忠実なしもべとしてふるまって自分の地位を保全する。そしてお人好しの二人は、結局、常務の思い通りに動いてしまう、ということだ」

「そういう知恵の回る頭を、なぜ仕事に使わないんだ……」

「ちげえねえ。でも、これまでずっと、こういう動きばかりをし続けてきた人だ。多分、これまでの海外事業の問題を全部、高山さんに押しつけようとするだろうな。社長たちに対しては、あんたが悪の権化であるというイメージを築き上げていくはずだから、あのお人好しの二人をあんたとは会わせないように画策するだろうな」

「大前提になる部分の話なのですが、常務って自分の力で『ハニーディップ』を立て直せるって思っているんですかね？」

「高山さんらしい指摘だな。そこのところは、あの人の頭からはすっとんでると思うな」

「どういうことですか？」

「常務は確か今57歳。60歳を過ぎたところの山川専務を追い出したわけだから、多分、自身の頭の中では、これが最後のチャンスだと思ってるんだろう。ここで自分のための舞台を確保しないと、これまで邪魔者を排除することで経営陣の一角に食い込んできた自分の立つ瀬がない。利用しようと思っていた高山さんがいったん、自分の舞台をさらっていってしまったのだが、今は、前よりも良くなった舞台にして取り戻すことに成功したわけだ」

「それでも、常務はその舞台でブランドを立て直せる能力が自分にあると思っているのですか？」

高山は、答えが自明である問いを、再度、鬼頭に投げた。

「あの人ってさ、これまでのプロジェクト全て、やりっ放しでほったらかしだ。その時にうまくいかなかった理由を全部、自分以外の、他人のせいにしてしまっているから、自分の何がいいのか、悪いのかもまったく学習していないし、わかってもいないと思う」

「ということは？」

「自分は本当は能力はあるのだが、それでうまく行かないのは、他人のせい。自分のせいではなく外的な要因。自分は常に、うまく行く可能性のある『車』に乗り変える。それだけだ。今の『ハニーディップ』も、もうこのまま良くなっていくかもと思っているんじゃないか？」

鬼頭の的確な解説に、高山は無言のままだった。

「残念だが、そういう流れだ。中丸は一族だから、多分今のままのようだけど、あいつがこれからも筋論を通し続けると、いずれ常務にとって邪魔な存在になってくるだろうけどな」

鬼頭の言うことがこの先、起きるだろうことも容易に想像できた。

「高山さん、短かったけど、もう他の仕事を探す活動をしたほうがいい。うちの会社、あんたが真剣にやるようなところじゃない」

しばしの沈黙の後、高山は「わかった、ありがとう」と言った。

「ところで鬼頭さん、ひとつ連絡事項があります。うちの商品の情報が漏れているのではないかっていう話への対応を、この前、話しましたよね」

「おお、情報漏えいの件だな。漏えいルートつぶしの手が決まったのか？」

「ええ。それで、安部野さんからさらにアイデアをもらったので鬼頭さんに少し手を貸してもらいたいんです」

「けど俺、明日から物流センター行きだ。何もできないぜ」

「だから好都合なんです。それに、今でも『ハニーディップ』の商品部のみんなは、鬼頭さんを慕っているでしょ？」

「そりゃまあ、みんな俺の子分みたいなもんだし。本当はみんな、あの時のあるべき改革の姿に戻したいと思っているさ」

「ぼくもそう思っています。それでですね……」

高山は、対応策とその手順を鬼頭に伝えた。

「手間はかかるが、おもしれえな。わかった、任せとけ」

「よろしくお願いします」

高山は電話を切った。

▼高山の怒り

高山が振り向くと、中丸が会議室の入り口に立っていた。

「ねえ、誰からの電話？　鬼頭さんから？」

「うん、物流センターに異動になったって」

「えっ？」

中丸が、微かに涙目になった。

「そんなことって、許せないよ、ねえ？　高山さん」

「確かに、純粋に会社を何とか立て直していきたい、良くしたいと思って努力している人たちにこんな仕打ちをするなんて、許されることじゃない」

高山は話を続けた。

「企業活動なんて、戦略なんて言葉を使っても、別に本当の戦争のように生きるとか死ぬとかの話じゃないんだ。うまく組み立てをしていけば、市場にも喜ばれるし、社員にもそこで力を発揮させる土俵を作ることができるはずなのに」

いつもは、さほど感情を表に出さない高山だったが、自分の握りこぶしをテーブルにぐりぐりと押しつけていた。

「人の人生をなんと心得ているんだ！　働いている者、一人ひとりの人生を輝かせるのが企業の役割じゃないのか」

高山は握った拳《こぶし》の鉄槌でテーブルを叩いた。

鈍く重い音と、折り畳みテーブルの脚のきしみが会議室に響いた。

高山はテーブルの上の、自分の握り拳をしばらくの間、見つめていた。

「高山さんさ……」

中丸に声をかけられ、高山は顔を上げた。

「言ってなかったんだけど、前に話した田村家一族の食事会の帰りに夏希さんに声をかけられて、二人で話をしたんだ。それでね……」

話を続ける中丸を見る高山の眼はうるんでいた。

「……そんなことがあったんだ」

唇をかみ、そして高山は中丸に微笑んだ。

「それで中丸さん、この間、説明した仕掛けだけど、鬼頭さんが物流センター配属になったわけだからさ」

「あ、そうか。それはそれで、いいわけなんだね」

中丸も高山に微笑み返した。

∨作戦会議

荻窪にある安部野の事務所スペースの窓からは、緑でいっぱいの大きな庭が見えた。庭木の色づいた葉が雨に濡れていた。

「君の話はわかった。が、だ。このグローバルモードという会社は、そもそも救う価値があるのか？」

安部野は、日も陰り始めた夕刻に、突然、事務所を訪れてきた高山に言った。

「やられたから悔しい、仕返しだとかの、単なる浪花節みたいな話だったら、もう放っておけ。そういう思惑が渦巻いておかしくなっている会社は、世の中にごまんとある。そんな会社は手間をかけるだけ時間のムダだ。バカバカしいぞ」

安部野は座っていた椅子を回して横を向いてしまった。

「安部野さん、うちの会社には、やれることって何もないのですか」

「手間をかけるだけの意味、いや、意義があるのか、と言っているんだ」

「この会社に対応することは、意味も意義もないって言われるのですか」

安部野は窓の外の濡れた緑を見たまま、何も答えなかった。

「安部野さん、こういう時に、どんな手が打てるのかを知りたい。そして、その結果がどうなるのかを、ぼくは知りたいです」

安部野は顔を上に向け、長めの髪の毛をかきむしり、天井を見上げた。

朝から降り続いている激しい雨のせいか、夕刻とはいえども本来は、まだあるはずの外からの明かりが乏しい部屋の中で、しばしの時間が過ぎた。

「君が……知りたいわけか」

安部野が口を開いた。

「はい」

「ふむ……」

再び沈黙の間ができた。

窓の外では、おそらく葉っぱで詰まった樋《とい》からあふれた雨水が、ボツリ、ボツリと、規則的な音を立てて地面に落ちていた。

高山は黙って安部野を見つめていた。

「まあ、よくあることではあるが、ケーススタディの一つとして、起きている因果を明らかにしてみる価値くらいはあるか」

安部野は、雨で揺れる葉を眺めていた。

ならばだ……安部野は高山のほうを向いた。

「ここまでの経緯をもう一度、僕に説明してくれ」

高山は、自分の把握している出来事について最初から説明した。

安部野は、時にノートパッドにメモをとり、時に、今の話の主語は？　誰が言ったんだ？　誰がやった？　と確認を重ね、そして時に天井を見上げて考え事をしながら聞いていた。瞬く間にＡ３のノートパッド数枚が、文字だけではなく丸、四角の図形、矢印でいっぱいになった。

「そうか……。では、これから僕が言う情報、資料を集めてくれ。それから僕が直接会いたい人物を言う」

安部野は、高山に細かい指示を始めた。

『憑き物落とし』の仕込みが始まった、そう、高山は理解した。

『業』との戦い

「そもそも論」ですが、本来「経済合理性に基づいて行動する」ということが大原則であるはずの企業において、その実、**「社内での意思決定や運営が経済合理性に全く則っていない」という、何とも不条理な光景を、しばしば企業内で見かけます。**

本来は、純粋に戦略的な必然性から決まるべきである打ち手が、「社内で力を持っている（例えば）専務が反対するから」あるいは「専務に睨まれると後が怖い」、そして果ては「どうせ、うちの社長は決めきれないから、とりあえずこれで」などと客観的に見れば、筋論とはまったく別の理由で毎年会社の方針が定まっていく。あるいは定まらずに、結局そのまま課題を先延ばしにして、ダラダラと時ばかりが過ぎる場面によく遭遇します。

外に向けては、体裁良く、理路整然と化粧直しした作文が発信されますが、客観的によく見ると「本当にその方向性が正しいのか？」が不明瞭、あるいは導かれている結論に、違和感をぬぐい切れないことも、ままあります。

企業において意思決定が必要な全ての場面では、まず将来、あるいは今期の経済合理性に基づいて方向性の議論がなされ、その次の段階として、それを実施するに当たっての難易度や障害を十分に吟味、評価して、現実的な展開案を決めるというのがあるべき順番です。

ところがその、まず必然的に決まる『やるべきこと』に基づいた意思決定がなされるはずが、いつの間にか、主客転倒して「それ、（あの恐しい）専務が反対するはずだから通らないな」が、最優先の与件として、議論の前提に来てしまうのです。

本来、**企業は成長、繁栄してこそ、社内のポジションも増え、昇給、昇格の機会が確保できるものであり、そこで働く者たちにとっても、安心して前向きな問題解決に取り組める環境を作ることができます。まず企業の有《あ》り様《よう》として、成長を実現するための挑戦を続けるという大前提を置かねばなりません。**

しかし一方で、『**人は、性善なれど、性怠惰**』なものです。

それゆえに『総論賛成、各論反対』を腹に持つ、面従腹背の者たちが現れます。せっかくの万人の幸せにつながる施策であっても、己にとって不利益がある、あるいは自分のテリトリーに踏み込まれ、侵されると思うと不安にかられ、それを阻みに行く行為が画策されるのは、人類の歴史をさかのぼっても、そして現代においてもあとを絶つことはありません。

マネジメントの使命は言うまでもなく、事業体の永続的な発展を目指して、組織力の向上や新規市場の開拓などの挑戦を仕掛けることです。

ただし現実には今、自分が利用できる権威に寄りかかって、その地位の保持を優先させようという『思惑』は、残念ながら、いとも簡単に芽生えるものです。これはマネジメントの、どの階層でも起こり得ることで、そう考えると自身が管轄している組織の、利益と倫理観のバランスをしっかりと取り、皆がまっとうで、前向きな問題解決に取り組める環境をつくることがマネジメントの最大の使命、役割ともいえます。

別の言い方で表現するならば、マネジメントは元来、知らない間に社内にはびこってしまう『思惑』との闘いという側面を持ちます。

結局、個人や一部の利益を優先させる『総論賛成、各論反対』がまかり通るのは、この本来のマネジメントの使命が横に追いやられ、機能しなくなっているからだと言えます。

トップの視点で言えば、この『総論賛成、各論反対』になりがちな組織において、『理』をもって大義名分を通し、事実に基づく実態の『見える化』を推進することで、いわゆる『思惑』のもとになる『煩悩』を封じ込め、国や企業など、組織の繁栄につなげるのが、トップの第一優先命題ということになります。この状態が実現できれば、社内がトップの価値を理解し『敬服している状態』、つまりリーダーシップを発揮できている状態になります。

これは安易なノウハウの導入で解決するものではありません。トップ周りの参謀機能などを強化することによって、かなりのレベルまで理論武装は可能になり、この機能と一体化して社長業を行うことができれば、リーダーシップが実現している環境を整えることができます。

要は、最後にものを言うのはトップ自身による『理』にかなった意思決定のなされている状態づくりと、社員が思う存分前向きな挑戦に取り組める環境と土俵づくり。つまり、これらの文化を作り上げることが、最後までトップが担わねばならない重責なのです。

第7章 経営者としての最終判断

▼作戦開始

高山はトイレの鏡の前で自分の顔を両手で押さえ、丹念に頬のマッサージを繰り返していた。

口角を大きく上げ、夏希常務に負けないほどの笑顔を作り、さらに両頬を両手の平で念入りに回した。

「よし」

高山はトイレを出て、夏希常務の席に向かった。

「常務、今、お話ししてもよろしいですか?」高山は首を曲げ、常務顔負けに口角を上げ、笑顔で話を始めた。

「ん、何かしら?」夏希常務は顔を上げ、いつもの笑顔で高山を見た。

「安部野さんから、今回実施したマーケティングについて、社長にもその方法論をご説明しますという話がありました」

「どうもありがと。でも高山くん。社長たちは、もうお話を伺う必要はないと言われると思うわ」

夏希常務は微笑《ほほえ》みながら高山に言ったが、高山もそれを上回る微笑みを返し、その場は、さながら二人による微笑合戦の様相を呈した。

「それがですね、実は先日たまたま社長にお目にかかり、声をかけられました。『この間発表したマーケティングの方法論について、もう少し詳しく知りたい』とおっしゃいまして」

「あらそうなの、でも、マーケティングの良い話をされる方は、他にもいるわよね」

「すみません。その時、ぼくが『ならば、安部野さんから直接お話ししていただくのがいいですね』と申し上げましたら、『それがいい、今回の方法論についての話が聞きたいから、ぜひ』とおっしゃられまして、安部野さんに依頼した次第なんです」

　夏希常務は、不快感を露骨に表情に表した。

「それで、ちゃんと秘書を通して社長のご予定をいただいたの？」

「本当にすみません。社長から直接言われてしまったので、その場で連絡をして日程も決めてしまいました。副社長もご同席されるとのことです」

　夏希常務は不機嫌極まりない様子で「それで、いつなの？」と自分の予定表を開いた。

「常務にもご出席いただきたいので、社内イントラネット上で、常務の予定を確認させていただき、決めさせていただきました。ご出席をよろしくお願いします」

「そういうことを勝手にしてはだめ。私も困るんだけど」

「すみません、何せ、社長のご意思を受けての話だったので、すぐ動いてしまいました」

『社長の意思』という言葉に、むげにはノーと言えず、条件反射的に黙り込む夏希常務だった。

「わかったわ。次からは、必ず私に相談してから動いてね」

「はい、申し訳ありませんでした」

夏希常務は渋々、自分の手元の予定表に予定を書き込んだ。

▼安部野、登場

安部野京介が、汐留のグローバルモード本社を訪れた。いつものストレッチの利いたジャージー素材ながら、いつもより光沢感のある細身の黒のスーツを身に着け、ノーネクタイに白いシャツの姿。そしてかつて高山が見たことのない、すがすがしい笑顔で安部野は現れた。

社長、副社長、夏希常務との名刺交換の後、マーケティングについての話を始めた。高山も社長の許可を得て、末席に座った。

安部野のマーケティングの話は、以前、高山たちに話をした内容をさらに簡略化したような内容だった。

「なるほど」田村社長は、満足げに安部野の話を聞いていた。

「事業が低迷状態にある時には、事実に基づいて市場とのギャップを把握することから始め、それを埋めて、市場をリードできる状態に戻すための改革を推進するということになりますが……」

少し間をおいてから、安部野は社長たち三人を見た。

「改革というのは社内の組織にも、ストレスがかかるものです。何しろ、それまでと違うやり方に取り組んでいくことになりますからね」

安部野は、手元の珈琲を口に運んだ。

「ところで、小耳に挟んだのですが……」安部野は片方の眉を上げ、わざとらしく声のトーンも上げた。

「今回の『ハニーディップ』の改革では、故障者も出てしまったそうですね……」

「そうなんです」夏希常務は、安部野の言葉にかぶせてきた。

「高山さんたちが一所懸命にやってくれたのですが、どうもうちには合わなかったようで。うちの社員にはちょっとやり方が過激すぎたのかと……」

ああ、そうなのですかあ。と安部野は大きくうなずいた。

「営業マネジャーの二人から診断書が出されたとか、伺いました」

「うちの子たち、あまり揉まれたことがないので、打たれ強くない、というのもあると思いますので。それも私たちの人材育成の仕方にも問題があったと反省しています」

まさに夏希常務らしい答え方だな、高山は思った。

「何でも、夏希常務が休まれた方々の自宅を訪問すると、その翌日に診断書が会社に提出されるとも伺いましたが」

夏希常務の反応など意に介さず、しゃあしゃあと話をする安部野を、夏希常務は瞬間的に睨み、そしてすぐに笑顔に戻した。

「ええ、疲れている時はゆっくり休むようにとアドバイスをしまして。結果、二人ともお医者様から、同じ診断書が出ましたけど……」

「そのうちのおひとりは、営業マネジャーの大山さんですね。大山さんは、退社の意思を固められたとか」

副社長が露骨に眉をひそめた。

「まあ、それ、本当なんですか。かわいそうに、そこまでひどいのね。あら？　でもなぜ、あなたがそんなことまでご存じなの？」

「私、大山さんにお目にかかりました」

安部野の一言で、副社長に見えない角度に座り、嬉しそうな顔をしていた夏希常務の表情が変わった。

「大山さんは、今回退任の意思表示をされた山川専務と近しかったそうですね」

「あなた本当に、よくご存じねえ。そうよ。山川さんが営業全般を見ていた時に、大山さんは直属の部下で、山川さんは彼をすごく可愛がっていたわ」

「実は山川専務にも、お目にかかりました」

安部野の言葉に、三人は文字通り目を丸くした。

「いえですね。たまたま山川専務の友人を存じ上げていて、その関係でお目にかかったのです……」

あまりに不自然な安部野の話に、そんな都合のいい話なんてあるものかと思った高山だったが、ふと見ると、少なくとも社長、副社長の二人は、そこに疑念を抱いている様子はなかった。ひょっとして安部野さん、社長たちのお人好し度合いを測っているのかも……、高山はそんなことを考えた。

「山川専務が退任されると聞いて、大山さんはショックだったようです。今は山川専務が始められる新しい仕事を一緒にやろうと考えてらっしゃるようですが」

安部野は一息、間を置いて夏希常務を見た。

「大山さんが言っておりました。『夏希常務が家に来られて、医者に診断書をもらって提出するように言われた』と」

夏希常務の表情は、誰の目にもわかるほどにこわばった。

「え、ええ……。具合が悪いならば、お医者さんに行って、診断書を出してくれれば、心配せずに休めるわよって伝えたんですよ」

夏希常務は取り繕いながら答えた。

「はい、おっしゃる通りです。確かに常務のおっしゃる通りなのですが」

安部野はそう言いながら、内ポケットからICレコーダーを出して会議テーブルの上に置いた。PLAYボタンを押すと、若い男性の声が響いた。

『……それで常務が、わざわざ家に来られたんですよ。で、営業の会議で大変な目にあったのねって。お医者さんに心が疲れたって言って、しばらく休養が必要っていう診断書をもらってらっしゃい、給料も評価も下がらないようにしてあげるから、心配しなくていいわよって言ってくれました。その医者にも事前に常務のほうから連絡を入れておいてくれるって。もともと自分が休みはじめたのも、久米田さんから、お前、会議で、訳のわかってない奴から突っ込まれていやだろ、休んじゃえばいい、俺から常務に言っておくから心配するなって言われたからですから』

社長、副社長はICレコーダーを凝視していた。

『でもね、そのあと山川専務が辞めることになったじゃないですか。それについては、自分にも思うところがあるんです。山川専務、もう疲れたって言っていました。決して辞めたくて辞めるんじゃないと思うんですよ』

安部野は、ICレコーダーを止めた。

「こちらはちゃんと、大山さん、ご本人の承諾を得て録音させていただいております」

夏希常務はあからさまに、安部野を睨みつけた。

「先ほど、常務がおっしゃったことには間違いはないですね。でも、大山さんの話を聞いていると、彼からの診断書の提出には、常務の意向が反映されていることがわかります」

これ以上ないほどの涼しい顔で安部野は言った。

「もう少しだけ聞いてみましょう」安部野は再びPLAYボタンを押した。

『確かに常務は怖いです。でも、もういいです。山川専務がご自身で事業を始めるって言われているので。自分もグローバルモードを辞めて、一緒に仕事をやらせてもらおうと思っているんです……』

大山の話はそこで終わった。

夏希常務は田村社長に向かって何かを言おうとしたが、田村社長はそれを目で制し、ため息をついた。

「夏希さん、どういうことかね」

「いえ、どうと言われましても」冷静を装ってはいるものの、夏希常務の声は上ずっていた。この場を取り繕い、なんとか自分の行いを正当化したい、その一点に集中していることは明らかだった。

「私は、それが大山さんのためにも、会社のためにもいいだろうと思いまして。出過ぎた真似をしてしまいましてすみませんでした」

大山さんのため、そして会社を思っての行動、そう話を収めて、最後は謝罪する……、やはりさすがだな、高山は心の中で思った。

「なぜ、そう考えたのだね」

高山は、この問いに夏希常務がどう答えるかに、大いに興味を持った。

「高山さんのやり方は、この会社の文化とは違います。私たちは、人へのやさしさを大事にしてやってきています。人に精神的な圧をかけるようなやり方は、うちのやり方じゃないです」

文化の違いに話の焦点を持っていくんだ……。それも抽象的な『やさしさ』を起点にして話をすれば、誰もがその通りと言わざるを得ないし、何より副社長が好み、反応する言葉だ。

……こう考えると『やさしさ』という言葉の解釈は、人によっても状況によってもあいまいになるし、『私はこう考えました』と自分の解釈を主張することができる。

社長、副社長が現場との接点が乏しい以上、夏希常務のやり方が純粋なエゴイズムに満ちていることを、事実に基づいてとっさに指摘することは、難しいだろうし。仮に指摘があっても、この人はすぐに、次の切り返しを考えつくだろう。とっさにこの対応ができる、この人の言葉選びのセンスと頭の回転の良さは、やっぱり半端じゃない……というか、こういう工夫ばっかりに頭を使ってきたんだ……、高山はひとり、考えていた。

「ふーむ、そういうことか」

田村社長の目は今、冷静に輝きを見せていた。

「確かに話として筋は通っている。が、しかし結局は、恣意的にものごとを誘導している、ということだな」

珈琲カップに口をつけようとしていた安部野はその手を止め、上目遣いで社長を見た。

「その通りですね」

「うまく既成事実を作っていく。自分の想定したストーリーのもとに」

「はい」

「そして自分を中心に置いて、特定の角度からだけ見た報告や説明をする。本来の経営の立場から見た本質の部分は、ある意味、どうでもよく……」

「適切な洞察です」

安部野は涼しい顔で答え、珈琲を口にした。

「つまりだ。希望的というか……、いや、むしろ妄想的な、自身の主観で客観的な事実を利用して上書きしていき、塗りかためる、というところか」

安部野は珈琲を味わいながら、「田村社長は、事象の言語化に長けてらっしゃる」と言った。「結局、このような事態を防ぐのが、本来のロジカルシンキング、つまり論理的思考による思考の『見える化』をした、経営周りの報告、連絡、相談の作法の躾《しつけ》ともいえるわけですが……」

安部野は、ずずっ……と、微かな音をたてて珈琲をすすった。

「そのためには、肝の部分についての、ファクト、つまり事実をおさえる習慣付けは必須です。さもなければ、『こうかも』『そうかも』と『かも』の積み上げばかりがなされ、気づかぬうちに抽象度も高く、かつ、ぐらつきやすく重要な判断を行うには、なんとも頼りない思考プロセスができあがります。これを称して、意思決定に『自信』が持てない状態と呼ぶことができます……」

「なるほど。そのファクトの裏付けのある報告や起案が常になされるようになっていれば、本来、私の意思決定の精度も下がることはない、とこういうわけですな」

まるで『思考空間の中』を漂っているような田村社長がここにいる。そしてそれを眺めながら、安部野自身は今、大好きな珈琲を手に、その至福の時間を楽しんでいる……、そのように高山の目には映った。

「あなたたち、いったい何を話してるの？」

副社長が、田村社長と安部野の顔を交互に覗《のぞ》き込んだ。

「あなたたちが何語を使っているのかも、さっぱりわからない」

かろうじて話についていっていた高山も、副社長の一言で現実世界に引き戻されたような気がした。

コホン……、咳ばらいを軽く一つして、田村社長は言った。

「いかんことですな。こういうことがまかり通るのは」

「経営において本当に重要な、優先順位の高いことにスポットライトが当たらなくなるという意味では、まさにその通りですね」

夏希常務の表情が再び険しくなった。

「夏希さん、席を外しなさい」

何かを言いたげな夏希常務に田村社長は、それを認めぬ雰囲気を醸《かも》し出していた。

「ちょっと待っていただけますか？」

安部野は田村社長を制した。

「常務がおられる場で、確認しておきたい話があります」

安部野は社長がうなずいたのを見て、話を始めた。

「一時、復調していた『ハニーディップ』ですが、今は『ワールドワークス』の追撃にあって、再び苦戦していますね」

田村社長は、夏希常務を見た。

「え、ええ、あちらも頑張ってらっしゃるから、私たちも頑張らねばと思っています」また もや夏希常務らしいコメントだった。

「『ワールドワークス』が『ハニーディップ』のSランク商品と全く同じものを、ほぼ同時期に展開し、さらに価格はこちらの下をくぐっています。常務はこの件については、どうお考えですか？」

「その件は、今度MD（マーチャンダイザー）の責任者になった西川さんに調査を命じて、原因の究明中です」

夏希常務は口元を引き締め、きっぱりと言った。

「命じてあるのですね。それでその後、なにか報告はありましたか」

ええ、夏希常務は即答した。「先日、西川さんに確認したところ、スワッチの貼ってある商品企画資料は、機密保全のために、彼自身が毎日、鍵のかかる場所にしまい、一括管理を行うように、すぐに対処したと聞いています。でも機密保持契約をしている、その先のデザイナーやメーカー、工場から情報が漏れている場合、今時点ではすぐに追いかけようがなく、怪しいと思われる業務依頼先や発注先については見直していくしかないだろう、と報告を受けています」

「つまり西川さんが疑わしいと言ったデザイナーやメーカーは、契約や取引継続を見直す……、ということになりますね」

「最終的に決めるのは、私です」

夏希常務は安部野を再び睨みつけた。

安部野は茶封筒を鞄から出し、中からクリアフォルダーに入った資料を取り出した。

「これは御社のデザイナーやバイヤーが使う、商品企画資料のコピーですね。細長く切ったスワッチまで、ご丁寧に貼りつけてあります」

企画資料のコピーには、幅2ミリに満たないほど不自然に細い生地見本が、セロハンテープで張り付けてあった。

「まあ、細《ほそ》いわね、このスワッチ。こんなに細いのは初めて見たわ」

副社長が近くに寄り、老眼鏡を手に安部野の手元を覗き込んだ。

「この業界のことについて、よくわかっていない素人が切って貼ったのでしょうね。元のスワッチから切り取ったことが、ばれないようにと、このような非常識に細い切り方をしたのでしょう」

「それは……、どういうことですか？」田村社長が言った。

「おそらく、この形で御社の商品の企画情報が流出していたのでしょう」

「あなた、これ、どこで入手したの？」

副社長はうろたえ、その声は震えていた。

安部野が端に座っている高山に視線を向けたため、皆の視線も高山に集中した。

「西川さんの鞄の中に入っていました」

夏希常務の顔の血の気が引き、凍りついたようになった。

「ブランドの全員が帰ったあと、遅い時間に西川さんが一人でインスタットビルに残っていたことがあったそうです。不自然な行動なので、私が高山さんに西川さんの鞄の中を覗《のぞ》いてみるように言いました」

安部野は夏希常務を見つめた。

「なぜ彼は、企画資料をコピーして、わざわざ、ここまで細く小さく切ったスワッチまで貼りつけて自分の鞄の中に入れていたのか。いろいろな言い訳はできるでしょう。『家でも、商品企画を確認しようと思った』とでも弁解しそうです。もしそうだとしても、スワッチまでわざわざ切って貼り付けておく必要はないと思いますが。いずれにせよ彼がいかなる釈明をしても、会社として鍵をかけてまで管理が必要と言っていた情報を、なぜか自ら社外に持ち出そうとしていた事実は変わりませんね。それも、不自然に細く切り取られたスワッチ付きで……」

夏希常務は、手にした商品企画資料のコピーを見つめていた。

「あの人、私のために働いているって、何度も言ってたのに……」

夏希常務のつぶやきは、その場にいる全員の耳に届いた。

「世の中には自分の口から発する言葉に、屁ほどの重みさえ感じていない輩《やから》が、いますからね」

安部野の一言は冷ややかに響いた。

「彼はその言葉を、自分を評価する立場にいる人たち、全員に言っているのでしょう。その意味合いは……、だから対価としての金をくれ、あるいはポジション、つまり権力をくれということでしょう。そしてさらに、その裏にあるのは、報酬が十分でなければ、もっとくれる方に寝返るかも、という意味を含みますね」

安部野の言葉が届いているのか、いないのか、夏希常務は「こういうことは、許されることじゃありません。法的に訴えるなり、断固、対処をします」と一人でいきり立った。

「対処しますといってもね……。それはそうなのだが」

田村社長の幾分白けた様子を、夏希常務は察してはいないようだった。

「もちろん、本件そのものへの個別対応は必要ですが」

安部野は田村社長を見た。「問題の発生時には常に、『応急の対応』と共に再発防止、つまり『歯止め』、これら両面の対応が必須となりますな」

安部野の言葉の意味合いは、夏希常務以外の全員に伝わったように高山には見えた。

「『歯止め』ですか。たしかに」

田村社長は、かみしめるように言った。

「西川のような輩《やから》は往々にして、自分の利になる側に自ら『つきに』動きます。彼は、高山くんたちの動きを夏希常務に伝える『内通者』の役割も担っていたようですが、それは常務がそう動くように彼に依頼したのですか？」

え？　いえ、夏希常務は一瞬、キョトンとした表情を見せた。

「私は、このスパイ役を、西川が自ら申し出た可能性があると考えています。そうなると、彼の場合、高山くんたちが夏希常務のことを悪く言っている、あるいは失脚を望んでいるなどのありもしない情報さえ入れかねないでしょう。一本しかないパイプ役としての自分の価値を高めるためにね」

田村社長はまさに苦虫を噛みつぶしたような表情で話を聞いていた。

「私は、改革において、しばしば現れることがあるこの西川のような立ち回りをする小兵を『卑怯者《ひきょうもの》』と呼んでいます。結局、今回の一連の出来事の初期のトリガーとなり、そして、自分の利のために夏希常務を裏で煽《あお》り、ある意味糸を引いていたのは、実は西川であった……、という見方もできるわけです。本人は賢く立ち回っているつもりだと思いますが、組織にとっては……、そう、テロリストのようなものになりますね」

安部野は厳《きび》しい表情で夏希常務を見た。

「安部野さん、彼女を退席させます。いいですか？」

「はい、結構です」

社長の言葉に、安部野はうなずいた。

「あの……」夏希常務は、さらに何かを言いたそうだったが、社長に目でうながされ、社長室から出て行った。

「でも、情報が漏れているならば、急いで手を打たないといけないわね」

副社長も気が動転している様子だった。

「高山さんが現場側でできる対応については、既に手を打っています。彼からあとで報告を聞いてもらえば、よろしいかと思います」

「あら、そうなの。早いわね」

ほんとに、何から何までありがとうございます、と副社長は続けた。

▼『憑き物落とし』開始

「さて、今回起きたことを、順を追って確認しておきましょう」

安部野は長い髪をかき上げ、社長たちに視線を一度投げかけてから、話を始めた。

「まず、田村社長がブランドのお取りつぶしも視野に入っていた『ハニーディップ』の改革のために、高山さんが採用されたところから始まります。常務にとっては社長の指示は絶対です。ただ、この時に頭の中にあったのは、不振状態にある『ハニーディップ』をどうするか、ということだったはずです」

「そりゃ、そうだろう。彼女はブランドの責任者なのだから」

「私が言ったのは、少し意味が違います。常務の一番の関心は、回復の兆しが見えていなかった『ハニーディップ』の不振の責任を自分が問われない状態、つまりご自身をいかに安全な立場に持っていけるか、ということだったはずです」

安部野の指摘に、社長は言葉に詰まった。

「既に常務は、『私の選んだ商品を発注しなさい』『もっと利益率のいい取引先を見つけなさい』などの思いつきのアイデアを、ほぼ指示しつくした状態でした。その結果『ハニーディップ』は、翌年への持ち越し在庫が増え、取引先の数も急増し、結果として品質問題も発生していました。そこに社長に採用されて登場したのが高山君です」

社長は、あご髭をさする手を止めて聞いていた。

「高山さんは、はじめに風船大作戦で成果を見せ、社長の承認を得た市場調査でブランドの課題も明確にし、ブランド内の中核の人材からも人望を集めていきます」

「彼のやってくれたことには感謝していますよ、本当に」

副社長のこの一言に、安部野は微かに反応した。

「本来は、自分が責任を持つブランドが良くなることは喜ばしいことなのですが、あの風船大作戦からしてすでに、常務の意向とは、かい離がありましたね」

「あら。あれは夏希さんがやらせたのじゃなかったの？」

副社長は心底、そう思っていた様子だった。

「常務は乗り気ではなかったようです」

「そうなのかね。彼女がやらせたと聞いていたが」

「それは、風船大作戦が成功した後の報告ではなかったですか」

安部野は珈琲を口にしながら、絵に描いたようなお人好し二人に向かって微笑んだ。

「結局、常務は、今回の『ハニーディップ』での改革においては、このままでは、もし成果が上がってもお二人からの評価が自分には向かないと思ったのでしょう」

「あら、どうして？　改革がうまく行けば、夏希さんの評価も上がることになるじゃないの」

副社長は不思議そうな表情をした。

「副社長がそう言われても、常務はそうは思っていなかったのでしょうね」

そうかしら。副社長は、いぶかしげな表情を見せた。

安部野は軽く、ゆっくりと深呼吸をした。

「常務は負けず嫌いな方です。負けたくないがゆえに自分の対抗馬の存在は許せないと考えるのでしょう」

うむ、社長は心当たりがあるようなそぶりで、うなずいた。

「わたしの推測ですが、高山君が将来の社長候補であるかのような話を、常務のいるところでなされたことはありませんか？」

「するわけないじゃないの。あの子の前なんかで」

「そうですかねえ。では、そういう話をしたことを常務が知ってしまったということはないですか？」

「どうだろう、それは。わからないな」社長は自信なさげだった。

「もし、そういうことをお二人が考えているということを常務が知れば、必然的に高山君は、常務にとって抹殺すべき対抗馬リストに加わってしまいます」

「あなたの表現、穏やかじゃないわねえ」

副社長は口元を歪めたが、安部野が話のトーンを変えることはなかった。

「常務は常に、グローバルモード社内での自身の地位保全のために、自身の対抗馬となる人材を排除すべく様々な手を打ち、自分以外に昇進、昇格者の選択肢がない状態を作ることに専念してきたわけです」

社長の顔は、これ以上ないほどの渋い表情になった。

「最初に常務は高山君を利用して、対抗馬のおそらく最後の一人であった山川専務が、社内に居づらい状況を作りました」

「そんなことを考えていたのかね、彼女は」

安部野は社長の言葉を無視して話を続けた。

「高山という優秀な者の目から見て、経営幹部として能力が不足している山川専務。そういう印象づくりをしました。高山君が現実には口にしていないことでも、社長たちのご家族の食事会などの場で、常務が口にして、それがお二人の潜在意識の中にでも蓄積していけば、山川専務は能力的にそのポジションにふさわしくないという印象ができてしまうはずです」

田村社長は副社長と顔を見合わせた。

「冷静に考えればわかるのですが、創業時のトップから……、これは御社の場合は亡くなられた会長になるわけですが、評価されて昇格された方の多くは、ドゥーワーと呼ばれるタイプの方です」

「その、ドゥーワーって何なの？」

「英語のDOにERをつけた、DOをする人、つまり実行者という意味です」

そんな言葉、初めて聞いたわ、副社長は自分のメモに書き留めた。

「創業者は一般的には、全てご自身で、考え、決め、実行に移し、結果を検証します。つまり、全てご自身でPDCAを廻すのです。よって創業者が求めるのは、自分の言うとおりに動く人です」

「ああ、山川さん、確かにそういうタイプよね」副社長は言った。

「まあ、もう一つのタイプとして、トップのまわりにいて、腰ぎんちゃくのように、トップに喜ばれることばかりに終始する側近もいます。トップというのは孤独なものですからね。そういう『癒やし系』のサーバントを、つい重宝してしまうものです」

『癒やし系』という言葉に、社長は小さくプッと吹いた。

「サーバントってなあに？」副社長に尋ねられ、社長は「仕える者、というような意味だよ」とささやいた。

「ただしですね。後々、会社を蝕んでいくのは、この『癒やし系』の役割を受け持つ側近の中にいる、エゴイスト連中なのです。彼らは、トップにとっては心地良く、忠実なサーバントなのですが、往々にして、会社の発展に貢献することについては、からっきし能力を高めていない、あるいは意識さえも向けていないものです。トップには自分に忠実だから、こいつは正直だろうと錯覚する。ここが間違いの始まりです。彼らは正直であることよりも自身の保身を優先させます」

社長も副社長も、狐につままれたような表情だった。

「山川専務もサーバントだった。ただしエゴイストではない。そして自分で考えて道を切り開くタイプでもない。もし山川専務がサーバントではなく主張型の人材だったならば、どこかで創業者の逆鱗に触れて、この会社からはいなくなっていたでしょうけど」

「そうね。山川さん、おとなしいタイプよ」

「創業者は自分の為政の期間に、会社をどこまで持って行けるかに挑戦したがるものです。よって会社全てを自分中心に動かし、時間の無駄を省くために、組織にも自分の方だけを見て動くことを求めます。これが結果として、エゴイスト連中がその腕を磨くには、格好の土壌を作ってしまうわけです。その中で山川専務は、エゴイストにはならなかった、立派な方です」

「ふーん、そんなふうには考えたこともなかったな」

「話を先に進めますと、山川専務の追い出しに成功し、次に強力な新規の対抗馬となった高山君への工作が始まります。西川からの煽りが加わっていたとすると、この動きは、さらに拍車がかかることになりますね。まず常務は、副社長が気にかけている久米田さんから営業マネジャー会議の状況を聞きます。久米田さんの能力が不十分であることを理解している常務は、営業マネジャー会議がうまく機能しないだろうと最初から読んでいたのでしょう」

副社長は不愉快そうな顔をした。

「そして案の定、その会議は機能していなかった。会議の運営の拙《まず》さに責任を感じた高山君たちの追及で、営業マネジャーにストレスがかかっていることを久米田さんから聞きます」

「あたし、それを聞いて驚いたわ。ひどい追及をされているって」

副社長は憤った表情をした。

「追及がどれだけ激しかったのかは、私は知りません。ただし常務は、副社長が久米田さんから様子を確認するだろうと読んでいます。よってまず久米田さんを呼びだし、口裏合わせを行ったはずです。この二人の思いは同じ。敵の敵は味方。高山君を追い出すための企みなのですから、共同戦線を組むということで、話はすぐにまとまります」

まあ……、副社長は赤面した。

「でもなぜ、久米田さんも、高山さんを追い出したいと思うの？」

はあ……。副社長の問いに、安部野は気の抜けたような声を発した。

「そうですね。彼自身も、本気で自分が、仕事ができるようになろうとは思っていない、ということなのでしょう」

「あらそうかしら。私と話をしている時は前向きよ」

「それは当たり前だろう」社長が口を挟んできた。

「副社長である、あなたの手前なのだから」

「久米田さんは、副社長に可愛がられている今の『特別待遇』ポジションを維持したい、ただそれだけなのでしょう。そして、高山君の改革に取り組めば、本当は自分に能力がないこと、つまり馬脚を現してしまうことも恐れているのでしょう」

再び、まあ……、と絶句している副社長に、社長はきっぱりと「副社長が甘やかしているからです」と言った。

「**トップが何らかの理由で、そうですね……、『昔、貢献してくれたから』『不憫だから』『自分になついていて可愛いから』などの理由で、能力の乏しい方を側近において、特別扱いしたくなる気持ちはわかります。ところがその中のエゴイスト連中は、その温情への感謝などはさておいて、自分の定年を少しでも伸ばし、自分にとって居心地のいい『床《とこ》』作りに励むのです。**結果として、『会社に貢献する努力』ではなく、自身の能力の無さを自覚しているゆえのコンプレックスから『保身』を優先させ、そして改革を阻む輩になり果てるのです」

安部野の解説に、副社長は文字通り目を丸くしていた。

話を戻しますと、と安部野は目を細めた。

「常務はご自身が描いたシナリオを基に、高山君から言質をとります。おそらく、高山君が久米田さんの能力について批判をする印象になるように誘導したのではないかと思います。どうでしょうか？　副社長」

「ええ。あの子から、高山さんが久米田さんのことを悪く言っていると聞いたわ」

「これも常務の常套手段です。稚拙な手ですが、常務の誘導尋問に乗り、おそらく高山君は、軽い返事くらいをしたのでしょう」

高山は黙ってうなずいた。

「そして常務は、ストレスの溜まった営業マネジャーに休みを取ることを勧めるよう、共同戦線を組んだ久米田さんに伝えます。『休んでも、評価上は何も問題がないように対応するから』というのも、常務が人事部門を押さえているから言えることですね」

安部野は一度、深呼吸をした。

「そして休みをとっている営業マネジャーの家を訪問し、医者に行って診断書をもらってくるように指示をします。常務の指示は絶対ですから二人ともすぐに行動に移しました」

「事前に、副社長の後ろ盾《だて》が見えている久米田君から彼らに言わせるというのもうまいねえ」

社長がぼそっと言った。

「ただし、常務の頭からは、大山さんが山川専務と近しい関係だったということは飛んでいたのでしょう。結局、大山さんの証言でその企《たくら》みが表面化しましたが」

安部野は珈琲を口にした。

「社長には、高山君のせいで営業マネジャーに故障者が出たという報告をします。社長が副社長に確認すると、副社長は久米田さんから聞いた同じ話をしますから、社長にとっては裏が取れたことになります」

「なんだか、まるで私が包囲をされているように聞こえるな」

社長は半ば呆れ顔をしていた。

「おっしゃる通り。情報ルートを遮断されて、実質的に包囲されているのです。社長が意思決定のために情報を取るルートは、常務によって管理され、恣意的に操作されているのです」

安部野は、今度は副社長を見た。

「副社長の場合も同じです。営業マネジャー会議に関して、副社長の持つ情報ルートは、まず久米田さん、そしてこの時点では既に常務に抱えこまれていた西川、そして常務本人でしょう。副社長がたまたまそれ以外の方の話を聞いたとしても、メインの三人の情報源が恣意的に管理、操作されているわけです。他の意見が入ってきたとしても、常務の言うことが、大勢を占める意見であり正しいという印象は変わらないでしょう」

副社長は、またもや、いぶかしげに安部野を見ていた。

「それに加えて西川は大石相談役とも話をしていました。大石相談役も、社長や副社長が見解を求めそうな方ですから、ここにも西川から高山君たちに関するネガティブな情報が入るようにしてあったのでしょう」

社長と副社長は顔を見合わせた。安部野は話を続けた。

「私、つい先ほど、大石相談役にもお目にかかってお話しを伺ってまいりました。大石相談役も、高山君たちのやっていることが激しすぎて、現場が困っているという話を西川から聞いたそうです」

「あたし、確かに大石さんからも、高山さんのやっていることが良くないらしいと聞いたわ……」副社長は驚きを隠せないように言った。

「副社長も、何重にも囲まれていますねえ」

まるで、副社長を煽《あお》るがごとき、安部野だった。

「そして社長に、高山君と、そして一緒に行動している中丸さんも改革から外すことを宣言させたわけです」

「私は、そうやって入ってくる情報を操作されて、意思決定をしていたのかね」

社長は不愉快そうな顔をした。

「ええ、そうです」安部野は言いきった。

「ちなみに常務は中丸さんも『囲み』に加えたかったようです。最近、中丸さんから高山くんに話があったそうです。一族の食事会のあとに、常務に声をかけられ、自分の側につきなさいとはっきり言われたと。中丸さんが首を縦に振らなかったので、お仕置きをされたのでしょうね」

副社長も不愉快そうな顔になった。

「そのあとは常務にとっては簡単です。まずＭＤの鬼頭さんが、副社長の意向に反して栃本衣料の発注を減らしたと彼を叱責し、ブランド内での自分の発言力、影響力を高める第一ステップとしました」

「あたし、鬼頭さんが発注を減らしたことについては怒ってないわ。あの子に確認してって言っただけよ」

副社長はひとりで憤っていた。

「結局、常務は、事実の切り貼りで都合のいいように話を編集します。断片的には嘘ではないが、つなぎ合わせると現実の因果とは印象の異なる話を作り上げるのです」

うーむ、と田村社長は腕を組んだ。

「高山君が悪者ということになり改革担当から外れれば、彼らの実績を全てご自身のものにしても、何も問題は起こりません。『キューティーハント』の成功についても自分のものにできます」

副社長も不愉快そうな顔で聞いていた。

「あとは、高山君に協力して自分の意を踏まえた動きをしなかった鬼頭さん、そして自分に意見した福山さんを粛清していきます。福山さんは辞表を出されたそうですね」

「私は、本人の意思だと聞いているが」

「『聞いている』のは、常務から聞かれたのでしょう？ ご本人の意思で辞表を出されましたが、病身の親の面倒を見なければいけない福山さんに、四国への異動の辞令を出せば、ご本人からすれば自然の結論なのではないですか」

「いや、そ、そうなのか、え？」

社長はうろたえるように副社長に尋ねた。

「そうだったかしら。覚えていないわねえ」

副社長は、ふてくされたそぶりだった。

安部野は、ため息のように、ゆっくりと息を吐いた。

「と、ここまでのお話は、いかがでしたでしょうか。ご感想は？」

「幼稚な話だねえ、まったく」

社長は自虐的に苦笑いをしたが、安部野はニコリともしなかった。

「そうですね。幼稚ですし、極めて野蛮ですね。そして挙句の果てに、自分が抱え込んでいたつもりの『卑怯者』となる西川という男のお囃子《はやし》に乗せられ、商品情報を社外に流されていたという、何とも頂けない顚末《てんまつ》です」

「あたし、あの子にきちっと言ってやらないといけないわね」

副社長の言葉に安部野は、露骨にシニカルな笑いを浮かべた。

「無駄ですよ。今、お話ししたようなことをお二人から常務に指摘しても、『そんなことは考えていません。誰かの作り話で、私を陥れようとしています。濡れ衣です』とでも言って涙の一粒でも流すだけです。そうすれば少なくとも事態は全て好転しうるということを、常務は十分ご存じですから」

安部野は、髪の毛をかき上げながら言った。

「素晴らしい製品、素晴らしいビジネスモデルを持っていて、まだまだ事業を伸ばせるはずなのに、なぜか業績が低迷している。そんな会社を見ることが多々あります。企業側も戦略や組織論が課題なのではと議論が始まり、金のかかる外部コンサルタントに声がかかることもあります。しかしですね……」

安部野は渋い顔をしている二人を無視して、そのまま話を続けた。

「現実的には御社のように、トップの近くにいる特定の側近の『思惑』に翻弄されていて、健全なマネジメントが実現できていないことが、組織内における市場起点のＰＤＣＡを妨げている原因となっているということが数多くあります。これは企業の規模には関係ありません。**数億円の事業規模だろうが、兆円規模の企業であろうが、フェアさを重視し、正しく現状を把握して意思決定が行われる社内の習慣、文化づくりに無頓着だった企業の全てに起こると思っておいた方がいい。**御社の場合はその典型的な事例です。そのような会社は、たとえ戦略立案を外部コンサルタントに依頼しても、金をどぶに捨てるのと同じことになるのが関の山ですな」

安部野は涼しい顔で、珈琲を口に運んだ。

▼安部野のさらなる追及

「彼女は、社長になりたいのかねえ？」

田村社長が、副社長に向かってぼそっと言った。

「それはないはずよ。あたし、あの子には、社長になる道はない、あなたは向いていないと、ちゃんと言ってあるから」

「しかし今日の話からも、彼女の行動には権力欲のようなものを感じるが」

安部野は腕組みをしたまま、二人の話を聞いていた。

「あくまで、私の……、そう私見として聞いていただきたいのですが」

ふむ、田村社長は興味深げに身を乗り出した。

「男性にはテストステロンなどの男性ホルモンが分泌されます。この手の男性ホルモンは攻撃性を高めると言われ、これが権力欲や支配欲につながっていくといわれます。ところが女性の場合は権力欲ではなく、むしろ自分にとって、安全であり平和な状態を求めたがると思うのです。これが女性ホルモンといわれるエストロゲンなどの影響なのかは、私は知りません。しかし、心地のよい状態を確保したいという欲求が根底にある、という見方が正しいように思うのです」

「それは、どういうことですか？」

「少し前に、女性知事が国政に出ようと政党を立ち上げようとしました。その時に彼女が、既存野党の重鎮たちの合流を拒みました。その時に彼女が何と言ったか、覚えておられますか」

「排除します……、でしたな」

「はい。この発言は、言葉を選んで用いたのではなく、とっさに出てしまったような印象がありました。結局、彼女は世間から叩かれることになり、新しい政党をつくる動きも一挙に失速してしまったわけですが」

安部野は珈琲を口に運んだ。

「私には、『他党から、重鎮が数多く合流してきた状態は、権力云々の前に、何よりも自分自身が心地よくない』という彼女の意識から出た表現ではなかったのかと感じたのです」

「心地よくない……、か。ふむ、なるほど」

「男性、女性にはそれぞれ、おそらく男性ホルモン、女性ホルモンの作用により無意識のままに支配されてしまう、行動の特性があるように思うのです。そして女性の行動の根源には、『巣作り』本能のようなものがあるように思っています。これが結婚願望から始まり、その時の自分の価値基準に沿って優秀な種を残せる相手を選びたい、そして自分の生きた証《あかし》を育みたい、そのための場である家が欲しいというように、その想いの具体化を求めていくように思うのです」

社長は、なるほど！　と膝を打った。

『巣作り』か！　そう表現されると、確かに、我々男どもには理解しにくい女性の行動を説明できるような気がするな」

田村社長なりに納得ができたようだった。

「じゃあ、男性の場合は何なの？」副社長が聞いた。

「そりゃあ、『種蒔《ま》き』だろ……」

そう口走った社長を、副社長は間髪を入れずに睨みつけたが、田村社長は、まったく意に介さずに話を続けた。

「この矛盾が、種の存続と繁栄、つまり子孫が増えるということにつながるのだ。女性はしっかりと自分の生きた証しを育みたい。だから男が自分以外の女性に目移りすると、それを脅かすことになる。無茶を言う旦那や彼氏の言うことを聞いてしまう女性も、それで説明がつく。『巣』を維持したいという想いがあるのだな」

スイッチが入ってしまったかのように話し続ける田村社長の高説を賜《たまわ》りながら、安部野は、楽し気に珈琲カップを手に取った。

「一方、男は本能的に種を蒔いて回りたいと思うわけだ。だから富裕層で、かつエネルギッシュな男は、外にも女性をつくったりする。律儀な男であれば、二つ目、三つ目の家庭を構えようとする。本妻を怒らすと話がややこしくなるから、一所懸命に稼ぎ、時間を創り、それぞれの家庭を幸せにしようと努力をする」

田村社長の話は、止まる気配がなかった。

「昔の商家の家訓《かきん》には『店は七つ以上、持つべからず』というのがあったそうだ。これは金銭を管理する役割はそれぞれの店に信頼できる女性を一人ずつ置き、その数は第七婦人までにしておく。そうすれば、週に1日ずつ回れると、こういうことだそうだ。結局、男女の『巣作り』と『種蒔き』という二つの想いの微妙なズレが、人口増と種の繁栄に結びつくのか。なるほど……」

安部野は御説賜らんとばかりに、足を組み珈琲をゆったりと楽しんでいた。

その傍らで高山は、笑いをこらえるのに必死だった。

「そもそも産業革命により人手が必要になり、先進国における一夫一婦制の歴史というものがはじまったといわれる。そしてこれが人口の増加につながった。しかし、そもそもこの一夫一婦制は人類の歴史から見れば、ほんのこの100年程度の話だ。今や時代も変わり、フランスなど先進国ではだな……」

「いい加減にしなさいよ!」

不機嫌が頂点に達した副社長が、社長の話を止めた。

安部野は何ごともなかったかの如くに話を再開した。

「中国の清の末期に権政をふるった西太后はご存じですね」

「ああ。最後の王朝となった清を、実質的に滅亡に導いたと言われる女性だな」

「西太后は希代の悪女のように語られますが、彼女こそ、先ほどの女性らしさを体現した生き方をしたと言えます。息子の同治帝《どうじてい》が二十歳《はたち》前に逝ってしまい、亡き夫、咸豊帝《かんぽうてい》の弟の四歳の息子を光緒帝《こうしょ》として即位させ、すぐれた皇帝に育てるべく儒教や西洋の学問を学ばせ、鍛えます。その一方で、欧州列強や日本の脅威のもと、軍備増強が必要な中でもぜいたくな生活を続けて国費を使ってしまいます」

「確かに、そこには、自身の心地よさと、育《はぐ》くむ『巣』とも言える概念がありますな」

「はい。そして自分への裏切りは許さない愛憎入り交じった寛容《かんよう》性の欠如も、そのひとつなのでしょう。西太后は晩年、最後の言葉として『二度と女性に国の政治をとらせてはならない』と語ったそうです。自身が女性として為してきたことを振り返り、後世に伝えるべきと確信した『学習』の言葉なのでしょう」

「ふむ、なるほどな」

安部野は休憩をとるがごとくに、ゆったりと珈琲に口をつけた。

「念のためつけ加えておきますが、これは全ての女性にあてはまるとは思いません。合理的な判断を続けることのできる女性も現実にはたくさん居ます。生まれつきか、育ちのためか、あるいは思考方法の訓練の賜《たまもの》なのかはわかりませんが」

「そうだろうな」

田村社長は頷《うなず》いた。

「男性の感覚で言う権力欲というようなものよりも、むしろご自身の『巣』にあたる環境を安全、安泰なものにしておきたいとの想いから、常務もこれまでも対抗馬に当たる人材を外してきたのではないでしょうか。そして山川専務を外せる目途がつき、安心しかけたところに、高山君という強力な対抗馬として浮上してきてしまった」

「自分が社長となる場合の、対抗馬としてかね」

「結果的にはそうかもしれませんが。社長、副社長のお二人の下の今の心地いい状態、そして将来の環境づくりを脅かす存在……、とこういう感じなのでしょう。自分が想像する未来において社長、副社長が会長、副会長になっているならば、自分のポジションは社長……。このような考え方ではないでしょうか」

ふむ、なるほど……、社長は、あご髭をさすった。

「仮にですが、この会社が、どこかのファンドか企業に買収されたとします。そして、社長、副社長、お二人とも会社を去らねばならなくなったとします。その時に夏希常務は、残って社長をやりたいと思うのでしょうか。それとも、残りたくないと思うのでしょうか。どちらだと思いますか？」

二人は考えこんだ。

「あたし、あの子。残りたがらないように思うんだけど」

「私もそのような気もするが……。そうなってみないと、わからないな」

安部野は何も言わずに、しばらく二人を見ていた。

「私には、心地よいかどうかがカギになるような気がするのです。もちろん、本当にその時になってみないとどうなるかわからないのですが、権力欲に基づく野心のあるタイプならば、間違いなく会社に残ってトップに収まりたがるでしょう」

「そうだろうな」

「あの子にそういう野心があるかどうかは、わからないわねえ」

「まあ、その場合のファンドや企業が、彼女を残そうと思うかどうかという点は、ここでは考慮に入れてはいないのですけどね」

安部野は冷ややかだった。

しかしだねえ……、田村社長は話し出した。

「これは必ずしも、女性だからという感情でもないように思うが」

「そうですね。その心地よい『巣』を維持したいという感覚については、男でもありうると思います。今の状態を守りたい『保身』ということもいえますね」

「いずれにせよ、それでまず、高山君を排除したいと思ったわけか」

田村社長は、おさまりよく納得したようだった。

「さて、何故《なにゆえ》、常務はこのような動きをするようになったかという話なのですが」

安部野は、珈琲カップを置きながら言った。

「亡くなられた会長は、神的なまでのカリスマだったそうですね」

「そりゃそうだ。創業者だからねぇ」社長は答えた。

「小耳に挟んだのですが、ある時、会長がお元気な頃に、若き頃の常務を見て、『この子は素晴らしい、将来このグローバルモードを率いていける力を持っている』と言われたとか」

「あなた、本当にうちの事情をよく知っているわねぇ」副社長は思わず、社長と顔を見合わせた。

「とかく創業者は、教祖様のごとき存在になるものです。その教祖様からお墨付きをいただいてしまったことが、本来、彼女にとって実力を伴って勝ち取るべき社内におけるポジションを、最初から手中にあり、奪われないように守らなければならないものと錯覚させてしまったのでしょうね」

「じゃあ、あなたは会長に問題があったとおっしゃるの？」

「違います。問題があったのは会長を中心とした、お二人と幹部も含めて、皆さんで作り上げた、この会社の文化です」

安部野は、再び二人に冷ややかな目線を向けた。

「今日のやり取りからも、常務が、頭の回転の速い方であることはよくわかります。会長の言われた通り、本当は素晴らしい才能もお持ちだったのかもしれません。しかし残念ながら、その才能をビジネスの方面で開花させるための努力を怠り、必要な学習をしてこなかったと」

「あら、あの子、よく外部の講習会とかには出かけていって、勉強しているわよ」

「いや、それは勉強と言っても座学だろう」

安部野は我、関せずとばかりに珈琲を味わっていた。

「つまりあなたは、彼女はその……、いわゆるビジネスにおけるＰＤＣＡを廻していなかったと言いたいのですか」田村社長は言った。

ほう、安部野は珈琲を味わう手を止めた。

『人は失敗からしか学べない』ともいわれます。金と人手を投下した結果として招いた失敗から得ることのできる経験を、自分の保身のために、結果の隠ぺいや、他人の責任にして因果をうやむやにしてしまうと、折角の振り返りの機会を逃してしまい、企業や個人にとっての学習は、なされません」

安部野は社長にわざとらしく笑みを向けた。

「常務の場合、ビジネスの面では全くもってその通り。残念ながら学習がなされていません。対抗馬を排除し、ご自身の地位をより優位に持っていくためだけに知力を使い、謀略について、実践を通じてのPDCAを廻し続け、結果として、その方面の能力ばかりを磨いてしまったのでしょう」

不毛な話だな、社長は吐き捨てるように言い、安部野は、そうですねえと、うなずいた。

「事実の『切り貼り』については、知恵が回るようになった中高校生が、ばれないと思って稚拙な言い訳をする時などにも行うことがあります。しかしこのような行為は、本来、躾を通してビジネスマンとしての倫理観が培《つちか》われてくると行わなくなるものですし、そもそも通常は企業内でのそういう行動は、いずれ馬脚を現し、社内の信頼を失うだけです」

「テレビで流される記者会見なども、『テレビ受け』するような切り貼りの編集をして、会見者の本意とは異なる部分が広がってしまうこともあると聞いたことがあるが」

安部野は社長の発言を妨《さえ》ぎるように話しはじめた。

「ここで理解しておくべきは、御社では社内の誰もが、常務が恣《し》意的な情報操作を行っていることを、十二分にわかっているという点です。ということは社内の多くの人たちは、その行為をお二人がわかった上で容認していると考えているのか、あるいは……」と言いながら社長の顔を見た。

「あるいは、我々のことを、社内の実態を知らない馬鹿者だと思っている、ということになるのだな」

社長の言葉に、安部野は穏やかに、ええ、とうなずいた。

「御社の場合、意思決定者は、実質的に社長、副社長のお二人だけ。そして常務は、お二人への接し方、そして失礼ながらお二人の操縦方法に精通している。そしてさらに方便にもたけている」

「方便ですか」

「方便のうまい人種がはびこるのも、成長の止まった企業によくあることです」

安部野は、冷めた珈琲を口に運んだ。

「今から30年ほど前、当時、三菱重工業の会長だった飯田庸太郎氏にお話を伺ったことがあります。その時におっしゃっていた話です。自分が社長になって事業部長を選ぶ際に、話が苦手な人材を選んだと」

「ほう、なぜですか？」

「『うちはもともと優秀な社員が多い。だから事業部長にしゃべるのが苦手な奴を選べば、言い訳をしたくないので、結果を出そうと一所懸命やる』と笑いながら言っておられました」

「うちは、そこまで優秀な人材が多いわけではないからねえ……」

安部野は白けたような視線を返した。

「そうでしょうかね？　ちゃんとした能力開発を行うマネジメントができていないだけじゃ

ないですかね」

安部野は、ちくりと刺すような言葉を放った。

「さて、社内の現実に戻してお話しをします。本来、各プロジェクトの総括は、経営企画部門あたりがしっかりと行うべきことなのですが、常務の手前、それは絶対にできないでしょう。今の状態では社長が経営企画室に総括・検証資料の提出を依頼しても、常務が事前検閲をして、自分に都合の悪い事項は全て外し、改ざんして骨抜きになったプロジェクトの総括しか提出されません。つまり企業にとって、最も重要な、失敗からの学習となるPDCAが封印されている状態なのです。このような状態では、普通は、自分の首をかけてまで正論を通しにくるような、おっちょこちょいな社員など、まずいません」

……つまりぼくは、おっちょこちょいなんだな、あはっ、高山は一人で笑みを浮かべた。

「お二人の秘書が、社長、副社長へのアポ取りや書簡があった場合は全て、常務に報告するように言われているのはご存じですか？」

「それは本当かね」

「秘書の方々に、やさしく問いただしてください。常務から『社長、副社長へのコンタクトは全て自分に知らせるように言われている』という指示は、社長たちには絶対に言わぬようにと、釘を刺されている可能性も十分にあります」

「そ、そんなことまで、なぜ、あなたは知っているんだね？」社長がうろたえた。

安部野はまたもや涼しい顔で、二人の顔を見た。

「社長室の秘書たちは、この会社の最高意思決定者である社長、副社長のすぐ側にいるわけですから、社内の人事には実質的に常務が強く影響力を持つことを目の当たりにしています。言い換えれば、口では何と言っていても、お二人が結果的に常務の主張を呑み、常務の意思通りに動くことを経験的によくわかっています」

社長は言葉に詰まった様子だった。

「秘書の方々は、そのことをお酒の入る席では社員に漏らしているようですから、今の話も社内の多くの人が知るところになっています」

二人は、安部野の話を聞きながら赤面した。

副社長は、あの……、と安部野の顔を覗き込んだ。

「あなた、マーケティング専門のコンサルタントではないの？　この間、モッキンバードっていう会社の経営コンサルタントの人と会ったのだけど」

ほう、誰と会われました？　と安部野は珍しく表情をほころばせた。

「私もモッキンバードに居ました」

安部野さんも、あのモッキンバード出身……、高山も初めて知る話だった。

高山が社長、副社長を見ると、この安部野の一言で二人とも呆けたような表情になっていた。

「私の請求費用が高いという話も流されていたそうですね」安部野は笑いながら言った。

「これもよくある謀略の一つです。『依頼すると億円単位の金がかかるからやめるべきだ』と、ありえない金額が勝手に独り歩きしていたこともあります。今時、ブランド化している外資系のコンサルティング会社でもあるまいし。複数プロジェクトで、大人数で取り掛からない限り、そのような金額になどなるわけがない。ある会社では、私の月額費用が社長の月給よりも高いから、私への改革依頼をやめようと主張した役員もいましたね」

安部野は、歯を見せてシニカルな笑いを浮かべた。

「また、私がその会社に専任で取り組んでいない、だから真剣にやっていないという風評を流されたこともありましたし、私が売り込み型のコンサルタントである、という噂が流れたケースもありました。私が社長の座を狙って、会社の乗っ取りをしようとしている、なんてバカバカしい話になっていたこともあります」

ふんっ、安部野は鼻で笑い飛ばした。

「こちらの会社でも、他にも私が知らない他の風評も流されているのかもしれませんね」

高山が社長たちを見ると、二人ともが苦虫をかみつぶしたような表情になっていた。

「本格的な企業の改革を進める方法のひとつとして、先ほど例としてあげたファンドなどが株式を取得するケースがあります。『思惑』の絡まった状態を放置する経営層などは一掃してしまったほうが、その企業の改革は速く進めることができる。言い方を変えれば、そんな状態を放置する経営層は、企業にとっても、その企業が存在する社会にとっても迷惑である……、とこういうことになりますね」

　社長は睨むように安部野を見た。

「彼らは、ハゲタカなどと揶揄《やゆ》される場合もあります。ですが現実には本当はまだまだ力があるのに、マネジメントがうまくなされていないがゆえに低迷状態にある会社が、健全にマネジメントがなされて事業が成長軌道に入ったほうが、社員も含めてより多くの人が幸せになり、市場への価値の提供のレベルが高まると思いませんか？　よく考えれば、本当はその改革反対派の方でさえ、今よりもいろいろな意味で幸せになるはずなのですがね」

　企業の進歩を止める連中は、ただのアホと言っているに等しかった。

「その人たちは、『改革は改悪』だとか、いろいろな理由をつけてきます。しかしこの問題の本質は、その改革の必然性や、進め方をトップがイメージできていない点にあると言えます」

　安部野は遠慮をする気配もなく、話を続けた。

「いいですか。そもそも論で言えば、**組織のＰＤＣＡが健全に廻っていれば、市場のレスポンスについては、常に事実が共有され、その意味合いが言語化されていきます。**市場起点のＰＤＣＡが廻っている状態であれば、市場の機微は把握でき、必要な修正行動がとられているはず。**これが常に行われている企業であれば、そもそも市場とのかい離を埋めるための戦略なども、必要になるわけがないのです!」**

安部野は、平手で机を叩いた。

高山の初めて見る、安部野らしくない所作だった。

机を叩いた音は社長室内に心地良い音で響いたが、社長、副社長の二人は、瞬間、わずかに跳ね上がり、呆けたような表情になった。

「御社のケースの場合は、先ほど社長がおっしゃったように、その動機が自己中心的で『幼稚』なだけなのです。でも、**その『幼稚なプライド』を放置してしまっているがゆえに、せっかくの多くの社員の幸せにつながる活動が封じられるというのは、とても残念なことだと思いませんか?」**

心の玄関に土足で踏み込んでくるような安部野の話に、社長、副社長は目を白黒させていた。

安部野は、一息ついて残りの珈琲を飲みほした。

「言わせていただきますが」

安部野の目が、社長、副社長に向けて、高山も見たことのない光を放った。

「結局は、社長たちが、腹の据わっていない『丸投げ改革』をやっているから、さらに言え

ば、他人任せの『丸投げ経営』をしているからこういうことになっているのです。最高意思決定者としての社長が、今行われている改革、あるいは進行中の改革の内容、どうすることで企業が良くなるか、ということをリアルにイメージできていない、つまり『自信』を持てない場合には、このような混乱は常に起こり得るのです」

安部野は二人に向かって首を振った。

高山には、まるで歌舞伎でいう『見得を切った』ように見えた。

「一般論ですが、創業者の場合、自分が築き上げた方法論に固執し、微に入り細にわたって口出しをしてしまい、本来、企業成長の根幹となる挑戦と組織のＰＤＣＡ文化の醸成を止めてしまい、企業の進化がなされない状態を作ってしまうことが多々あります」

「それは、任せられる人材が育っていないからではないのかね？」憮然とした表情の社長が聞いた。

「そうです。**ご本人は自分の仕事の仕方を見せながら人材を育てているつもりでも、創業者はご本人がＰＤＣＡを廻しているので、実は組織には考えさせていない。**ただ、『やれ』という指示を出す。自分以外が自ら考えて何かをやると『余計なことをするな』と怒ったりもする。**とにかく事業に対して真剣なあまり、常に自分を中心にＰＤＣＡを廻す状態を作ります。**これは当事者として会社を成長軌道に乗せるため、必死にやっていることですので批判されるべきことではありません。そして、**創業者がワンマンで動かしている企業の場合、組織図に主任、係長、課長、部長という役職があってもそれは単に、創業者からの、使いやすさも含めた能力評価の順序と年功でしかないことがよくあります**」

「と言いますと？」

「こういうトップは役職も飛び越して、自分中心に全ての指示を出したいものです。この時の役職はトップから見た時のパフォーマンスの評価であり、彼らのマネジメント能力など一切、考えられていないということがあるのです。**結果として、部下への指導や、自分の担当組織のマネジメントの仕方、つまりPDCAの技術など、まったく持ち合わせていない人材が組織内のマネジャーとして数多く配置されてしまう**こともあります」

そういうことか……、田村社長には安部野の言わんとしていることが伝わった様子だった。

「先ほどお話しをしたように、『**自分が成し遂げられることを、やれるところまでやり切りたい』とスピードを優先させて、自分中心のPDCAだけを続ける創業者は多い。しかしそれは、社内を思考停止状態にしてしまい、結果、企業の成長の芽を摘み、せっかく成功し開花した事業ながら、成長する能力の育っていない組織を作ってしまう。企業の将来を考えた場合は、経営のやり方を変えねばならないのに、それを怠ってしまうのです**」

「なんだか、どこかの独裁国家の恐怖政治と似ているように聞こえますな」社長がつぶやいた。

「そうなる危険性は、充分にあるのです。創業社長は元来、仕事が大好きなものです。自分の努力が、事業の成長という形で結実する喜びを体感していますからね。**本当はその大好きな仕事の興味の向く先を、企業の成長と共に進化させて行かねばならない。つまり事業や組織が大きくなるほどに、その的確な企業運営と統治のための自律的に動く組織づくりを推進し、健全に機能させることに興味を移していくことが重要になるのですが**」

安部野は一呼吸置いた。

「今から二十数年ほど前にアバクロンビー&フィッチを買収して、今のメジャーなブランドに育てあげた、リミテッドという一世を風靡《ふうび》した米国のアパレルチェーンがありました。エクスプレス、ヴィクトリアズシークレット、バスアンドボディーワークスなど、数多くの成功した業態も生み出しました。名実ともに世界最大のアパレルチェーンになっても、創業者のレスリー・ウエクスナーは、『この商品の袖ぐりが良くない』といって自ら香港まで飛んで行ってしまうほどの商品好きでした。そのせいもあり、社内の指揮系統は乱れに乱れ、ウオールストリートの株主たちからの声も上がり、事業体を大きく3分割するなどその統治体制の見直しも行いましたが、すでに企業体の力をピークの頃に戻すことはかないませんでした」

「確かにリミテッドは、そうだった。アパレル部門が復活することはなかったねえ」

社長はしみじみと言った。

「それに対して、二代目以降には、初代ほどの強烈な『自分はこうありたい』という執念のごとき事業観はありません。それよりも、『企業のために自分は何をなすべきか』を全体のバランスを見ながら考えるものです。ただし、社内のマネジメントのしくみの整備がなされていない場合、あるいは俗にいう『プロ経営者』レベルの腕がない場合には、**『やっといてね、どうだった』という『お任せ経営』になってしまうことがあります」**

「その『やっといてね、どうだった』というのは、どういう状態ですか？　もう少し詳しく伺いたい」

「例えば、どの会社でも社長による発案事項があります。これを『やっといてね』と誰かに丸投げをし、そしてその後に『どうなった』と聞く……」

「それのどこに問題があるのですか？」

「もし『やっといてね』と言われたテーマが、そう簡単ではない課題だったらどうですか？元来、『**人は、性善なれど、性怠惰**』なものです。結果がどうなるかもわからず、さらにその努力が評価されるかどうかも不明瞭であるならば、ただでさえ忙しい中で、誰も全力をかけては行わないでしょう。そもそも、そういうイレギュラーな非定型業務は、仕事のできる方に振られます。真面目な方ならば、なんとかして対処する努力をするかもしれませんが、そういう方ばかりではありません。適当にやっておいて『やっぱり、難しかったです』と、手抜きで終わらせる人も出てくるでしょうね」

「確かにそうかもねえ」

「人には、その高い知能により、自分の身を守るための危険察知能力があります。このおかげで人間という生き物の生存、存続の確率が飛躍的に高まり、今の人類繁栄につながったわけです」

うむ、その通りだ、社長は言った。

「ただし、その危険察知能力が備わるがゆえに、例えば、地位、富、権力などの自分の得たものを失いたくないために、自分を守る『保身』行動もとることになります」

「だがそれは、本来は企業人として許されないことのはずだな」

「社長はそうおっしゃいますが、人類の歴史を振り返ると、トップ自身がそういう行動をとることも多いのです。例えば、**王は自分のナンバー2を育てようとするものですが、そのナンバー2が力をつけてくると、今度は自分の地位を脅かす存在として殺してしまう。このような例は歴史において枚挙にいとまがありません**」

「なるほど……」

「一般的に、富や権力など、手にしているものが一番多いのはトップです。そして、その側にいる者には恩恵があります。変化によって、それを手放すことになりたくないという本能的な意識が、その側近による保身行動につながります。お人好しのトップの下で、『思惑』を抱くものの起案を、組織への悪い影響も読めずにそのまま採択してしまう。もちろん、トップご本人の保身行動というケースもあるにはありますが……、いずれのケースも、傍から見ていて気持ちいいものではない」

そういうことか……、社長はつぶやいた。

「企業改革は、そもそもトップの意思で行うべきものである、といわれます。それは、今回のように改革が進むと、今得ているものを失うことを恐れる者の『思惑』が、鎌首をもたげてくるからです。本来は、その人たちが失うものがあったとしても、改革がうまく進めば彼らにも、多くの得るものがある。しかし、そこに人間の知能ゆえの、変化に対する恐怖心が芽生え、抵抗、改革阻止の画策をはじめます。よって、改革の推進者たるトップは、思惑が組織内にどう作用しているかに一番気を配り、それが動き出さないように封じ込めなければいけない」

安部野は珈琲カップに手を伸ばした。

「社長が自分を取り巻いている『思惑』に気がついておらず、まっとうな改革を途中で止めてしまう例はあまりにも多い。『社長をないがしろにした』とか、果ては、今回のように『文化に合わない』などというよくわからない理由も横行して、結果として頓挫する改革は世の中に多く、まさに死屍累々というのが現実なのです」

安部野は手にした珈琲カップが空であったことに気づき、カップを戻した。

「ま、それでも、たまにおっちょこちょいが現れて、動き始める。現実には、その多くはつぶされてしまいますが、本来は企業にとって、千載一遇の再活性化のチャンスなのですけどね」

あ、またおっちょこちょいの話が出た、高山は無邪気に喜んだ。

「御社のように、**人の持つ『思惑』に対してこれだけ無防備な状態では、この規模の企業経営としては大変危険な状態にある**と言わざるを得ませんね」

安部野は静かに二人を睨みつけた。

「**企業がある程度の規模を超えて成長を続けていくためには、経営者として、こういう恣意的な思惑が通用しないようにしなければいけないのです。マネジメントは『思惑』との戦いです**」

▼真のリーダーシップとは

しばしの沈黙の時間が流れた。

ポットを手に秘書が入室し、満面の笑顔で安部野のカップに珈琲を注いだ。

「あの子、本当に社内の人望がないのよね」

副社長がつぶやき、それを見て社長がうん……、とうなずいた。

高山には、その様子を見ていた安部野が一瞬だけ、肩を落としたように見えた。

「躾がなっていないと言えばそれまでの話ですが。いいですか、この話は彼女ひとりの話ではありません」

「私たちの何が悪かったのですか」社長が安部野に尋ねた。

「はっきり言えば、『社員にのびのびやらせる』『社内が平和な状態』ということを、干渉せずに、好きなように自由にやらせることだと勘違いした、ということだと思いますね」

安部野にストレートに指摘され、副社長は不機嫌さを露骨に表情に出した。

「みんな仲良くなんて、誰もが描きたい理想です。ただ、野放図な状態を『のびのび』という状態などと表現するのは、とんだ勘違いもいいところだ。うわべは平和に見えても、その実、御社のように上からは見えないところでパワーゲームが展開される混沌状態を招くだけです」

安部野は熱い珈琲を口に運び、満足そうに、ふうっ、と息を吐いた。

「結局、御社の場合は、そうですねえ、**『規律のないジャングルに、羊の皮を被った獰猛《どうもう》な獣が跋扈《ばっこ》していて、その獣がジャングルを支配している』という表現になりますかね」**

「ジャングル？　うちの会社がですか」

「違いますか？」

社長は黙ったが、副社長はひとり、憤慨しているようだった。

『みんな仲良く』という状態を実現するためには、何が必要か、何をしなければいけないか、その過程《プロセス》とメカニズムをイメージできなければいけませんよ」

安部野は、二人の反応を見ながら珈琲を口に含んだ。

「企業の土俵づくりの責任は、全てトップにあります。常務が正しくPDCAを廻すように、きちっと追い込むことをしなかったのは、その上におられたお二人の責任と言わざるを得ませんね。何しろ、**『人は、性善なれど、性怠惰なり』**、なので」

安部野は、珈琲を置いた。

「上の押さえが弱くなった時。そうですね、人の体に例えれば、体の中を健全な状態に保つ免疫力が下がっている時、それまではおとなしくしていた、しょぼい菌、いわゆる『煩悩』という代物、これが「動いても大丈夫かもかも」とむくむくと活発化してきます。そして、倫理に反して、会社ではなく自分の利につながる行為をする者が現れることがあります。そうですねえ、子供が親の財布から100円玉をくすねる時のように」

「あなた、人をそういうふうに見るのはいけないわ」

安部野はすかさず「それを性善説と言います」と返した。

「**お小遣いをくすねたことがばれないと、自分の行動の巧みさに『自信』を持ってしまい『ならばもう少しやっても』とより大胆な行動をとり、エスカレートしていきます。これもエゴ**

イズムの増幅のひとつ。そしてその状態は、企業のトップのリーダーシップが失われていく状態に似ていると言っていいのではないですか？」

安部野は二人の顔を見た。

「あの株式会社しまむらが、まだ百数十億円規模の頃に、当時の専務がこう言いました。『しまむらのシステムは、人に間違いを起こさせないためにある』と」

「それは、どういう意味ですか」

「例えば、小売業では現金を扱います。レジ担当者が『少しならば現金をくすねても、ばれないかも』と思ってしまうかもしれない。それを実行に移させないように、未然に異常値が皆にわかるようなしくみを工夫しているそうです」

「そういう工夫がなされているわけか」社長は言った。

「『大切な社員を犯罪者にしないしくみづくりに、知恵を使っている』とも言われていました」

「今の話はシステムの背景にある、企業姿勢の話だな」

「そうです。性善説のみの前提に立ったシステムでは、煩悩を抱く人間に対しては、危険な状態であるということです。今の常務には企業運営に関しての倫理観はありません。人は弱いものです。『ばれなければ何をしてもいい』と謀略の限りを尽くす者も出てきます。自身のエゴイズムが最優先になっている状態です。**人を大切にするということは、慈悲の菩薩の顔と共に、そういう煩悩を封じ込める不動明王の顔、その両方を持つマネジメントが必要と**

いうことになります」

安部野の言葉は、明らかに副社長に向けられていた。

「そこが、我々の問題だったわけだな」社長はしみじみと言った。

「常務の謀略も、最初はささやかな試み程度からはじまったはずです。『企てもばれない』と知った時から、その行動は初めの百円玉から千円札、一万円札から札束へと大胆になっていったのでしょう」

安部野はまたもや強い眼光を浴びせるかのように、社長たちを睨みつけた。

「早い段階で注意するなりして牽制《けんせい》をしておけば、ここまでの謀略を実践するような人にはならなかったのでしょう。しかしながら、その過程を性善説で放置し、エゴイズムがまかり通ってしまう企業にしてしまったのは、お二人なのです。しかも、**本来、エゴイストを絶対に配置してはいけない『参謀』役のポジション**に彼女を配置してしまっている」

安部野の口調は厳しかった。

「あの子を何とか直すことはできるのかしら」

しばしの沈黙のあと、副社長がぽつりと言った。

「できますよ」

安部野が、あまりにさらりと言ったために、二人はハトが豆鉄砲をくったように、互いの顔を見合わせた。

「何も難しくありません。お二人が今からでも、時間と神経を使って、しっかりと躾を行えばいい。人類の歴史を振り返っても、国が荒れるのは、上がリーダーシップを失った時に、大小様々な思惑が鎌首をもたげてくるからです。日本の室町時代は後期においては『戦国時代』にまで突入していきましたし、企業の中の『派閥争い』も同じです」

「私たちにはリーダーシップがない、というのですか」

プライドを傷つけられ、今度は田村社長が怒りを抑えて話していることは、明らかだった。

安部野は涼しい顔で、カップ内の珈琲を覗き込んでから、ゾゾゾッと品のない大きな音を立ててすすった。

「そもそも、リーダーシップとは何か、という話です」

安部野はすました顔で珈琲カップを置いた。

「**『リーダーシップとは敬服される状態をいう』**と亡くなられた日本リテイリングセンターの渥美俊一先生がよくおっしゃっていました」

「敬服される状態か、なるほど……」社長は腕を組んだ。

「では、どういう状態であれば、敬服されるのかという話ですが」安部野は一呼吸入れて、話を続けた。

「トップがやるべきことができていればいい、ということなのです」

社長たちはまさに『きょとん』としていた。

「国や企業の統治に求められるリーダーシップの在り方や姿は、その会社の成長のステージや、トップの与件、そしてその環境などで変化します。何も威張り倒している恐怖政治の状態はリーダーシップではなく、むしろ本質的には真逆であると言った方がいいでしょう。社長はリーダーシップが発揮されているのは、どのような状態であると表現されますか？」

「う、うむ。組織が、統率がとれて動いている状態かな。ちょっと抽象的だな」

「結果としての状態としては、その通りですね。私の表現だと、**社内が前向きな挑戦に、伸び伸びと取り組んでいる状態です**」

「ん、確かにその通りだが、その表現だと、なんだかだいぶ私の持っていた印象とは違うな」

「そうですね。米国式の、人が治める『人治』タイプのマネジメントであると、優秀なトップが様々な采配を振っている印象があり、ディレクティブなマネジメントが前提でリーダーシップという言葉が使われます。要は、トップが自分を中心にＰＤＣＡを廻している状態ですね」

ふむ、なるほど、田村社長はうなずいた。

「創業者の場合も、どうしてもその形になります。そして事業が大きくなり、取り組むべき問題が多岐にわたってきた段階においては、**社員が余分な気遣いなどせずに、思いっきり飛び跳ねることのできる舞台を用意してやること。これが経営者のリーダーシップになると思**

いますが」

　「この状態が、間違いなく社内の全員が、トップをリスペクトできている状態、『敬服している状態』です」

　うーん、田村は腕を組み、考え込んだ。

　なるほどなあ、田村社長はこの説明に心底、感心しているようだった。

「言ってみれば、トップが取り組むべきことは、そのための舞台づくり、土俵づくりになると思うのです。そしてそれが、あるべき姿とずれが生じた時、実態としてリーダーシップが弱まった状態になる、ということではないでしょうか」

「つまり、私たちは今、やるべきことをやれていないと」

「はい。そうです」

「だから、こうなっていると、あなたは言うのだな」

　安部野は、さらにわざとらしく笑顔で斜めにうなずいた。

「フェアな状態をつくる。理にかなわないことがまかり通らぬ。事実に基づく意思決定がなされるように、アンテナも張る。そして事が起こっているならば、原因を見つけてすぐに対処する、放置しない。常務に対しても同じです。創業者の会長ならば、そうなされていたのではないですかねえ」

　ここまでのやりとりは、高山の目には安部野が社長と副社長の二人を煽っているようにも映っていた。

「私は、企業、つまり事業体というのは人間の体と同じだと、考えています」

「ほう、それは？」

「事業規模が小さいうちは、アメーバ状の原生生物のようにその組織は動きます。皆がほぼ同じ情報を共有し、同じ危機を認識し、同じ方向性に向かって動く。その時は、アメーバ状態の中での個々の役割なんて、厳密に分けられているわけではない。必要と思った個々が動く、という感じでしょうか」

安部野は、ホワイトボードに絵を描き始めた。

「それが**企業も大きくなり、分業も進むと、正しく今の状況を把握して、意味合いを抽出する能力、そして、体の中の各部位と完全に連動させ、バランスをとって体を動かすための自律性を持つ神経系統が発達しなければいけない**」

安部野はまるで社長たちの理解度を測るかのように、間を置いた。

「**この神経系統が機能していないと統率のとれていない状態になります。これが人間の体だとして、全身の各部位が統率をとれずに動いていたとするとどうなります？**」

「臓器や筋肉、骨格や脳などが、個々には強く、健全であっても、ひとつの個体としての動きはバランスがとれていない状態か。それは、つらいな」

「角度を変えて言うならば、**この神経系統さえ機能すれば、適切な自律性は保たれ、統率と**

調整はできる。つまり少なくとも先ほどのリーダーシップを実現する前提ができ上がるわけです」

なるほど、社長は呟《つぶや》いた。

「そしてさらに言うならば、体は脳からの指令だけで動いているわけではありません。例えば腎臓から分泌されるホルモンが信号として他の臓器に伝わり、赤血球の産出を促すなど、相互のバランスを整える働きをしています。適切な情報が神経系を伝って流れるようになれば、それぞれが正しいバランスをとる自律的な動きも可能になるのです」

「神経系統は、企業でいうと具体的には何ですかな？」

田村社長が聞いた。

「言ってしまえば、指示、報告ルートのことですが、ここにさらに自律性を持たせて、血の通ったレベルにまで高めるために、会議体やそこで使う帳票をうまく設計するだけではなく、人の手によって、運営しながらそれぞれのマネジメントの精度を高めるための修正を繰り返し、全体として健全に機能させていくものです」

それなりにはやれているつもりではあったが……、社長は言った。

「やれていないと思ってください。間違いなく」

安部野はあっさりと言い放った。

「ならば、どうすればいいと言うんだね」

「亡くなられた会長のような『成功した創業者』のやっていたことを、今の組織規模、事業環境に適したやり方で組織として行わねばなりません。つまり社長が社長業を一番やりやすい環境を作り上げる、ということでしょうね。権限委譲ならそのためのしくみも作り、ご自身が率先して躾を行えばいい。いずれにせよ、正常に機能する状態づくりに注力しなければ」

「あの……」

ずっと黙って聞いていた高山が口を挟んできた。

「安部野さん、もっと具体的に言ってください。じゃないとわかりません」

今の高山の視界には、社長、副社長の姿は入っていなかった。

「僕は、企業のステージに応じた会社の動かし方、つまり分業論の話をしているわけだ」

「では、何をどう分業すればいいのですか？」

「そもそも企業の中で一番、分業が難しいのは、どの機能だ？」

えーっと、高山は考えた。「社長業ですか？」

「うむ。**『成功した創業者』というものは精度にムラがあったりなどの問題があったにせよ、自身が重要と考える全ての経営課題に取り組もうとしていたはずだ。事業規模が大きくなろうと、市場の競争状況のレベルが上がろうと、そして社長の代が替わろうと、その社長業を、課題の優先順位を間違えずに、精度を上げて行えるようにしなければならない**わけだ」

「社長業がきちっとなされていれば、事業が低迷する可能性は低いと思います」

もはや社長と副社長の存在は、全く高山の意識にはなかった。

「ただしいずれ規模も大きくなり、そして市場の競合状況のレベルも上がり、社長ひとりで担えるような状況ではなくなってくるものだ。組織の自律性を考えると、最も重要になるのは、誰の役割になると思う？」

うーん、高山は社長、副社長がいることも気にせず、声を出して唸った。

「マネジャーです！」

「その通りだ」

高山は小さく、よしっとつぶやいた。

「このマネジャーへの躾が最も重要になるのだ。ただの箸の上げ下げレベルの躾ではなく、実務における課題への取り組みという基本動作の躾だ」

「その一番上に来るのが、トップマネジメントになりますよね」

「そう、この躾の徹底が、組織の永続的な発展という視点でとらえた時に、最も重要な社長の課題になるわけだ」

なるほどなあ、高山は会議室のテーブルに肘をつき、顎を手の上に乗せた。

「でも確かに、いくら社長の能力がスーパーマンのように高くても一日24時間しかないのはどうしようもないですよね」

「ならば、**社長を補佐できる機能、つまり参謀に相当する機能のレベルを高めることこそが、**

その処方箋となるな」

「い、いや、そういうことか、なるほどな」

突然の高山の話への乱入に圧倒されていた社長だったが、なんとか再び話に戻ってきた。

「創業者である会長の時代は、会長は事業を成長させるためにイニシアティブをもって、個人によるリーダーシップを発揮されたはずです」

安部野は社長に向いて話を始めた。

「企業も成長して、時がたち、代が替われば、『それぞれ』『あれあれ』で話が伝わる事業の規模や、市場の競合状態ではなくなってきます。当然、意思決定、コミュニケーションの精度も上げなければいけない。その時に求められる事が遂行できる体制を作り上げることです。私のように客観的な立場で多くの企業を見ていると、**永続的な成長性を持った本当のトップ企業とそうではない企業の違いは、この当たり前の基本動作が組織としてできる、つまりその時に求められるレベルのマネジメントが体制としてつくれているかどうか、この一点につきます**。ただしこれは、帳票を作ったり、会議体を整えればいいという話だと思ってもらっては困ります。**重要なのは、そこにいるマネジャーたちが、正しく考え、正しい判断で動く状態をつくるということだ**」

安部野の声が、徐々に大きくなっていることに高山は気が付いた。

「**その基本にあるのは、マネジャーの全階層において、まっとうな躾を行う文化です。その**

文化を根付かせる努力が必要最低限でもなされているだけで、企業はどれだけ健全に機能するか。そしてそれだけで企業のパフォーマンスがどれだけ飛躍的に上がるか。この極めて基本であり、当たり前のことを理解していない企業があまりに多過ぎる」

「『成功した創業者』は、それを理解できているものなのかね」社長が尋ねた。

「先ほど申しました通り、『成功した創業者』は、マネジメント体制づくりよりも、事業の創造と発展に意識が向きます。**しかしその偉大なる『成功した創業者』であっても、ある事業規模を超えてもまだ、マネジメントを根付かせることに興味を示さずに、自身の事業創造だけを考えていると、いずれ社内において健全な統率を取ることが不可能になり、必ず成長は止まるものです。**先ほどのリミテッド社の事例のようにです。**この課題が未着手のまま放置され、いざ、問題が表面化してきた時は、初代だとか、二代目だとかは、もはや関係ない。気づいた者が、早急に着手すべきことです」**

「しかしだね」社長は言った。

「それはそれで大事だということはわかるが、各ブランドが日々業務に没頭している中、なかなか、そういうことを優先させていくのは、現実には難しいことだよ」

この社長の一言は、明らかに安部野を苛《いら》立《だ》たせた。

「何を他人事のように言っているのですか。これは、会社のトップのマターです。事業規模が小さい頃の創業者がそれを言うならばまだわかるが、今の事業規模の会社の社長が言うべき発言ではない……、と思いますがね」

高山には安部野が、社長、あんたはアホですか、と言ったように聞こえた。

一瞬、激昂したように見えた安部野であったが、すぐに平静を取り戻した。

「事業規模が大きくなれば分業が進んでいますから、原始的なアメーバ状態の時のように、現場が経営上の問題点を理解し、的確に指摘してくれるなんてことは期待してはいけませんよ。中間のマネジャーには、保身も含めて『思惑』が芽生えていて当然な環境なのですから。**成果主義の評価制度など安易に導入されてでもいればなおさらです。一般的には全社視点、経営視点で問題意識を持っている人にとって、自分に期待されている仕事以外の動きをしても、本人の評価には何もメリットがないと明示されてしまったようなものですからね**」

「どういうことですか？　うちは数値責任をしっかり持たせて運営していますが」

安部野はまたもや、冷ややかに社長を見た。

「簡単に言うと、**数字責任を追及すればするほど、他責文化が芽生えやすくなります。よって、チームプレイなどの全体最適を必須事項として重視する文化づくりなど、マネジャー層が自律的に正しく判断できるようにすることがより重要**になるのです」

「安部野さん、それも具体的には、どうすべきなのですか？」

高山が再び話に割り込んだ。

「成果主義を前提にするならば、**チームワークを重視して、さらにプロセスもしっかりと見る。つまり数値化された成果指標以外の『時間軸、全体観の両面での最適化の推進を伴った上での成果主義』が正しい。**またチームワークや、企業としての信頼などの数値化して管理しにくいもの、それを大事にする考え方を徹底させなければなりません。本当に『成功した創業者』の多くは、どうやったら組織が正しく機能するかをイメージした上で、評価も行っていたはずだ。**そもそも、こういう制度設計こそが、トップの視点で、副作用も含めて何が起きるかをしっかりとイメージをして、最も慎重に行われねばならない課題のひとつだ**」

「躾の文化をつくる主体は、どこになるのでしょうか……」

興奮が高まり、口調が激しくなっていた安部野だったが、この社長の質問で、少し我に返った感があった。

「社長です。……と言いたいところですが、社長とそれができる側近の方々ですね。**いいですか、帳票に表示される数字などの事実の『見える化』は重要です。しかし、その上でさらに大切なのは先ほどの話の通り、組織の中のマネジャーたちが正しく動くよう、躾が行われている文化づくりなのですよ**」

安部野の答え方は落ち着いていた。

∨経営に必要な三つの要素

「こうやって伺っていると、今さらながら企業経営って難しいものなのねえ」

副社長が素直に感心して口にした言葉だったが、またもや安部野を苛立たせたように見えた。

「**病気と同じように、いったん課題が発症すると、その要因を診断、解析するのは大変ですし、外科、内科的な対応には、手間も時間も費用もかかります。これは人の体も企業も同じです。でも、そうなる前に、企業を健全な状態に保ち、予防保全する努力は、大して難しいことではありません。正しい生活習慣を体得するだけです。**『成功した創業者』であった亡き会長は、ご自身の視点で細かいところにまで気を配って課題に日々対応し、この会社を伸ばしてきたのだと思いますの」

「会長は偉大だったからねえ」

田村社長は独り言のようにしみじみと言った。

「会長は社長在任中、事業の発展と共に分業を推進させましたが、社長業として最後までご自身でやられてきたことが多々あったはずです」

そうだねえ、いつも忙しそうだったものねえ、副社長は言った。

「ただ田村社長への代替わりの際に、会長がご自身で行われていた課題管理などは、参謀機能の一つとして組織で機能する状態にはしていなかったのではないですか」

そんなことは、なされていなかったな、社長は言った。

「**つまり社長業を支える機能を、今、求められるレベルまで精度高く整備して機能させれば、必然的に社長のマネジメントの精度は高まるはずですし、社長のマネジメントの精度が上がれば企業は良くなるはずです。**違いますか？」

安部野は、社長たちの反応を探っているようだった。

「多くの経営者の方々とお目にかかってきましたが、目を見張る成長を続けている会社ほど、トップの方は口を開けば『うちは課題だらけでね』と、抱えている具体的な課題の話を具体的に力説されるものです。そして、その逆もまた真なりです。この意味合いをどう解説されますか？」

「さあ、どうなんでしょう」

副社長は首をひねった。

「**企業は常に変化、進化していかねばならない。つまり、カイゼン活動や改革への取り組みが常態化している状態が企業にとっては健全な状態ということです**」

安部野の話の趣旨は、傍で聞いている高山には明瞭だった。

今の話は、**『企業に正常なマネジメント状態を作り上げることを、早く決断しなさい。そ**

して躾も含めて、それを自分の意思ですぐにでも推進しなさい』

ただこれだけだ、そう思いながら、高山はこの場のやり取りを眺めていた。

「こうやって話を聞いていると、戦略論も重要だが、それは経営において必要なことのあくまで一つであり、マネジメントなどの基本の部分がしっかりとできていないといけないということなんだねえ」社長は言った。

「ええ、事業の方向性である戦略の実行にも、マネジメントというプラットフォームが必須ということです」安部野は話を再開した。

「**せっかくの勝てる市場戦略、マーケティングの施策も、それをうまく精度よく、かつ健全に展開できる組織がなければ、その価値などゼロです**」

安部野はホワイトボードの前に行き、三つの円を描き、一つ目の円の中に『**戦略**』と書いた。

「**今回の『ハニーディップ』のように、市場とのかい離が起きている場合は、まず市場を知り、そしてそこから意味合いを抽出してアクションプランを作る。つまり、俗にマーケティングとも呼ばれる、この一連の市場戦略の立案作業が求められます**」

安部野は社長に向かって話を始めた。

「ここにおいて、マーケティングについての要、不要論などは無意味です。そもそもスタートラインで市場から離れてしまっているのですから」

図表29　経営に必要な３つの要素

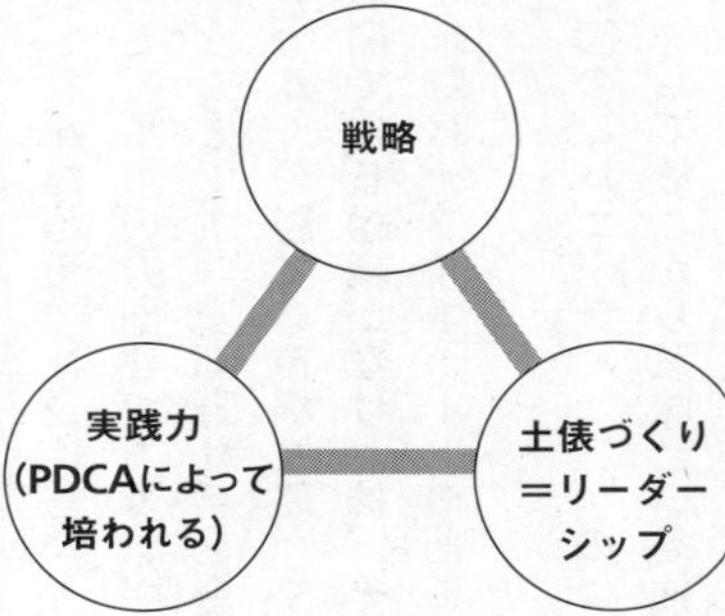

　あ、ドヤ顔してる……、高山は、安部野の表情を見て思った。

「そして、その初期仮説たる戦略を調整しながら、ＰＤＣＡを廻して確実に実施すること……」

　安部野は二つ目の円を指して『**実践力（ＰＤＣＡによって培われる）**』と書き入れた。

「戦略と実践力の重要さは今さらながらの話です。**これらは参謀機能の強化によって『事業の発展方法を考える力』『社内の神経系統』をあるレベルまで持っていくことができます**」

　安部野は三つ目の円を描き、『**土俵づくり＝リーダーシップ**』と書き入れた。

「**しかしながら、三つ目の土俵づくりは最後の最後まで社長の役割です。この三つの要素が機能して初めて企業は健全になります。つまり、社員が思う存分に飛び跳ねて芸を披露できるプラットフォームとなる、社長によるリーダーシップの発揮なしには、健全なる企**

業の発展はないということです」

社長、副社長は、ホワイトボードの絵をじっと見つめていた。

「三つが揃えば、企業は間違いなく『なるようには、なっていきます』よ」

安部野は残りの珈琲を静かに味わい、そしてカップを置いた。

「私からお話しすべきことは全て話したように思います。あとはよくお考えください」

安部野は立ち上がった。

「**企業にとって、進化は常に必要なものです。そして、カイゼン、あるいは改革などいかなる形であってもそれを仕掛けて、変化の進め方のＰＤＣＡの廻し方を習得していくのは、トップの最優先取り組み事項のはずです**」

そう言って、最後にほんの一瞬だけやさしげな表情を見せて、安部野は社長室を出て行った。

第8章

現実を受け入れ、未来に目を向ける

Ⅴ なるようにしかならない

外は既に肌寒い風が吹くようになり、汐留の街路樹が微かに揺れていた。

高山は、社長たちに「見送ってきます」と一言伝え、汐留の本社ビルを出て行く安部野を追った。

「安部野さん、ありがとうございました。これで社長たちもよく考えてくれると思います」

安部野に追いついた高山は言った。

ああ、安部野は、歩を緩めずに答えた。

「君の言う通り、これから二人はよく話をし、考えるだろう。そして、おそらく君の望まない結果に落ち着くはずだ」

「え、どういうことですか」

「そもそも僕が解説した夏希常務の行動についても、あの二人は最初から、ほぼわかっていたと思う」

「はあ？」

「それでも、これまで常務を更迭しなかったのはなぜだと思う？」

「亡くなられた会長の一言のせいですか？」

「それも大きな要素のひとつだ。亡くなった会長の一言は、社長と副社長にとっては絶対的なものであり、それありきのものとなり、今や二人はその一言に囚われてしまっている」

「それでは、会長はもう亡くなっているから、誰もそれを撤回できないじゃないですか」

「亡くなられているから、仏様……、いや、神のご託宣のようになっているのだろう。そうなると、そこを疑うことさえできない思考停止状態が容易に起きるものだ」

安部野は、表情を変えずに話し続けた。

「結局それが、この会社にとって、一種の『呪《のろい》』のようなものになっている。常務の頭の回転の速さを評価した会長の言葉だとは思うが、それはリーダーとしての与件の一つにすぎない。それがあれば全てOKというものではない」

「そういえば、学校の数学で必要条件、十分条件っていうのを習いましたね」

「そう。必要条件だが、十分条件ではないな」

「では、社長たちは理屈には沿っていない判断をしているのですか？」

「その本人たちには、絶対的なものだ。『憑き物』に憑かれたように思い込んでいることについて、あの二人が議論をすることが果たしてできるかどうか。言いかえれば、社長が今を変化させることに『自信』が持てるか。今、自分が決断せねばならぬことであると確信できるか、だ」

二人の顔を思い浮かべた高山だったが、その議論の光景を想像することは難しかった。

「加えて、姉の副社長が、菩薩の慈悲の心を体現している自分に、厳しい明王《みょうおう》の顔も課すことができるか、というところだ」


「副社長が『カギ』になるのですか」これは難しそうだ……、高山は思った。

「本来、企業の中心に位置するトップは、明王と菩薩の両方の顔を使いこなす如来《にょらい》でなければならない。副社長自身も自身が心地よい状況を好むはずだからな……。結局、この会社でもっとも影響力のあるステークホルダー、経営者としての二人の、価値観、信条の問題になる。理屈としては理解できても、果たして腹に落とし、確信して実行することができるかということだ。**あの二人はその確信を持つために必要となる、企業を進化させる改革の経験が乏しいのが問題なのだ。言ってみれば、企業進化のPDCAの経験がなさすぎる。**自分で決断をして、新しいやり方に変える『自信』が持てていないままにトップの地位に居るんだ」

安部野は立ち止まった。

「人のことをこのように言うのはためらわれるが……。言ってみれば、常務は組織において、自身のエゴイズムを優先させている状態にある。人間の体内で自分さえ良ければいいという状態で暴走状態にある元気のいい細胞を何と言ったかな？」

「がん、でしょうか」

「人のことをがん呼ばわりすることは決していいことではない」

「……」

「大きく育ってしまったがんは、多くの場合は切除をしなくてはならなくなる。しかしだ」

は？　高山は、安部野の顔を見た。

「そしてそもそも、がんには、それが生まれる土壌、環境がある。人間でいえば、体質もあるが間違いないのは、環境を含めた生活習慣が大きく影響をしている」

「と、言いますと？」

「上の二人が、あのままであれば、がんができやすい温床は、そのまま、そこにある」

「では、第二、第三の常務が……」

安部野は眉をひそめただけで、無言のままだった。

「君も覚えておいたほうがいいな」

「何ですか？」

「物事は『なるようにはなる。しかし、なるようにしかならない』ものだ」

「はあ？」

「『どうしようもないものは、どうしようもない』ということも、時には受け入れなければならない」

「禅問答みたいで、何を言われているのかわかりません、それ」

そりゃそうだな、安部野は再び歩き始めた。

「結局、今回、社長たちは変われるのですか？」

「この会社の『憑き物』は、これだけでは落ちないだろう……」

安部野は再度立ち止まり、高山を見て言った。

「『将の器』という議論の際には、器の大きさの話が出るものだ。しかし、僕が常々実感するのは、その器に問われるべきは、大小よりも『柔らかいかどうか』だ」

「伸びるかどうかということですか？」

「ああ。前向きなチャレンジに取り組むべきと思える柔らかさをもっているかどうかだ。器は柔らかければ大きくなる。**問題は器の中に取り入れるべき、人材、システム、考え方なんて、そう都合よく訪れてくれるものじゃない。タイミングをとらえることができなければ船には乗り移れない**」

器か……、そして、時が来た時にそれを受け入れられる度量。安部野の投げかけは考えさせるものがあった。

「常に『お天道様が見ている』ような正しい圧がかかる環境にあり、しかも器が柔らかくある必然でもないと、人はなかなか変わらないものだよ。グローバルモードは上場企業だが、緊張感を与える株主はいないはずだ」

一瞬、冷たい風が吹き、安部野は話を止めた。

「この会社では、抜本的な改革は難しいと思う。過度な期待はするな」

厳しい口調で言い放ち、再び歩き出した安部野だったが、すぐに歩みを止め振り向き、深刻な顔で立ちすくんでいる高山に言った。

「もうひとつ。『どうでもいいことは、どうでもいい』と考えることも重要だ」

安部野はそう言い残して、汐留の肌寒い風の吹く中を足早に去っていった。

高山の脳裏には、安部野が最後に口元に浮かべた微かな笑みが、残像のように印象に残った。

▼情報ルートの切り捨て

「おい、石井!! なんだ、先週の数字は。『ハニーディップ』に押されているじゃねえか。どういうことだ!」

『ワールドワークス』の週次会議では、山田原の机を叩く音と罵声が同時に轟《とどろ》いた。

「す、すみません。この冬の目玉であるコートの価格を完全に『ハニーディップ』にくぐられてしまいました」

「バカ! すぐに価格を修正しろ。すぐに赤札を貼って、向こうの価格に合わせろ」

「いいえ、それはできません」石井は、はじめて山田原を睨み返した。

「うちは、ロードサイドの紳士服店ではありません。ショッピングセンターのお客様は、週に何回も店頭を覗《のぞ》いている可能性があります。白札にしろ、赤札にしろ、店頭投入してわずか1週間での値下げでは、本当にお客様の信頼を失います。ブランドビジネスにおいては、お客様に不信感を与える行為は行ってはなりません。しばらくはこのままで売りましょう」

「何い！　お前……」

さらに大きな声で吠えかけた山田原だったが、さすがに石井の意見が理にかなっていることには気が付いたようだった。

「『モノクロ』のように、週末のみの単品単位での店頭のセール価格表示は行うことはできます。商品の消化促進については、それで対応させてください」ここに至って石井も、山田原に対して強い口調で言い切った。

「おい、添谷野。お前が持ってきた『ハニーディップ』の商品情報が何かおかしかったってことだな？」

「今季のコートの企画情報は正しかったのですが、一番最後に入手した資料に記載されていた価格がおかしかったようで」

「ガセの価格情報をつかまされたってことか。そうか、あちらさんもやるじゃねえか」

添谷野は下を向いて黙った。

「ってことは、この情報ルートは、向こうには、もう割れてるってことだな。これ以上は使えねえ」

山田原は、添谷野に向かって言った。

「添谷野、このルートは断て。最後の金は多めに渡す。それで縁を切って、全て終わりにしてこい」

「わかりました。申し訳ございませんでした」

添谷野は深々と頭を下げた。

∀祝勝会

鬼頭、高山、中丸はいつもの千駄ケ谷の居酒屋『路地駒』に集まっていた。

「やっと新しい組織が発表されたな」

物流センターから今、到着したばかりの鬼頭が口火を切った。

「結局、常務は海外事業部の担当になった。中国展開を推進するそうだ」

やはり、更迭とはいかないんだ、高山は思った。

「国内の営業からは完全に外れたわけですね」

「でもな」鬼頭が話し始めた。「絶対に復活の機会が来ると思っているはずだ」

「ええ？　だけど、社長、副社長は、もう、重要な職責はやらせないと思っているんじゃないの？」

中丸は言った。

「よく考えてみろ。うちには他にそのクラスの人材はいなくなっているんだ。役員の中途採用なんて考えていないだろうし、社長、副社長は歳だ。この会社には選択肢がないんだ、常務しかさ」

「結局、安部野さんから説教をされても、社長たちは思い切った決断はしなかった。その時点で、時を待つ常務の勝利か……」

高山が言うと、二人は黙ってしまった。

結局、安部野さんは、このケースの解説と結末を見せるために来てくれた、ということになる。そしてその二人の判断も夏希常務は読んでいたのだろうな、大したもんだよな、全く

……高山はビールを口にした。

「まあでも、しばらくは常務は戻ってこないよ。高山さんも鬼頭さんも戻ってきたし、そして福山さんももとの船橋店に戻ることになったしさ」中丸は嬉しそうに言った。

「そうだね、西川さんの名前が載っていなかったけど」

「今の時点では、人事部預かり状態になっていて、すでに出勤はしていない」鬼頭が答えた。

「それにしても、コートの価格設定の仕掛けはうまくいきましたね」高山は言った。

「おう、通常の価格感よりも1000円は低い。この価格ならば競争力もあるしな」

「『ワールドワークス』は早々に値札に赤札を貼って対応を始めたけど、あれじゃもう、ブランドの売り場とは言えないよね」

「ほんとだよね。あたし、企画資料には上代《じょうだい》設定をかなり高めに記入しておいたからね」

「西川の野郎、偽の上代が記載されているって気が付かなかったのか」

「商品の価格マスターにも、その偽の、当初企画よりも高い価格のままで入力してあったからね。多分、この真冬のコートで粗利を稼げるから、また自分の手柄になると思っていたんじゃない？」

「鬼頭さんに、物流センター出荷前の値札の付け替え作業をお願いしたのは申し訳なかったです」

「なあに、事前に値札を付けずにメーカーに出荷するように伝えておいたから外す作業はなかった。センターの作業は残業になったけど、その後に起きることを考えるとワクワクしたな」

「あのね、あたし、シートの商品の発注数量も、Ｓランク商品とＣランク商品を入れ替えて記入しておいたんだ。店頭でお客さんの視線をつかむための、本来は少量発注するだけのド派手な商品の欄に、ものすごい量の発注数量が記載されていたわけ」

笑いをこらえられず、ぷぷっと噴き出しながら中丸は言った。

「だから、今の『ワールドワークス』の売り場、あの奇をてらったデザインとか、ド派手な差し色のコートを山積みにしているのか。ありゃ、絶対に売り切ることなんてできっこないぞ。あそこは今期、ものすごい量の商品ロスが出るはずだ」

「それでも、そのシートを見て西川の野郎、おかしいってことに気が付かなかったんだ。そんな奴がMD（マーチャンダイザー）の責任者っつうのもなあ」

「本物の素人じゃん」

「あいつ、常務の手前、日本中の売り場を回っていたけど、ただ漫然と回っていただけだろ。店頭のプライスなんか確認してなかったはずだ」

三人はお互い顔を見合わせたとたん、同時に噴き出してしまった。

「それにしても、夏希さんって、あの西川さんに本当にMDとかが務まると思っていたのかなあ？」

鬼頭は、うーんとうなった。

「ひょっとしたら、本気でできると思っていたのかもしれねえな。西川って、言われたことについては、きちっとやる器用さはあるが、経験のない実務を回して、成功まで導いていけるほどの力など、あるわけがない」

そうか、話を聞いていた高山が口を開いた。

「実務の当事者としてPDCAの経験がないと、誰がどういう仕事をこなせるのか、そのレベルもイメージして見極めることもできないってことなのか」

「そうかもなあ。常務が自身の失敗を振り返ってないってことは、こういうところにも影響するのかもね」

三人は閉店時間まで大いに飲み、盛り上がった。

▼最後通告

添谷野は帝国ホテルの上階のラウンジのシートに足を組んで座っていた。

「あなた、あたしに恥をかかせてくれたわね」

「い、いいえ、私は、実際の商品企画シートのコピーをお渡ししたはずです」

「ふん、偽の情報をつかまされて。『任せてください、絶対にばれません』って言ったのはどこの誰？」

いいえ、その……。西川は言葉に詰まった。

「『添谷野様のために仕事をします』って言うから、人材紹介会社に動いてもらったわけでしょ。それがこのざまね」

添谷野は、バッグから厚みのある封筒を出した。

「とにかく、これで全て終わりだから。ここまででも、結構なお金にはなったでしょ」

「あの、そうしますと、『ワールドワークス』に貢献しましたら、いずれ御社に要職で迎え入れていただけるという話はどうなりますでしょうか。私は、添谷野様のために仕事をしております。未来ある御社に、是非ひとつ……」

「あなた、何を言っているの？　これで話は全てご破算でしょうに。常務に、うまく取り入っているんでしょ。そのまま、グローバルモードで使ってもらうのもいいのじゃない」

添谷野は、封筒を差し出した。

「今回も領収書はいらないけど、一応、受け取りだけ手書きのメモでちょうだい」

西川はメモ帳のページを切り取って、受領の旨を書き記して渡した。

「このやりとりは、これで全て終わり。何もなかったことにね。じゃあ」

添谷野は席を立って歩きかけたが、ふと、立ち止まって振り返った。

「ここまでのことは、いっさい口にしないってことはわかっているわよね。もっとも、あなたから手書きの受取証をもらっているから。もしあなたが、言わなくてもいいことを口にした時って……、この紙を公にしたりすると……、何かに使えるのかしら。ねえ？」

まさに上から目線の笑顔で、封筒を握り締めている西川をひとり残して、添谷野はラウンジを出て行った。

▼高山、伊奈木と再会する

高山は、汐留カレッタの46階にあるダイニングバーにいた。

「大変ご無沙汰しています、伊奈木さん」

「久しぶりだな。高山君」

伊奈木耕太郎は、高山が前職の『しきがわ』に在籍時の上司であった経営企画室長であり、安部野とも旧知の間柄だった。

「どうだ、レディースアパレルの世界は？」

「同じアパレルなのですが、だいぶ違いますね。コモディティとファッションってこれだけ違うのかと思います。似て非なる世界です」

ふーん、伊奈木はそう言ってから、「コモディティも競争が進むと、その価値が十分には言語化されていない、ファッションMDと同じ戦い方に進化していく。もしコモディティを扱うビジネスに携わることが今後あるならば、先んじて制するためにも、今の経験は生きると思うぞ」

伊奈木は、同じテーブルに座っている男を紹介した。

「今日は、私の友人も一緒だ。面白い話が聞けると思うぞ」

「ハーモニー・キャピタル・アドバイザーズの宝塚利勝です。よろしくお願いします」

「こちらこそ、よろしくお願いします」

高層階から見える夜景を背景に、ストライプの入った紺色のブリティッシュスタイルのタイトな3ピースのスーツを上品に着こなしている、40代前半に見えるその男は、ディレクターと書かれた名刺を差し出した。

「彼は、いわゆる企業再生ファンドの人間だ。企業を買収して、その会社を立て直し、事業価値を高めて株を売却する。まあ、簡単に言えば、会社を安く買い叩き、磨き直してから高く売るわけだ」

「伊奈木さん。その表現だと、初めての人には印象が良くないですよ。企業を正常な状態に戻して、適正価格で売却するのです。……と、あまり変わっていないか」

あはは、と宝塚は明るく笑った。

「で、どうだ。グローバルモードは？」

高山は、経営層のことには触れずに、自分が行った施策についての話をした。

「そうか。今回も安部野さんに手伝ってもらったのか」

「すごく、手間をかけさせてしまいましたけど」

「彼が手間をかけて動いてくれたということはだ、マネジメントに大いに問題のある会社だということだな。大方、また件《くだん》の『憑き物落とし』をやったのだろう？」

「今回の安部野さんの攻め方は、ぼくの思っていた以上でした」

「ふーん。よっぽどマネジメントに問題がある会社なのだろうな」

伊奈木と高山の話を黙って聞いていた宝塚の眉が、ピクリと動いた。

「グローバルモードか。確かに、先代の創業者が亡くなってから、なんだか冴えなくなっている会社ですよね」

宝塚は内ポケットからスマートフォンを出して操作をはじめた。

「すでに、いくつもの会社の案件に携わってきましたけども、マネジメントの仕方を正常化するだけで、業績が伸び始める会社は結構、多いんですよ」

「それについては、私も全く同感だな。いいアイデア、いい切り口で事業を立ち上げて成功させたまでは良いのだが、そのあとに、すぐにダメになる会社は、やはり経営者の怠慢化、あるいはまぐれ当たりなのかもしれない。しかし、ある程度の規模にまで持ってくることができている会社は、とりあえずは組織を動かすことに成功しているはずだ」

「そこは間違いないと思いますね」

「ところがだ、多くの創業者は、自分中心に組織を動かし続け、そのまま、次の代に渡してしまう。ここから悲劇が始まるな」

「全体の数で言うとそうかもしれませんが、成功例を見ていくと、そうとばかりも言えないですよ。まれに、すごくまじめで優秀な二代目が現れる……、というか、どこかに勤めていたのが、何かの理由で戻ってきて、親父の会社を立て直す、なんていう事例もありますよ」

「ボンボン扱いされず、まじめに事業のことを考えてビジネスマンとして育った。そういう点が良いのだろうな」

宝塚は伊奈木と話しながらも、スマートフォンを眺めていた。

「このグローバルモードって、たまに新ブランドを立ち上げてから、ある規模まで成長させることに成功していますね。ハニーディップと新ブランドのキューティーハント。でも、このハニーディップなんて、競合に比べれば、十分伸ばし切れていないなあ。ここもマネジメントの問題なんだろうなあ」

両方とも、ぼくがかかわったブランドだが、十分に伸ばしきれないのは、マネジメントの問題だなんて、外から数字を見てもわかるんだなあ……、内心驚きながら聞いていた。

「同族が3人も経営層にいて、それで伸びないってことは、この人たちに問題があるんだろうなあ」

「なんだ、宝塚さん。完全な仕事モードじゃないか」

「いえ。でも、もしそうならばですが、従業員がかわいそうですよ。多分社内ではいろいろなパワーロスも起きているだろうし」

宝塚は、高山をちらりと見た。

「この会社、面白いかも……、と思いますね」

独り言のように言い、宝塚はスマートフォンを再び触り始めた。

「で、やっていけそうなのか？」伊奈木は、高山に尋ねた。

「今回もすごくいい経験をさせてもらいました。それで、今日、相談したかったのは……」

「何だ、また何か考えているのか？」

「ぼく、経営というものの全体像を知りたいんです」

「ふむ」伊奈木はうなずいた。

「経営全体をわかって、そして参謀となれる力をつけたいと思っています」

「真の『経営参謀』を目指したいということか。それで？」

一呼吸おいてから、高山は口を開いた。

「留学してみようかと思っています」

「ほう……、予想もしていなかった話が出てきたな。どこに？」

伊奈木は楽しそうな表情で聞いてきた。

「アメリカを考えています。ぼくの貯金だけでは足りないとは思い、親に貸してもらえるように頼みました」

「確かに、今、日本企業からの企業派遣留学もなくなってきてしまっているが、韓国企業などはむしろ熱心に勉強に出して国際競争力を強化している。他人のやっていない前向きなことは、自分の勝ちにつながるからな。大変だろうが、いいんじゃないか。そういえば安部野さんの妹の彩さんも今、ニューヨークに留学中じゃなかったのか？」

伊奈木は高山の顔をあからさまに覗き込んだ。

ええ、高山も口元を緩ませた。

「君が帰国してきたらまた、面白いことになりそうだな」

「伊奈木さん、私は今日、とても良いネタをもらったように思いますね」

二人の会話の最中、スマートフォンを操作し続けていた宝塚も、スマートフォンを置き、ワイングラスを手に嬉しそうに言った。

食事を終え、それぞれタクシーで帰る伊奈木と宝塚を見送り、新橋に向かって歩いていた高山は、突然、すれ違った女性から声をかけられた。

「あら、奇遇ね。高山さんね……」

「あ、添谷野さん」

添谷野は高山に向かって微笑《ほほえ》んだ。

高山はその笑顔を見て、とっさに夏希常務の笑顔と一脈通じていると感じた。

「その節は、お世話になりました」

高山は軽く頭を下げた。

「活躍されているのね。嬉しいわ。またいつか、お目にかかりましょ。じゃ」

『しきがわ』の頃と同じく、カッカッとピンヒールの音を立て、添谷野は街路樹の並ぶ汐留の闇に消えていった。

エピローグ

▼旅立ち

高山は成田空港の国際線第一ターミナルにいた。デルタ航空のカウンターで、ニューヨーク行きの便に、廉価で入手したチケットでチェックインを済ませたところだった。

「ねえ、高山さん。着いたらラインでもSMSでも、メッセンジャーでもいいからすぐに連絡するんだよ」

見送りに来ていた中丸が顔を近づけて言った。

「ニューヨークなんて、12時間ほどのフライトで着くんだから大した距離じゃないよ」

「あのさ、ちゃんと胸のポケットに20ドル紙幣をいつも入れておくんだよ。もしホールドアップされたら胸を指さして、それを抜かせるの、いいね。今はニューヨークにいる日本人は減ったから、昔ほど狙われやすいってことはないと思うけどさ。それからさ……」

「何度、同じこと繰り返して言ってるんだ、おめえ」鬼頭が中丸を遮った。

「福山は今日、店があるから来れねえけど、よろしくってよ」

『ハニーディップ』の改革スタートからほぼ1年経ち、仕事もそっちのけで英語の勉強に打ち込んだ高山は、ニューヨークのコロンビア大学大学院から条件付きの入学許可通知を受け取った。入学許可の条件として与えられたTOEFLの下限点数をクリアしなければならず、英語のサマースクール、通称ALP（American Language Program）で学ぶために、夏のニューヨークに旅立つところだった。

「高山さんよ、これ見たか？」

鬼頭が自らのスマートフォンを差し出して見せたのは、日経新聞電子版の速報記事だった。

「ええ？　うちの会社をファンドが買収するって」

「おう。うちの会社、ハーモニー・キャピタル・アドバイザーズってところに買収されるんだってよ」

「ハーモニー・キャピタルって、あっ……」あの宝塚さんとこだ、伊奈木さんとの食事の時の話題が、こういう結果につながったのかと高山は思った。

ちょっとしたことが、後に思いがけない大きな出来事につながるって。確か、バタフライ効果とか言った……、あれだ。それにしてもあの宝塚さん、どんな手を使ったんだろう……、確かに『憑き物』は会社からはいなくなったことになる、高山は口に出さずに考えていた。

「なんだ、知ってんのか、そのファンドの会社のこと」

「うん、少しだけだけど」

安部野さんの話を聞いても、社長たちは自分たちで変革を起こすことはできなかった。でも、オーナーシップを譲って、ファンドに健全化を委ねるという選択は、あると言えばある。事業と社員のことを考えれば、あながち悪くない判断とも言える。消極的な前進を選んだんだ……、高山は一人で考えていた。

「うちの会社、どうなっちゃうんだろ」中丸が不安気な表情で言った。

「何だ、おめえも知らなかったのか。一族のくせに」

「だって、あたしは別に、株を持っていないもん」

「ってことは、おめえ、そのまま残るってことだな」

「だと思うけど」

「……おめえ、ひょっとして将来、社長になるかもな。創業家のシンボルにもなりうるしさ」

「そんなわけないじゃん」きゃは……、中丸は鬼頭の肩を叩いた。

「ま、俺らみたいな、ぺーぺーには関係ないさ。その節はよろしく」

「社長たちはどうなるのかな？」中丸は聞いた。

「そりゃ、退任だろうよ。全員いなくなるはずだ。常務もな」

「結局、そういう収まり方になるのか、この展開……」高山は独り言のようにつぶやいた。

「夏希常務はさ、結局、中国での事業はうまくいかなかったけど、やっぱりほとんど中国に行かなくってさ、なぜかずっと汐留にいたよね」

「西川の野郎をさ。常務は中国で使おうとしたらしいぜ。よっぽど気に入ったんだな」

「あの人、あんな経緯で会社を辞めてるのにねえ」

「社長、さすがにNOと言ったみたいだ」

「そりゃそうだよね。コンプライアンスもなにもあったもんじゃない。犯罪者みたいなもんだから」

「たぶん西川の奴、常務に土下座でもしたんだろうな。常務も、本気でトカゲのしっぽ切りに使えると思ったのかも。中国事業がうまくいかないのは西川のせいにして総括って考えていたのかもしれないな。どうせ、みんないなくなるから、もう関係ないけどさ」

「ハーモニーって、社長を探してきて配置するんじゃなくて、ハーモニーの人たちが役員として、入ってくるんだって」高山は言った。

「多くの日本企業って、マネジメントの仕方に問題があるっていう考え方らしい。その正常化で、多くの企業がまともになるって考えているらしいけど」

「そのアプローチって、まちがいないように思うな」

「あの騒動で、そこに問題があるって、あからさまにわかっちゃったもんね」

「うちの会社、これから良くなるかもしれねえな。いいものをまだいっぱい持っているしさ」

鬼頭が独り言のように言った。

高山のスマートフォンにメールの着信があった。

「うん？」

高山が見ると、伊奈木からのメールだった。

『成長して戻ってくることを期待している』

続いて、もう一本メールが到着した。

『よく動き、よく学べ　安部野』

「安部野さんたち、多分、示し合わせて、このタイミングでメールを送ってきているな」

メールを覗《のぞ》き込んだ鬼頭が言った。

「あ、忘れてた。これ、会社の携帯だった」

その時、さらにもう一回、メールの着信音が鳴った。

「今度は誰だ？」

高山はメールを開いた。

『I'm waiting for you. Bon Voyage. Aya』

「誰からのメール？」中丸がメールを覗き込んできた。

「おっと……。そろそろ搭乗時間だな」

高山は中丸に背を向け搭乗時刻の表示板を見上げながら、素早くスマートフォンの電源を切り、SIMカードを抜いた。

「中丸さん、このSIM、総務に返却しておいてくれる?」

「本体も返さなきゃいけないじゃん。あたしが預かって持ってってあげる」

「そうだね……」高山は、いったん携帯を差し出したが、すぐに思い直したように引っこめた。

「総務に言っといて。送りますって」

「そんなのもらっとけよ。そんな使い込んだ携帯なんて、誰かに回すってこともあり得ねえし、なんにも言ってこねえよ」鬼頭が言った。

「ひでー」中丸は、ほっぺたを膨らませた。

「じゃあ、行くよ。二人とも、ありがとう」

「元気でな」

「気を付けるんだよぉ。高山ぁ!」

高山は出国手続きのゲートに進み、振り返った。

「ありがとう!」

手を振り、深く長い一礼をしてから、高山は出国審査場に消えていった。


(了)

巻末講義 高山昇の小売業・ファッションビジネスにおける戦略と勝ち抜くPDCA

皆さん、こんにちは。高山昇です。
今日はこの場で、小売業やファッションビジネスについての戦略の考え方と、勝っていくためのＰＤＣＡの話をさせていただきます。

まず、戦略の話です。

小売業もファッションビジネスも、市場にすでにある既存の業態との差別化を行うことを考え、よりお客様の支持を得られるようにします。小売業もファッションビジネスも、その業態が、お客様から見た競合優位性、つまり差別化の源になっていますので、展開している店そのものが、具現化した戦略、と言っていいと思います。

皆さんおなじみのコーヒーショップを例にして説明していきたいと思います。

今はずいぶん数が減りましたが、1970年代には街中には喫茶店がたくさんありました。珈琲の良い香りの漂う、落ち着いた雰囲気の木調の内装の店で、白いカバーを被せクッションの効いた椅子に座って、流れるジャズとかクラシック音楽のレコード、あるいは有線放送の歌謡曲を聴きながら淹れたての珈琲を飲み、友達と話をしたり、あるいは商談をしたりする落ち着いた空間でした。

安倍野さんくらいの歳の方、今50歳台後半かそれ以上の方は、学生時代などによく利用したと思います。この形態でチェーン店展開を行ったのが、銀座ルノアール、シャノアールなどで、今でも、よく街中で見ることができます。

さて、そこに新しい価値の軸を持った店、ドトールコーヒーが登場しました。当時1杯、300～400円程度はした本格珈琲の価格を150円台に下げた『価格』と、しかも、気軽にさっと購入してさっと帰る、持ち帰ることもできるという『利便性』の2軸による差別化を行い、1000店舗以上のチェーン店を作り上げました。同様な業態にプロント、カフェ・ベローチェなどがあります。

この安くて、利便性の高いドトールコーヒーのタイプの業態が一通り行き渡ったところに

図表30　差別化の3軸上にマッピングしたコーヒーショップ3業態

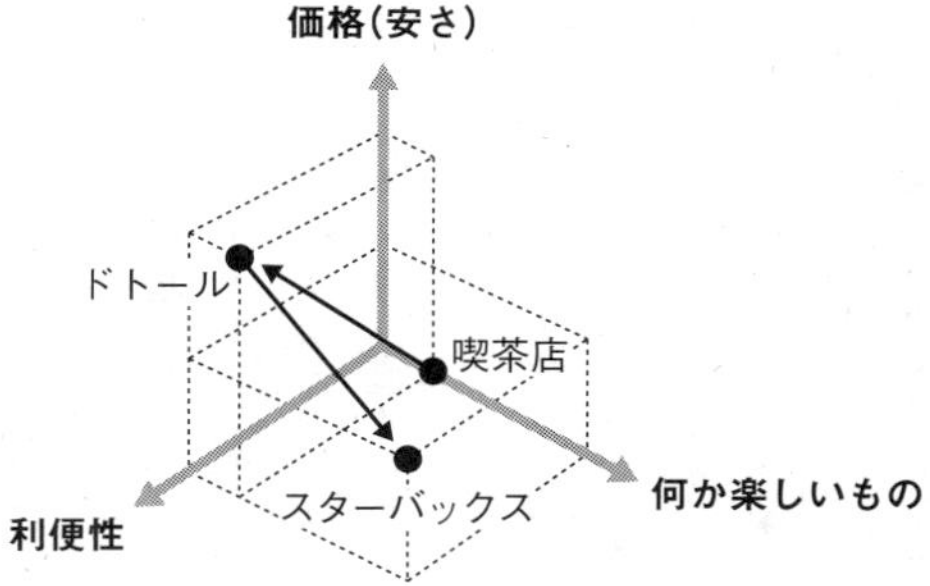

現れたのが、新たな三つ目の差別化軸である『何か楽しいもの』という要素を備えた業態、スターバックスコーヒーです。

スターバックスコーヒーは、おしゃれで知的な空間を提供し、そこにいることは嬉しい、そしてそこで売っている珈琲を飲むことも嬉しいという、完全にファッションビジネスと同じ価値を提供している業態で、96年に日本に上陸しました。

小売りの戦略である業態の差別化の軸は『価格』『利便性』『何か楽しいもの』の三つです。街の喫茶店、ドトールコーヒー、スターバックスコーヒーを3軸上に配置すると、図表30のようになります。

この三つ目の軸の価値についてわかりやすい話をします。

皆さんが、あのプラダの店で以前から欲しかった10万円のバッグを買ったとします。とても嬉しい想いをしながら店を出たところで、ぼくが突然現れます。そして、「バッグについている逆三角形のプラダのロゴプレートを、バッグから外して7万円で売ってください」と言ったとします。皆さんなら、どうしますか？　売ってくれますか？

もし、売ってくれた場合は、あなたの手元には、小さな穴の開いた黒い防水布のバッグが残ります。それが、残り3万円分の価値になるでしょうか？

おそらく、ほとんどの人は、この取引には応じてくれないと思います。

結局、プラダの価値はあの黒くて強い防水布バッグの機能だけではないわけです。**あの逆三角形のロゴプレートに象徴された商品を手にすることによって、あの素敵な店のイメージ、そして、雑誌などで見るビジュアルと世界観、これらの全てが頭に浮かぶように、ブランドイメージを頭の中にエンジニアリング、つまり作り上げているわけです。**

プラダのあの黒い防水布でできたバッグは、単なる美しい造形物というだけではなく、背景にあるブランドコンセプトも伴った価値を提供しているわけです。

この**『価格』『利便性』『何か楽しいもの』の3軸のうち、付加価値で勝負するファッションビジネスは、この『何か楽しいもの』の軸が競争の中心に来るビジネス**です。

次に戦略マップの話をします。今、三つの軸の説明をしましたが、ファッションビジネスでのブランドのポジショニングを明確にするために、2軸上にブランドをマッピングして議論をします。これによって、競合ブランドに対してどういうポジショニングをとって自社のブランドを差別化したポジションに配置するかを議論することができます。

そして、市場調査などでそこに対応する顧客層が、どのくらいの支出をしているのかもわかれば、そのポジションの市場規模も、ある程度は、推測することができます。

最後に、ぼくが一番重要と思っているＰＤＣＡについてです。戦略は、丁寧に情報を集めて分析などを行えば、何とか「これだ」というようなものは出来上がります。しかし、ＰＤＣＡについては、根気よく、毎週とか、半期ごととか、ＰＤＣＡサイクルの長さに応じて継続的に実施しなければいけないものです。

小売業、ファッションビジネスでの週次のＰＤＣＡが必要なのは、まずＭＤ（マーチャンダイジング）、すなわち、投入した商品についての検証、これは投入した商品のどれが当たったのかということを見極めることと、商品を売り切るための投入店舗の移動や、値下げのタイミングの判断です。そしてＡＷ（秋冬シーズン）やＳＳ（春夏シーズン）の『季』のはじめでは、様々なアイデアのトライを通して、今年はお客さんが何に反応しているのかを言葉で表現した「キーワード」を明確にする必要があります。

そして、もう一つは、店舗の販売を見ている担当マネジャーのPDCAがあります。仮に、複数店舗を担当する担当マネジャーにも数値責任を担ってもらうという前提があるならば、そのために週次でどういう活動をしたのかについて、PDCAを廻していくということが良いと思います。

ここで、PDCAの廻し方の話ですが、本来は、その数値責任を持っている者が自分の業務のPDCAを廻すことになるわけです。よって、例えば商品部ならば、ブラウスとかカットソーなどのアイテム担当者が、例えば「先週は、Sランク商品の○○を店舗に投入して、○日間で、売上枚数○○、消化率○○%……。よって、この商品は早期欠品が予想されますので、今時点で追加発注をかけます」というふうに発表をします。この発表の中で、自分は、そこでそういう意味合いを見出して、どんな判断をするのかを、誰にでもわかりやすく透明にして見せることで、精度高くPDCAが廻せているかどうかを、上長を筆頭に複数の目で確認していく、というやり方になると思います。

聞いていておかしい場合は、「それ、どういうこと?」と上長、あるいは、参加者は確認する義務がありますし、そもそも、もし訳のわからない発表が為されていた場合は、即座に

「わからない、やり直し」という指示を出す必要があります。先週仕掛けたことが間違っていたり、読みが外れても、それは、叱責の対象ではないはずです。なぜならば、ＰＤＣＡは学習のサイクルですから、**失敗しても、そこからなぜ失敗したのかの因果を明確にすることができれば、次回からその失敗をする可能性は大幅に下がります。**

そもそも、誰も好き好んで、わざと失敗しようとするわけなどありません。また、何人も見ている場での発表ですから、その失敗につながったと考えられる因果を皆の前で披露するわけです。結果として皆がそれを自分の業務に活かせるわけで、まさに、一石二鳥以上の効果があります。

ここで注意しなければいけないのは、失敗の因果をちゃんと説明しない、あるいは、追及しない担当者がいる場合です。これを放置すると、その人はどんどん毎週、思いつきの手を打ち続けるだけになるので、できるだけ早めにしっかりとした指導を上長が行うことが必要です。

よって必ず、先週、本人が宣言した施策リストを、今週の発表の冒頭で確認した上で、その結果を聴かねばなりません。成功していれば結構ですが、うまく行かない場合は、その理由をきちっと皆の前で説明させる。石頭や頑固者ではなく、普通に、素直に、謙虚に考える人であれば、ほとんどの場合、１、２か月もすれば、学習が始まります。

そのためには、各担当者が廻すPDCAが隠すところなく透明に見えるようにする、発表帳票の設計と、記入方法、発表方法の躾《しつけ》は、肝になってくるといえます。

以上、とっても簡単にですが、ぼくの小売業、ファッションビジネスにおける戦略と勝ち抜くためのPDCAの講義でした。

ではまた、どこかでお会いしましょう。

（この物語は、フィクションです）

文庫版あとがき

本書は、「戦略参謀」シリーズの第二弾として執筆した『経営参謀』（ダイヤモンド社）に、大幅に加筆修正を加え、文庫化したものです。

第一弾の『戦略参謀』は、企業改革の視点から、改革の現場において実際に起きたことをベースにしてエピソードを組み立てました。

そして第二弾の本作『経営参謀』では、市場とのかい離が起きている低迷企業において、V字回復のために必要な、戦略立案とマーケティングの進め方、そして、その実践段階において多くの企業で起きる課題とその時に必要なトップの考え方と対応についてまとめました。

この第二弾の単行本執筆の際は、第一弾『戦略参謀』が二冊分ほどの厚さになってしまったため、ボリュームが増え過ぎないようにして、読みやすさを優先させました。ところが『戦略参謀』が文庫版においても、その厚さにもかかわらず好評であったため、今回は思い切って、単行本の執筆時には展開のスピード感を考えて省いたいくつかのエピソードを復活させ、さらに安部野による語りなども、論点がより深くなるように加筆をしました。

また単行本版では、実践段階での会議体の設計と立ち上げのエピソードをかなり短くしましたが、今回は、事業部内での機能部署の連動の考え方など実践において必要となる方法論を書き加えました。また、世に出回っているマーケティング論などがどうしても、頭で考えたフレームワークレベルの話が多いため、実務において行う際の、市場の実態に踏み込んで実際に戦略立案を行い、攻めどころを明らかにする実践的なマーケティングの進め方を記述してあります。

また、ネット販売などの最新トレンドについても補足し、さらにV字回復が求められる局面で起きうる、生々しい組織の課題に直面した時に、経営層や参謀役が知っておくべきことについても加筆しました。

結果、終盤における安部野と主人公の高山、そしてグローバルモードの社長、副社長とのやり取りは、かなりのボリュームになっています。

企業改革やV字回復のための戦略の立案と実践などは、世の中の方すべてが経験しているような類《たぐい》の業務ではありません。そのため、必ずしもリアリティあるイメージが湧《わ》く話ばかりではないかもしれません。もし、読んでいて疲れを感じるようであれば、読み飛ばしていただき、後で何か困ったことに直面した時に、読み直していただければと思います。

企業は本来、常に改革に取り組んでいるのがあるべき姿だと思います。改革やカイゼンの推進がまだ文化になっていない企業で、企業を変えようとする時の困難に直面した際に、本書が一助になれば幸いです。

稲田　将人

本書は、二〇一四年六月にダイヤモンド社から刊行された『経営参謀』を
文庫化にあたって大幅に加筆修正したものです。

日経ビジネス人文庫

経営参謀《けいえいさんぼう》
戦略《せんりゃく》プロフェッショナルの教科書《きょうかしょ》

2018年8月1日 第1刷発行
2018年8月21日 第2刷

著者
稲田将人
いなだ・まさと

発行者
金子 豊

発行所
日本経済新聞出版社
東京都千代田区大手町1-3-7 〒100-8066
電話(03)3270-0251(代) https://www.nikkeibook.com/

ブックデザイン
鈴木成一デザイン室

印刷・製本
中央精版印刷

Printed in Japan ISBN978-4-532-19868-8